本書所提供的各項可能變動性資訊，如交通、時間、價格(含票價)、地址、電話、網址，係以2023年4月前所收集的為準；特別提醒的是，COVID-19疫情期間這類資訊的變動幅度較大，正確內容請以當地即時標示的資訊為主。
如果你在旅行中發現資訊已更動，或是有任何內文或地圖需要修正的地方，歡迎隨時指正和批評。你可以透過下列方式告訴我們：
寫信：台北市104中山區民生東路二段141號9樓MOOK編輯部收
傳真：02-25007796
E-mail：mook_service@hmg.com.tw
FB粉絲團「MOOK墨刻出版」www.facebook.com/travelmook

符號說明

📞 電話		🎉 特色	
🄵 傳真		⏱ 所需時間	
🏠 地址		➖ 距離	
🕐 時間		🚗 如何前往	
休 休日		🚌 市區交通	
$ 價格		ℹ 旅遊諮詢	
🌐 網址		Ⓗ 住宿	
@ 電子信箱		f Facebook	
❗ 注意事項		◎ Instagram	

Welcome to Iceland

歡迎來到冰島

冰島，一個冰與火交織的神奇國度，歐洲最大的冰川盤踞著中央，冰川下是沉睡的火山，數萬年來冰火交鋒，塑造了冰島宛如外星的地貌景觀。

這裡有不停冒泡、咕嚕發響的滾燙泥漿池、白煙繚繞的地熱溫泉、震耳欲聾的磅礴瀑布、高聳峭壁的狹長峽灣、巨魔石化的玄武岩洞、樂觀友善的冰島居民、親和堅毅的冰島馬、神出鬼沒的北極狐，就算平日不常親近大自然的人，都會深深被冰島的自然環境與人文深深的吸引。

來到冰島，沒有比開車自駕更自由的旅遊方式了，在冰島開車，沿途風景就是一種無法言喻的感受。沿著1號環形公路環島一周是最令人興奮的冒險，也是熱愛旅遊的人必完成的夢想清單之一。

冰島的美，超凡脫俗，只要經歷過一次，就讓人永生難忘，一再如成癮般返回原地，追尋內心深處失落了很久的感動。

© Visit Iceland

冰島全圖

豪斯川迪爾自然保護區
Hornstrandir Nature Reserve

格陵蘭海
Greenland Sea

赫尼夫斯達呂 Hnífsdalur
蘇杜雷里 Suðureyri
伊薩菲厄澤 Isafjörður
北極狐中心
Arctic Fox Centre

克勞斯萊斯羅泳池
Krossneslaug

迪居帕維克
Djupavik

錫格呂菲厄澤
Siglufjörðu

歐拉夫斯
Olafs

斯卡加峽灣
Skagafjörður

Trölle

霍夫索
Sundlau

辛蓋里 Þingeyri

丁堅地瀑布
Dynjandi

侯爾馬維克
Hólmavík

德朗斯內斯溫泉池
Drangsnes Hot Pots

Grettislaug
溫泉

比爾德達勒 Bíldudalur

赫魯溫泉池 Hellulaug
布拉斯拉庫爾渡輪
Brjánslækur ferry

象形岩 Hvitserkur

辛蓋拉教堂
Þingeyrakirkja

Blaumbaer

拉特拉爾角
Látrabjarg

紅沙灘
Rauðasandur

弗拉泰島
Flatey

瓦斯半島
Vatnsnes

華姆斯唐吉 Hvammstangi
巨人峽谷 Kolugljúfur
冰島海豹中心 Selasetur Islands

古斯隆溫泉池
Gudrunarlaug natural pool

斯蒂基斯霍爾米
Stykkishólmur

布扎達呂爾
Búðardalur

教堂山
Kirkjufell Mountain

歐拉夫斯維克
Ólafsvík

斯奈山半島
Snaefellsnes peninsula

玄武岩懸崖 Gerðuberg Cliffs

朗格冰川
Langjokull

斯奈菲爾冰川
Snaefellsjokull

斯奈菲爾國家公園
Snaefellsjoekull National Park

海豹海灘
Ytri Tunga

埃爾堡火山口 Eldborg Crater

黑沙灘
Djúpalónssandur beach

黑教堂
Búðakirkja

雷克霍特
Rekholt

地熱溫泉區
Deildartunguhver

海勒納爾
Hellnar

阿爾納斯塔皮
Arnarstapi

博爾加內斯
Borgarnes

豐塔納溫泉水療中心
Fontana geothermal Baths

蓋席爾間歇泉 Geysir
黃金瀑布 Gullfoss

辛格韋勒國家公園
Þingvellir National Park

勒加爾湖
Laugarvatn

雷克霍特
Rekholt

布魯爾瀑布 Bruarfoss

哈伊瀑布 Háifoss

雷克雅未克 Reykjavik

凱瑞斯火山口湖
kerið

弗盧希
Flúðir

Gjáin峽谷

弗亞拉巴
Fjallaba

凱夫拉維克國際機場
Keflavík International Airport

雷克尼斯半島
Reykjanes Peninsula

惠拉蓋爾濟
Hveragerði

索爾薩河 Þjórsár

蘭德曼
Landmann

海克拉火山
Hekla

跨洲大橋
Bridge between continents

藍湖
Blue Lagoon

克里蘇維克地熱區
Krysuvik

塞爾福斯
Selfoss

海德拉
Hella

米達爾
Mýrdalsje

費里瑟瑪溫室
Friðheimar greenhouse

索斯莫克
Þórsmörk Volcano Huts

索爾薩馬火川
Sólheimajökull

塞里雅蘭瀑布 Seljalandsfoss
秘密瀑布 Gljúfrabúi
Landeyjahöfn渡輪港口

史可加瀑布
Skógafoss

黑沙灘
Reynisfjara

圖例　景點　餐廳　住宿　溫泉　教堂
博物館　游泳池　機場　碼頭

維斯特曼群島 Vestmannaeyjar
赫馬島 Heimaey
敘爾特賽島 Surtsey

格林姆賽島
Grimsey

勒伊法霍芬
Raufarhöfn

巨石陣Arctic Henge

朗加半島
Langanes

870

869

渡輪港口 Ferry Terminal
達維克民俗博物館Museum Hvoll

埃亞峽灣
Eyjafjörður

澤
r
半島

岱際泳池
Hofsósi

85

胡沙維克Húsavík

馬蹄峽谷 Asbyrgi canyon
傑古沙格魯夫爾國家公園
Jökulsárgljúfur
Vatnajökull National Park

達維克Davik

勞法斯傳統房屋
Laufás

西峽谷Vesturdalur

Strytan潛水

87

阿庫瑞里
Akureyri

眾神瀑布
Goðafoss

黛提瀑布Dettifoss

862

地獄火山口Viti

864

沃普納菲厄澤Vopnafjordur

博物館

米湖Lake Mývatn

雷克利茲 Reykjahlíð

胡賽Húsey

Aldeyarfoss瀑布

94

埃伊爾斯塔澤
Egilsstaðir

塞濟斯菲厄澤Seyðisfjörður

93

苗伊菲厄澤Mjóifjörður

Jökulsá á Dal冰川河

拉加爾湖Lagarfljót

Lake Viti

阿斯洽火山口湖Askja

亨吉瀑布Hengifoss

雷扎爾菲厄澤Reyðarfjörður

貢納爾故居與文化中心Skriðuklaustur

Hallormsstaðaskógur
森林

95

雷扎爾菲厄澤灣
Reyðarfjörður

卡蘭優卡爾大壩
Kárahnjúkar Dam

Wilderness
center

福斯克魯斯菲厄澤
Fáskrúðsfjörður

斯特茲瓦菲厄澤
Stöðvarfjörður

Berufjörður
峽灣

布蘭斯峰Búlandstindur

都皮沃古爾Djúpivogur

1

帕佩島
Papey

瓦特納冰川國家公園
Vatnajökull National Park

Fláajökull
冰
川

Heinabergsjökull

霍爾納峽灣
Hornafjörður

霍芬國內機場
Hornafjörður Airport

西角山Vestrahorn

史托克角Stokksnes

erfall

保護區
Reserve

拉基火山
Lakagígar/Laki I

史卡夫塔費自然保護區
Skaftafell

斯維納冰川
Svínafellsjökull

霍芬鎮
Höfn

水坑Ljótipollur

ar

Breiðamerkurjökull
冰川

傑古沙龍冰河湖Jökulsárlón

史瓦提瀑布Svartifoss

鑽石冰沙灘Diamond Beach

羽毛河峽谷
Fjaðrárgljúfur

教堂鎮
Kirkjubæjarklaustur

埃爾德熔岩區
Eldhraun I

米達爾沙灘
Mýrdalssandur
k

喬萊夫岬角
Hjörleifshöfði

必去冰島理由

追尋幸福極光

想要一睹歐若拉(Aurora)女神的真面目，需要幸運之神的眷顧。冰島全島位於極光帶，每年10月到隔年4月都有機會看到綠色、白色或紫色的極光在天空舞動、搖曳的奇景。

沉浸溫泉美景

冰島全島有著數不清的地熱溫泉，無論是宛如仙境的人工潟湖，或是在山野間的溫泉河流，每一座溫泉池都讓人回味無窮。在冒著熱騰騰白煙的溫泉池中，一邊放鬆身心、一邊看著極光，接受大自然神奇的療癒能量。

冰火淬鍊奇景

冰島是冰與火交織的國度，歐洲最大的瓦特納冰原盤據在此，而冰川下藏著沉睡的火山，數萬年來形成了神奇的自然奇觀，宛如置身外星的熔岩地貌、噴湧的間歇泉、狹長深邃的峽灣，以及北美、歐亞兩大陸地塊板塊交接的巨大裂縫貫穿，逐漸將冰島拉開。

大啖冰島料理

新鮮肥美的各種魚類、軟嫩清甜的海蜇蝦是冰島海鮮類的主角，而冰島紅肉類的主角則是在山谷間自在遊走、吃著無汙染青草的羊群。或煎、或烤、或炸，各種料理法都讓人回味無窮。

體驗極致冒險

冰島是熱愛戶外冒險者的天堂，跟隨專業領隊穿上冰爪前往冰川深處攀冰，見識神秘的冰洞、藍冰洞；或者隨領隊划著獨木舟沿著峽灣探險；也可跟著旅行團前往無人居住的豪斯川迪爾，體驗何謂世界的盡頭。

魅力小鎮風情

雷克雅未克、阿庫瑞里是冰島南北兩大城市，雖然城鎮規模不大，但國際化程度不容小覷。市容井井有序，當地人親和友善，城市裡的購物大街商店林立，到處有創意的街頭塗鴉和迷人的咖啡館。

旅行計畫
Plan Your Trip

Top Highlights of Iceland
冰島之最

文●墨刻編輯部
攝影●墨刻攝影組

© Blue_Lagoon

地熱溫泉天堂Hot Spring Paradise

藍湖之於冰島，就像艾菲爾鐵塔之於巴黎一樣，沒前往朝聖一番，就不算來過冰島。

發電廠利用海底溫泉地熱發電，並將降溫後的溫泉水排放到火山熔岩包圍的窪地，人工湖泊卻成為意外的美麗，吸引全球遊客前來見識這宛如仙境的溫泉。

除了藍湖，北部的米湖也同樣令人驚嘆，來到冰島，一定要在這宛如加了牛奶般的藍色溫泉中，接受來自大自然的療癒能量，享受在溫暖溫泉池中，被奇形怪狀的火山岩四面圍繞，白雪緩緩飄落，身體卻溫暖如春的極端體驗。(藍湖P.126、米湖P.195)

© Visit Iceland

最熱門活動
The Best Tours

冰川健行
Glacier Walks & Ice Cave Tours

藍冰洞
Blue Ice Cave Tours

傑古沙龍冰河湖 Jökulsárlón

冰川融化後緩緩流入冰河湖，大量色彩美麗的藍色浮冰載浮載沉，安靜地漂浮在冰河湖上，緩緩地移動進入海洋，風和水將浮冰雕刻成各種形狀，形成了讓人屏息的美景。

冰河湖是許多電影的拍攝地點，或許你就曾在電影《蝙蝠俠》、《007》裡看過這般夢幻的景象。你可以在湖岸漫步讚嘆大自然的神奇，也可搭船航行於漂浮著冰山的湖面，品嚐一下千年歲月的冰塊。(P.165)

© Visit Iceland

騎馬Horse Riding Tour	冰河湖遊船 Jökulsárlón Boat	熔岩洞穴探險 Vatnshellir Cave

黃金圈之旅Golden Circle

如果冰島是「實境版地球科學課本」，黃金圈之旅就是最精華的那一頁。

穿越地熱掀起的層層煙幕，蓋席爾間歇噴泉倏地向湛藍穹蒼噴發，宣示地心的強烈脈動。在北美、歐亞兩大板塊交界處，堅硬地殼硬生斷裂成谷，漸漸將冰島一分為二；冰河融雪挹注澎湃水量，轟隆巨響落入70公尺高的斷崖裂隙，飛濺撼動一切，氣勢磅礡。(P.131)

最佳小島一日遊
The Best Island Trips

邂逅幸福極光Northern Lights

每年9月到隔年4月，神秘的極光女神歐若拉(Aurora)將眷顧冰島，在天空中跳躍舞動，上演壯麗的自然奇觀。這如夢如幻的光影，時而寬如簾幕，時而細如飄帶，時而輕描淡寫如抒情慢歌，時而激烈奔放如搖滾龐克，各有各的美，任憑人們悠然遐想。

古老傳說中，看見極光就會帶來一輩子的幸福，也許看到極光不一定能得到幸福，但可以肯定的是，當天晚上一定有滿滿的幸運。(P.56)

©Visit Iceland

格林姆賽島 Grímsey Island (P.218)	弗拉泰島 Flatey Island (P.249)	敘爾特塞島 Surtsey Island (P.153)

13

雷克雅未克Reykjavík

　　雷克雅未克不僅是地球上最北的首都，也最充滿小鎮風情的首都城市，市區的規模不大，按照國際標準來說只算是座小城鎮，但國際化的程度遠遠超過了它的規模。

　　市內有最好的博物館、創意無限的街頭藝術、高水準的美食、迷人的咖啡館、便利的購物中心，夜生活也熱鬧非凡。若時間充裕，不妨登上風格前衛的哈爾格林姆大教堂，俯瞰這座港灣城市絕美風景。(P.74)

最美建築物
The Best Architects

哈爾格林姆教堂／
雷克雅未克
Hallgrímskirkja／
Reykjavík(P.86)

阿庫瑞里大教堂／
阿庫瑞里
Akureyri Cathedral／
Akureyri(P.211)

尋訪瀑布的家 Waterfalls in Iceland

冰島是瀑布的家，每年春夏冰雪融化之際，都會為境內成千上百的瀑布帶來豐沛的水量，還會不斷形成新的瀑布。奇特的是，冰島的每座瀑布都有自己獨特的姿態與風采，以及帶有寓意的名稱。

其中必訪的包括閃耀著金光霧氣的黃金瀑布、宛如水簾的塞里雅蘭瀑布、自帶彩虹的史可加瀑布、具歷史象徵意義的眾神瀑布、歐洲水量最大的黛提瀑布等等，在大自然壯麗的景色前，讓人不禁自嘆人類是如此渺小。(黃金瀑布P.135、塞里雅蘭瀑布P.145、史可加瀑布P.146、眾神瀑布P.198、黛提瀑布P.201)

©Visit Iceland

哈帕音樂廳及會議中心／ 雷克雅未克 Harpa／ Reykjavík(P.87)	藍教堂／ 塞濟斯菲厄澤 Blue Church／ Seyðisfjörður(P.181)	文化之家／ 雷克雅未克 Safnahúsið／ Reykjavík (P.94)

鑽石冰沙灘
Diamond Beach

冰與火的碰撞以最浪漫的方式呈現，美得讓人屏息。火山噴發形成的黑色沙灘上，推滿了從布雷莎莫克冰川上融化且墜落的冰山與冰塊，大小不一地排列在整片海岸線上，透過陽光的照射，就像撒落一地的鑽石，閃爍的光芒美得超脫塵俗。

這裡是漂浮了數十年的冰塊前往大西洋旅程的最後一站，也是最夢幻的拍照地點之一。(P.166)

峽灣小鎮
Towns in Fjords

冰島的冰川具備了巨大的侵蝕能力，切割出狹長又深邃的峽灣，塑造出冰島曲折的海岸，峽灣地區往往也擁有宛如世外桃源的絕世美景。冰島峽灣內藏著許多獨具風情的城鎮與小漁村，其中以東峽灣「最美小鎮」的塞濟斯菲厄澤、北部「鯡魚之都」錫格呂菲厄澤最令人驚豔。(塞濟斯菲厄澤P.180、錫格呂菲厄澤P.216)

最佳博物館
The Best Museums

冰島國家博物館／
雷克雅末克
National Museum of Iceland／
Reykjavík(P.95)

冰島陽具博物館／
雷克雅末克
The Icelandic Phallological Museum／
Reykjavík(P.97)

環形公路自駕Ring Road Trip

冰島是冒險家的天堂，租一輛車，在冰島的1號環形公路上行駛，環繞冰島一周，還有什麼比這更令人興奮的旅行方式？

沿途行經無數個冒著蒸氣白煙的地熱溫泉、氣勢磅礡的瀑布、崎嶇的山脈與峽灣、火山和冰川的邊緣、宛如天鵝絨般的綠色熔岩原、閃閃發亮的鑽石冰沙灘、奇形怪狀的玄武岩、遇見橫跨山谷的彩虹，沿途景觀變化萬千，令人難以忘懷。(P.62)

| 冰島移居史中心／
博爾加內斯
Settlement Center／
Borgarnes(P.251) | 冰島鯨魚展覽館／
雷克雅未克
Whales of Iceland／
Reykjavík(P.99) | 英雄傳說博物館／
雷克雅未克
Saga Museum／
Reykjavík(P.98) |

尋訪野生動物Wild Animals

　　數百年的孤立幫助冰島人磨煉出了堅韌的精神，一直陪伴著當地人的冰島馬也鍛鍊出耐受艱險環境的特質，冰島馬血統純正、性格友善可靠，牠們還創造出自己獨特的步伐。此外，冰島也是全球最大的海鸚棲息地，春夏季時數萬隻海鸚都在崖邊築巢。

　　純淨原始的冰島是野生動物的樂園，除了探索奇特地貌，還能就近觀賞海鸚、海豹、鯨魚，幸運的話還能見到北極狐，讓人深深為之著迷。(P.60)

© Visit South Iceland

最佳野生動物
觀賞地
**The Best Wildlife-
Watching Spots**

© Visit Iceland

維斯特曼群島
The Westman Island
(P.152)

胡沙維克
Húsavík
(P.196)

18

斯奈山半島
Snæfellsnes Peninsula

　　原意為「雪山半島」的斯奈山半島素有「冰島縮影」的美譽，半島上除了是三大國家公園之一斯奈菲爾國家公園所在地，還集合了所有冰島經典的地貌：冰川、火山、海岸峭壁、黑沙灘、溫泉、玄武岩柱石壁等等，距離雷克雅未克僅數小時車程，即可一次盡覽冰島特殊地形。

　　這裡也是法國作家朱勒凡爾納著名的科幻小說《地心歷險記》裡，通往地心的入口，還有個深入地底的瓦斯利爾熔岩洞穴等你探索。(P.245)

漫步黑沙灘Reynisfjara/Black Sand Beach

冰島的黑沙灘不少，但南部維克鎮附近的黑沙灘卻被評選為全球十大最美麗沙灘之一。

這裡有著令人驚豔海岸線，除了沙灘邊整排高聳的玄武岩柱石壁、矗立在海中的幾座玄武岩海蝕柱「海上小精靈」，還能眺望遠方鬼斧神工的迪霍拉里海蝕洞，海天一色，無數海鳥自在的翱翔，一望無際的美景令人沉醉。(黑沙灘P.148、迪霍拉里海蝕洞P.151)

最佳冰島音樂人
The Best Musician

碧玉
Björk

席格若斯
Sigur Rós

20

體驗冰川徒步
Glacier Tours Adventure

　　冰島是冰與火交織的國度，中央有著歐洲最大的瓦特納冰原盤據，它的冰舌伸向峽谷，使島上1/10的土地都被冰覆蓋，冰川下面則沉睡著火山。由於全球暖化，每一年冰川都以史無前例地速度融化、往後撤退，因此，跟著專業導遊攀登上冰山，是最佳了解冰川的方式。冰川活動選擇十分多樣，冰川徒步、攀冰、探索冰洞、藍冰洞是體驗冰川魅力的最佳方式。(瓦特納冰原P.162)

©Visit South Iceland

奇幻電子樂團 múm	獸人樂團 Of Monster and Men	奧拉佛·阿納爾德斯 Ólafur Arnalds

Top Itineraries of Iceland
冰島精選行程

文●墨刻編輯部

冰島西南部精華6天

●行程特色

　　如果只有6天的時間，建議以冰島精華區：西部與西南部為主設計行程。這兩大區域的路況良好，整年皆可通行，沿途不但景點多，住宿選擇也多，可隨時調整行程，更具彈性。首日以雷克雅未克市區觀光為主，第2天展開斯奈山半島1日遊，第3、4天穿越雷克霍特地熱區，並以黃金瀑布、南部各大瀑布、黑沙灘為遊覽重點，最後抵達維克鎮。第5日可以選擇繼續探索南部地區，或選擇前往索黑馬冰川體驗冰川健行，最後一天返回雷克尼斯半島，在藍湖悠閒泡湯後，再前往機場。

●行程內容

Day 1　雷克雅未克(Reykjavík)

Day 2　雷克雅未克→斯蒂基斯霍爾米
　　　　(Reykjavík→Stykkishólmur)

Day 3　斯蒂基斯霍爾米→辛格韋勒國家公園
　　　　(Stykkishólmur→Þingvellir National Park)

Day 4　黃金瀑布→維克鎮(Gullfoss→Vik)

Day 5　索黑馬冰川→惠拉蓋爾濟
　　　　(Sólheimajökull→Hveragerði)

Day 6　藍湖(Blue Lagoon)

主題之旅：冰島溫泉之旅7天

●行程特色

　　行程以泡遍冰島知名溫泉為主，讓冰島純淨自然的能量療癒身心。首日可前往首都最受市民歡迎的Laugardalslaug游泳池，見識當地人的溫泉文化。第2日前往如夢似幻的藍湖朝聖，並遊覽雷克尼斯半島上美麗的風光。第3日稍作徒步健行，爬上位於惠拉蓋爾濟小鎮上的雷克達魯蒸氣山谷，這裡有野溫泉河，接著再前往南部。第4日以黃金圈內的秘密溫泉、豐塔納為重點。第5日繞行斯奈山半島，但須特別留意里蘇霍爾水池僅於夏季開放。第6日沿著1號公路驅車北上，直奔霍夫索斯無邊際泳池欣賞世界盡頭的美景，最後一天以宛如仙境的米湖溫泉畫下句點，再由阿庫瑞里搭乘飛機回到首都。

●行程內容

Day 1　雷克雅未克(Reykjavík)

Day 2　藍湖(Blue Lagoon)

Day 3　野溫泉河&露天溫泉泳池
　　　　(Reykjadalur&Seljavallalaug)

Day 4　秘密溫泉&豐塔納水療中心
　　　　(Secret Lagoon& fontana)

Day 5　克勞馬溫泉&里蘇霍爾水池
　　　　(Krauma baths & spa& Lýsuhólslaug)

Day 6　霍夫索斯無邊際泳池(Hofsós swimming pool)

Day 7　米湖溫泉(Mývatn Nature Baths)

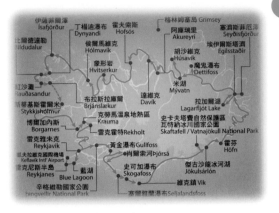

冰島1號公路環島12天

●行程特色

　　沿著1號公路能看遍冰島的精華景點，行程可依喜好選擇順時針，或逆時針環島，每日駕駛距離以不超過250公里上限為主的輕鬆自駕遊。首日先在市區觀光，接著前往斯奈山半島進行一日遊，北上後可以選擇在前往阿庫瑞里的沿途中逗留一夜，或者也可直奔阿庫瑞里。米湖是北部旅遊的重點，可多安排一些時間。離開米湖後，順著公路南下繞行東部峽灣，再抵達南部的亮點冰河湖，並於史卡夫塔費體驗冰川健行。最後以黃金圈成為此趟旅遊的高潮，並在藍湖泡湯紓解環島的疲勞。

●行程內容

Day 1　凱夫拉維克國際機場→雷克雅未克
　　　　(Keflavík International Airport→Reykjavi)

Day 2　博爾加內斯→斯蒂基斯霍爾米
　　　　(Borgarnes→Stykkishólmur)

Day 3　斯蒂基斯霍爾米→阿庫瑞里
　　　　(Stykkishólmur→Akureyri)

Day 4　阿庫瑞里→米湖(Akureyri→Mývatn)

Day 5　米湖(Mývatn)

Day 6　米湖→埃伊爾斯塔濟→塞濟斯菲厄澤
　　　　(Mývatn→Egilsstaðir→Seyðisfjörður)

Day 7　埃伊爾斯塔濟→霍芬(Egilsstaðir→Höfn)

Day 8　霍芬→史卡夫塔費自然保護區(Höfn→Skaftafell)

Day 9　史卡夫塔費自然保護區→維克鎮(Skaftafell→Vik)

Day 10　維克鎮→黃金瀑布(Vik→Gullfoss)

Day 11　黃金瀑布→辛格維勒國家公園
　　　　(Gullfoss→þingvellir National Park)

Day 12　藍湖(Blue Lagoon)

冰島深度環島16天

●行程特色

　　這條路線安排深度遊覽，除了1號環形公路以外，還將探索各條支線公路，將隱藏的美景納入行程中，行程設計較為寬鬆，可隨時彈性調整，包括了冰島的原始荒野西峽灣地區，北部的巨魔半島、瓦斯納斯半島等等。這些地點的路況不如1號環形公路，通往西峽灣的道路更僅於夏日才開放，建議選對季節，並駕駛4WD車輛前往。

●行程內容

Day 1　雷克雅未克(Reykjavik)

Day 2　雷克雅未克→黃金瀑布(Reykjavi→Gullfoss)

Day 3　黃金瀑布→維克鎮(Gullfoss→Vik)

Day 4　維克鎮→史卡夫塔費自然保護區(Vik→Skaftafell)

Day 5　史卡夫塔費自然保護區→霍芬(Skaftafell→Höfn)

Day 6　霍芬→埃伊爾斯塔濟→塞濟斯菲厄澤
　　　　(Höfn→Egilsstaðir→Seyðisfjörður)

Day 7　埃伊爾斯塔濟→黛提瀑布→米湖
　　　　(Egilsstaðir→Dettifoss→Mývatn)

Day 8　米湖→胡沙維克(Mývatn→Húsavík)

Day 9　米湖→阿庫瑞里(Mývatn→Akureyri)

Day 10　阿庫瑞里→象形岩(Akureyri→Hvitserkur)

Day 11　象形岩→侯爾馬維克(Hvitserkur→Hólmavík)

Day 12　侯爾馬維克→伊薩菲爾澤(Hólmavík→Ísafjörður)

Day 13　伊薩菲爾澤→布拉斯萊庫爾→斯蒂基斯霍爾米
　　　　(Ísafjörður→Brjánslækur→Stykkishólmur)

Day 14　斯蒂基斯霍爾米→博爾加內斯(Stykkishólmur→Borgarnes)

Day15　博爾加內斯→雷克雅未克(Borgarnes→Reykjavik)

Day16　藍湖→凱夫拉維克國際機場
　　　　(Blue Lagoon→Keflavík International Airport)

When to go
最佳旅行時刻

文●墨刻編輯部
攝影●墨刻攝影組

旅遊季節

冰島雖然有個「冰」字，但卻非想像中那麼地冰天凍地，比起同緯度的國家動輒-30℃的低溫，冰島的氣溫算是和緩許多，這要歸功流經冰島西南部的墨西哥灣暖流的影響，然而墨西哥灣暖流和北極下來的寒流在此交會，也形成冰島天氣喜怒無常、變化莫測的現象，可能10分鐘的車程內，就能從晴空萬里進入狂風暴雨，當地因而有個笑話：「如果你不喜歡冰島的天氣，那就等個5分鐘吧！」

無論是夏日或冬季，冰島都有季節限定的景色與活動，冬天有極光、冰洞、滑雪等活動，夏日野花遍地，內陸高地、西峽灣路段開放通行，騎馬、健行、獨木舟等戶外活動選擇相當多。

11~3月冬季(淡季)

冰島的冬季漫長且多風雪，最早可從11月開始一直到隔年3月，此時平均氣溫約0℃~-5℃間，也會降至-10℃以下的低溫，尤其是山區與峽灣區，日照時間縮短，最短至4小時，內陸高地、西峽灣及通往部分景點的道路封閉，部分巴士、博物館暫時休息，整個冰島似乎進入了冬眠的狀況。此時遊客較少，是旅遊的淡季，但也是觀賞極光、造訪藍冰洞與滑雪的好時機。

4~5月春季

春季時日照漸漸變長，仍有降雪與積雪的情況，通往內陸高地的道路仍舊封閉，初春仍有機會見到極光。到了春末夏初，日照變得和煦，有著充足的日照與涼爽的溫度，春季的平均氣溫約0℃~10℃左右。如果想避開熱門的夏季旅遊旺季，5月是不錯的選擇，此時遊客較少，巴士的班次、博物館開放時間也會更動與減少，需多加留意。

6~8月夏季(旺季)

冰島南部屬於溫帶海洋性氣候，北部屬於苔原氣候。夏季涼爽宜人、冬季嚴寒。夏季平均氣溫為10℃~18℃左右，最高可達20℃以上，日照時間可長達22小時左右，越往北接近北極圈的地區，永晝現象則越明顯。從6月到8月幾乎沒有天黑，通往內陸高地的道路也在此時開放，有著無盡的陽光、活動與節慶，是旅遊的旺季，來自全世界的遊客蜂擁而至，因此若計畫在夏季前往，務必提早預訂。

9~10月秋季

秋季開始日照漸漸縮短，約10~14小時左右，氣溫也越來越低，到了秋末則有機會看得到極光。如果想避開熱門的夏季旅遊旺季，9月也是不錯的選擇，此時巴士的班次、博物館開放時間也會更動與減少，需多加留意。

冰島必備穿著

冰島的天氣多變，令人難以捉摸，通常一天可以經歷四季，因此在穿著上最好以洋蔥式多層次穿搭。可以準備防風防水，且吸汗保暖材質的衣物，最好帶著圍巾或披肩以備不時之需。

此外，太陽眼鏡除了可遮陽，若身處雪地，還可遮擋反射的強光，也是實用的配件；而在充滿強風的冰島雨衣會比雨傘來得實用。

必備網站與APP

如果想了解每日天氣預報，可以上冰島氣象局網站了解最新天氣狀況，以及Safe Travel網站了解各景點區的開放與關閉訊息，手機也可下載APP。

冰島氣象局 Icelandic Meteorological Office
en.vedur.is

Safe Travel
safetravel.is

旅遊日曆
公眾節假日

日期	節日名稱
1/1	新年 New Years day
4/6	濯足節 Maundy Thursday
4/7	耶穌受難日Good Friday
4/9~4/10	復活節 Easter Holiday
4/20	夏季的第一天 First Day of Summer
5/1	勞動節 Labour Day
5/18	耶穌升天紀念日Ascension Day
5/28~5/29	五旬節/聖靈降臨日Pentecost
6/17	國慶日Independence Day
8/7	銀行假日Bank Holiday
12/24	平安夜 Christmas Eve
12/25~26	聖誕節 Christmas & Boxing Day
12/31	除夕 New Year's Eve

註：以上為2023年日期，之後各年正確日期請上網查詢。

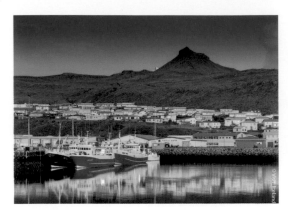

特殊節慶與活動

日期	地區	節慶名稱	活動
1/6	全國	聖誕假期結束	冰島習俗的聖誕節期是由12/12~1/6日結束。傳說冰島有13個「聖誕老人」(Yule Lads)，他們會在平安夜前13天逐一走下山送禮物，而在聖誕節當日逐一離開，長達26日的聖誕節就在1/6日這一天後結束了。
1/24~1/29	雷克雅未克	當代音樂節 Dark Music Days	年度當代音樂節，以音樂照亮漫長冬日黑夜，介紹來自全球的新作曲家和音樂表演者。網址：www.darkmusicdays.is/is/forsida
2/2~2/4	雷克雅未克	冬季燈光節 Winter Lights Festival	以燈光妝點市容，為冬季增添色彩的一系列慶祝活動，還包含了博物館之夜、泳池之夜等網址：reykjavik.is/vetrarhatid
3/1	全國	啤酒節 Beer Day	為了慶祝從1922到1989年共75年的禁酒令解除，舉國上下都會合理的暢飲啤酒。
6/1~6/16	雷克雅未克	國際藝術節 Reykjavik Art Festival	冰島最重要的文化節慶之一，為期兩周的藝術節將由當地與國際藝術家進行音樂、舞蹈、戲劇等展演。網址：listahatid.is
6/14~6/18	哈夫納夫約杜爾 Hafnarfjörður	維京文化節 Viking Festival	這一天會有大量變裝的維京人湧入「維京村」，村內展示古代維京人時期的食物、手工藝品、生活習俗和傳統。
7/29	布拉特斯蘭Bræðslan/ Borgarfjarðarvegur	布拉特斯蘭音樂節 Bræðslan Music Festival	每年7月舉行，以精采的流行、搖滾音樂與溫馨氣氛聞名，表演場地於小村莊裡的一座舊鯡魚棚內。網址：braedslan.is
8/10~8/13	達維克 Dalvík	大魚節 The Great Fish Day	人人皆可免費品嘗海鮮自助餐，小鎮上並有音樂與街頭等娛樂表演。

8月中旬	傑古沙龍冰河湖 Jökulsárlón	傑古沙龍煙火秀 Fireworks show at Jökulsárlón	傑古沙龍冰河湖的年度盛事，壯麗的煙火秀與冰河湖上互相輝映。 網址：visitvatnajokull.is
8/19	雷克雅未克	文化之夜 Culture Night	這一天所有文化活動均免費，數千人漫步在城市的街道、廣場上，大街小巷充滿各式文化、美食活動，港口並有煙火秀。 網址：visitreykjavik.is
8/4	韋斯特曼島	韋斯特曼島露營節 Þjóðhátíð	露營節期間將島上將湧入上萬人，以營火晚會、音樂表演、煙花秀等活動歡度夏日假期。 網址：dalurinn.is
10/9~12/8 12/21~12/31 2/18 3/20~3/27	雷克雅未克	想像和平之塔點燈 Imagine Peace Tower	豎立在的維德島(Viðey)上的塔將被點燃，設出直衝天際的藍色光束。由小野洋子為被槍殺的丈夫約翰藍儂所設立。 網址：imaginepeacetower.com
11/2~11/4	雷克雅未克	冰島電波音樂節 Iceland Airwaves	冰島年度音樂盛會，自1999年開辦以來，已成為冰島最受關注的新音樂舞台，每年均吸引全球各地的樂迷和音樂人前來朝聖。 網址：icelandairwaves.is
11月初至中旬	冰島東部 埃伊爾斯塔濟等峽灣區	黑暗之日 Days of Darkness	慶祝冬天的到來，10天期間將舉行火炬遊行、跳舞、講鬼故事等活動。
12/31	全國	跨年煙火 Fireworks at New Year's Eve	慶祝新的一年來到，全國各地都將在除夕夜晚倒數計時並施放跨年煙火。

註：以上為2023年日期，之後各年正確日期請上網查詢。

Best Taste in Iceland
冰島好味

文●墨刻編輯部
攝影●墨刻攝影組

冰島傳統料理仰賴於海洋中、土地上有限資源裡所能獲得的各種食材，因此魚類、羊、馬、麋鹿、海鸚甚至苔癬都是早期冰島人賴以維生的食物。如今生活型態已經不同，冰島人將傳統料理融合了現代烹調手法與創意，呈現出賞心悅目的美味。除了各式魚類、小龍蝦等海鮮是必嘗美食外，冰島的「暗黑系料理」也聞名遐邇，想要嘗試，最好先做好心理建設！

羊肉料理 Lamb

羊肉在所有紅肉類中是冰島人最喜歡的選擇。冰島的羊兒放牧在山野間自由活動，吃著野草與香草，肉質十分軟嫩。烤羊排、香煎羊肉片、放在麵包裡的羊肉湯，都是常見的菜色。除了羊排以外，冰島人也吃羊身上的其他部位，包括羊頭、臉頰、腸、胃等等，物盡其用，一點也不浪費。其實，冰島最傳統的羊肉料理是燻羊肉(Hangikjöt)，使用羊糞煙燻製成，帶有特殊的石炭味，通常單獨切片或放在三明治內食用。

北極紅點鮭 Arctic Char (Lax)

冰島附近的海域純淨無汙染，這裡的北極紅點鮭也是全世界最好的鮭魚品種之一，它們在淡水出生，之後會從海洋返回到出生的河流產卵。紅點鮭的肉質軟嫩，口感細緻，比一般的鮭魚更勝一籌，幾乎大部分的餐廳都會提供這道魚類料理，除了令人難以置信的新鮮，料理手法也各具巧思。

©Visit Iceland

鱈魚 Cod (Thorsku)

冰島是漁業捕撈大國，在歷史上，鹽醃鱈魚 (Salted Cod)曾幫助冰島人度過許多困苦的難關，如今冰島鱈魚是每家餐廳菜單上的必備料理，會以各種方式烹調。冰島鱈魚的肉質飽滿多汁，在路邊的炸魚薯條攤可以享用裹著薄薄麵衣的酥炸鱈魚塊，在餐廳裡可品嘗焗烤、香煎鱈魚排、魚臉頰，以及冰島菜單最常見的魚湯。

海螯蝦 Humar

俗稱的「冰島小龍蝦」就是海螯蝦(Langoustine)，有著橘紅的外殼與兩隻長螯，肉質鮮甜軟嫩，可以焗烤或做成龍蝦湯、龍蝦披薩等料理，除了雷克雅未克市區的餐廳，名氣最響亮的，就是東南部的龍蝦小鎮「霍芬鎮」上的幾家餐廳了。

漢堡 Hamburger(Hamborgari)

雖然漢堡並非冰島的傳統食物，但在當地十分受歡迎，許多餐廳除了提供自家特色料理外，在菜單上都會特別列出漢堡這一項選擇。不同於一般速食店的漢堡，冰島的漢堡自成一格，餐廳裡提供的可能是麋鹿肉，或者是加了薯條、炸洋蔥圈，大玩創意的特製漢堡。

湯 Soup(Saup)

冰島的湯品配料通常都很豐富，最有名的就屬羊肉湯，以奶油為基底熬製的湯頭十分濃郁，湯內除了燉羊肉還有馬鈴薯、蘿蔔及各種蔬菜，最受歡迎的吃法就是裝在麵包做成的碗中。除了羊肉湯、龍蝦湯、魚湯都很值得品嚐，由於天氣寒冷的關係，湯在冰島非常受到歡迎，一碗湯的配料與份量十足，常常直接可當作一份正餐食用。

冰島傳統燉魚 Traditional Icelandic Fish Stew(Plokkfiskur)

燉魚是典型的冰島家常菜，通常將鱈魚或其他的白色魚肉煮熟後搗碎，再與洋蔥、馬鈴薯泥、特殊調配的白醬一起燉煮，經常搭配麵包和奶油一起食用。這種作法早期是用來保存剩下來的食物，據說最好吃的冰島傳統燉魚都在家裡，家家戶戶都有自己獨特的做法與配方，在陰冷的天氣裡，是最好的療癒食物。

羊肉熱狗 Pylsa

冰島羊的數量比人的數量還多，羊肉因此常被用來製成各種料理，包括冰島最有名的小吃羊肉熱狗。熱狗通常會混合豬肉與牛肉，煎得酥脆後再加上番茄醬、生洋蔥、炸洋蔥、芥末醬等各式配料，通常在加油站附設商店、港口小吃攤、超市都可找得到。若要品嘗真正的羊肉熱狗麵包，最好是學冰島人一樣「Ein með öllu」(One with Everything)，全部的配料都加！

地熱黑麥麵包 Rúgbrauð

地熱黑麥麵包是冰島傳統的食物之一，運用冰島的火山地熱，燜蒸出混合了黑麥、小麥、雞蛋、牛奶、糖等食材調味的黑麥麵包。地熱蒸氣造成了麵包獨特的風味，當地人通常會塗上奶油，配上醃鯡魚、燻羊肉等一起食用。乍看下很像黑糖糕，但實際上味道完全不同，由於口味介於鹹甜之間，喜好反應兩極。

巧克力牛奶 Kókómjólk

Kókómjólk(Choco Milk)是最受冰島人歡迎的巧克力牛奶品牌，鋁箔包裝上有一隻穿著條紋緊身衣的公貓Klói，他常舉起一隻手臂秀出肌肉：「你會得到力量」，是冰島大人小孩都愛的國民品牌，各個商店，甚至機場都找得到它的蹤跡。如果怕太甜，可以選擇藍色包裝的半糖版。

Skyr 乳酪

冰島最有名的乳製品Skyr有著類似優格般的質地，但實際上是一種新鮮的乳酪，由脫脂牛奶發酵後製成，口感比起優格更為厚重濃密。Skyr從11世紀流傳至今，成分富含蛋白質、鈣，以及極低的脂肪。冰島人會以Skyr製作各式不同的料理，簡單的吃法為搭配各樣莓果、打成奶昔，較複雜的做法則用來製作乳酪蛋糕等甜點。超市另有賣一種稀釋後喝的Skyr Drykkur，酸酸甜甜，值得推薦。

冰淇淋 Icecream(ís)

冰島牛在無汙染的環境裡長大，倚賴冰島牛生產的牛奶、乳酪等乳製品，品質當然不在話下。冰島的冰淇淋散發濃濃的牛奶香，一年四季都受到冰島人的熱愛。除了首都雷克雅未克、阿庫瑞里等城市有著知名的冰淇淋店，散落在冰島各地的農場也會生產自己的招牌冰淇淋。

冰島暗黑系料理

維京人是冰島人的祖先，冰島人的主食是魚和羊肉，常年氣候惡劣加上資源匱乏，導致冰島人先祖不浪費任何食物，留下的傳統料理可以說是節儉的代表，除了將有毒的鯊魚肉保存在洞裡等到發酵腐爛；連羊咩咩的頭都拿來啃，就是為了將食材發揮最高的利用價值。每年聖誕節時，冰島人都會享用發酵鯊魚肉、羊頭等傳統料理。

©Schneelocke Wikimedia

羊頭 Svið

羊頭是傳統食物，冰島人即使在自家也會做羊頭料理，超市也有販賣冷凍包。將羊頭對切成兩半，水煮後再烘烤，端上餐桌就是半張割掉耳朵的羊臉，乍看有點可怕，尤其是吃到羊眼的部位，但當地人是從小就習慣拿著羊臉啃個精光，羊臉皮Q彈，肉有嚼勁，佐蔬菜菜泥食用其實味道還不錯。

發酵鯊魚肉 Hákarl

這是冰島最令人聞之色變的食物，將帶有高濃度尿素的新鮮格陵蘭鯊魚肉埋到地底、發酵、腐爛，再經過4個月以上的時間風乾，是早期很珍貴的蛋白質來源。發酵鯊魚肉強烈的阿摩尼亞臭味讓人難以置信，部分餐廳甚至會裝在密封罐裡端上桌，想像Blue Cheeze一百倍的臭吧！

© Tom Bennett Wikimedia

海鸚肉 Puffin

看起來可愛又呆萌的海鸚也是早期冰島人的盤中飧，後來由於生活改善，以及近年飛來冰島的海鸚數量有減少的趨勢，因此，餐廳裡大部分的海鸚肉菜單都是提供給觀光客的。海鸚肉質嚐起來就像是小牛的肝，可能因為長期生活於海上，帶有海味。大西洋種的海鸚(The Atlatic Puffin)在冰島並沒有特別受到法律的保護。

鯨魚肉 Whale

在冰島，捕鯨是合法的，在標榜傳統冰島料理的餐廳，多半都能從菜單上點到鯨魚料理，從前菜到主菜都有。鯨魚肉以小鬚鯨(Minke)為主，由於鯨魚是哺乳類動物，口感與魚肉相去甚遠，較接近牛肉等紅肉，但帶有些許腥味。近年來由於海洋汙染，海中大型哺乳類首當其衝，因此吃鯨魚肉的風險也跟著提高。

Best Buy in Iceland
冰島好買

文●墨刻編輯部
攝影●墨刻攝影組

首都雷克雅未克提供了最多采多姿的購物場所，然而沿著1號環形公路的各大著名景點附近，也都有販賣各式傳統毛衣Lopapeysa、維京風格禮品、傳統風乾食品的紀念品商店。

66°North

66°North是冰島的國民戶外運動服飾品牌，歷史悠久，創辦人出生於西峽灣地區，因為看到當地的漁夫與險惡的環境搏鬥，卻沒有能保護他們的服飾，因此前往挪威研習服裝設計後，回到冰島創辦了66°North。

品牌的強項以耐用防水、保暖輕便三層設計，獲得冰島人的青睞，也成為了冰島漁夫、救難隊員的制服。除了機場、雷克雅未克、阿庫瑞里的購物大街能找到直營商店外，66°North在雷克雅未克的郊區還開了一家過季折扣Outlet。

Icewear

Icewear的分店非常多，最早由生產冰島傳統毛衣起家，店內有許多的羊毛製品，羊毛衣、毛帽、手套、羊毛毯等選擇花樣多，價格也較合理。雷克雅未克的購物大街Laugavegur上到處都看得到，特別受遊客歡迎。

羊毛毯Icelandic Blanket

羊毛毯是所有冰島羊毛製品中相當實用的商品之一，毯子輕便透氣，也十分保暖，有各種花色和設計可選擇，大部分的羊毛毯都是冰島純羊毛製造，但少部分店家會販賣來自北歐或東歐的製品，價格落差也蠻大的，選購時記得貨比三家。

羊毛衣 Lopapeysa

冰島最具代表性的衣著設計，冰島傳統羊毛衣的設計類似雪花般的圖案，從領口一圈一圈輻射出去，風格相當特殊。

毛衣使用冰島綿羊毛製成的純毛線，特別蓬鬆和保暖，但也比較扎人，因此大多數人穿著時，裡面都會先穿一件內衣，再套上羊毛衣。

一件真正的傳統羊毛衣通常以自然的白、灰、黑色組成，要價不菲，許多的冰島在地品牌也紛紛推出自家獨特的設計，選擇多樣。

Geyser

如果想要時尚、與眾不同的冰島設計服飾，那麼Geyser就是必逛的地方。

這裡的羊毛衣款式花色比較獨特，不容易撞衫。也有羊毛斗篷、設計款羊毛毯、北歐風格服飾等等，屬中高價位。

美容保養品

冰島本地的美容保養品大都強調純天然，知名藍湖的美容保養品，包括泡藍湖溫泉時敷的去角質矽泥面膜(Silica Mud Mask)、具保濕效果的海藻面膜(Algae Mask)都已經商品化，一般門市、機場免稅店都買得到。而除了藍湖外，冰島當地的品牌還有主打抗老的Taramar、傳統草本配方的Sóley Organics、手工製作平價的UNA、BIOeffect等等，這些品牌在機場免稅店都可買到。

© Blue_Lagoon

魚油Omega-3 Fish Oil

冰島人與外國遊客最捧場的保健食品就是魚油，許多冰島人從在幼稚園時，就開始養成了每天一湯匙魚油的習慣，如果仔細留意，許多飯店的自助式早餐，也會提供魚油供客人食用。

魚油內除了Omega-3，據說還有抗憂鬱的效果(冰島是全球最多的抗憂鬱藥消費國)。魚油或魚油膠囊在一般超市就買得到，除了冰島權威魚油品牌LYSI外，小豬超市也有自己的品牌，有趣的是商品同樣由LYSI廠商生產，只是標籤不同，但價格相對便宜。

Omnom巧克力

口味選擇多、包裝最有設計感的冰島巧克力品牌，推出的巧克力口味眾多，櫻桃杏仁、海鹽杏仁牛奶、焦糖牛奶、咖啡、芒果、百香果等等，但要小心不要買到帶有甘草糖口味(Lakkris)的商品，味道有點類似中藥，除非你是甘草糖的愛好者。

海鸚紀念品

可愛的海鸚鳥被製成成千上百種的紀念商品，讓遊客們帶回家。冰島各地的紀念品商店裡一定找得到海鸚商品，從明信片、鑰匙圈、玩偶、T恤、抱枕、寢具、文具，到圍裙等應有盡有。除了海鸚外，冰島馬、綿羊也是紀念商品上熱門的冰島動物。

鱈魚子抹醬Mills Kaviar

雖然不是冰島當地的品牌，但挪威的鱈魚子抹醬在冰島也買得到。Mills是挪威當地最大的鱈魚子醬品牌，橘色的抹醬帶有小顆粒，口味不差，價格實惠。抹醬可以塗在土司、麵包、餅乾上，加個蛋或起司焗烤一下，又是另一道料理。

冰島橘子汽水 Appelsín

使用冰島純淨的水所生產的橘子汽水Appelsín，口味類似橘子芬達，但有些許不同，十分值得推薦。尤其是一款融合了麥汁(Malt)口味的聖誕特別版，口味相當獨特。

魚乾Hardfiskur

冰島的休閒零食，白色的魚乾傳統上都是以風乾方式製作，帶點淡淡的鹽味與海味，可以像牛肉乾一般慢慢咀嚼，解解嘴饞，在所有加油站以及紀念品商店都可買到。

冰島黑死酒 Brennivin

通常與冰島發酵鯊魚肉一起食用的黑死酒，酒精濃度相當高，約在37.5°~40°之間。黑死酒用馬鈴薯、香菜和穀物發酵而成，有非常強烈的香菜味，除了在冰島國營的酒類專賣店Vínbúðind可以買到外，機場免稅商店內也找得到。機場除了一般玻璃瓶裝的尺寸，還販售小瓶裝。

冰島超市

超市對冰島遊客來說是不可或缺的存在，冰島最主要的超市包括Bónus、Krónan和Nettó，分店散布冰島各地區。冰島也有好市多超市(Cosco)，但僅有一家，位在國際機場與雷克雅未克之間。而其他的10~11等等超市多分布於雷克雅未市、機場以及冰島西南部，價格最貴。

小豬超市Bónus

小豬超市號稱「冰島最便宜的超市」，粉紅色的小豬圖案令人印象深刻，店內販售自有品牌的商品，全冰島共有32間分店，冰島幾乎各大城鎮都能找得到，網卜能查詢各分店的位置。

🌐 bonus.is

Nettó

Nettó在冰島各大城市共設有16家分店，超市內除了生鮮蔬果，也有許多生活居家用品，價格比小豬超市稍微高一些。

🌐 netto.is

Krónan

Krónan在南部維克鎮有間大型分店，全冰島共有20間分店，超市內商品的選擇種類更多，熟食區也頗受好評，價格比小豬超市稍微高一些。

🌐 kronan.is

Getting Around in Iceland
冰島交通攻略

文●墨刻編輯部　攝影●墨刻攝影組

冰島是一片神奇的土地,腳下到處都是火山噴發後遺留的地貌,冰島的地殼特別薄,只有一般厚度的1/3,因為地形的關係,冰島並沒有鐵路交通系統,因此若要在冰島各地區移動,必須仰賴航空、渡輪,以及最主要的公路系統;而開車自駕則是最自主、最能完整探索冰島的方式。

當地交通
The Local Transport

航空

搭乘飛機在冰島各區移動,除了能節省時間,也能快速抵達最偏遠的地方,節省開車行駛公路的移動時間,還能由空中俯瞰陸地上看不到的風景。

然而由於航班容易受到冰島多變的天氣影響,隨時可能因為暴風、大霧等因素延遲或者取消航班,對於緊湊行程的安排勢必會造成影響,因此,搭飛機旅行比較適合隨遇而安、行程較有彈性的遊客。至於冰島國內機票的價格,其實並沒有想像中昂貴,如果提早訂票,尤其是促銷時,機票的價格可能還會比搭乘巴士便宜。

冰島有兩家主要的航空提供了定期的國內航班,最主要的Air Iceland航空提供航班往返雷克未克和西峽灣的最大城伊薩菲厄澤(Ísafjörður)、東部的最大城埃伊爾斯塔濟(Egilsstaðir)、南部的維斯特曼群島(Westman)、北部最大城阿庫瑞里(Akureyri),以及從阿庫瑞里到位於北極圈上的格林姆賽島(Grímsey)。

另一家冰島航空公司Eagle Air也有航班往返雷克雅

未克、霍芬鎮(Hofn)、西部峽灣的傑格爾(Gjögu)、比爾德達勒(Bíldudalur)等等的二線城市，飛行時間通常只需要1~2小時，就可抵達冰島遙遠的角落。

因疫情期間，各家航空公司班次和班表變動幅度較大，相關資訊請洽各大航空公司或上網查詢。

冰島大眾交通Public Transport
🌐www.publictransport.is

Air Iceland
🌐www.airiceland.is

Eagle Air
🌐www.eagleair.is

巴士

冰島的公共交通系統不算發達，長途巴士路線由多家私人旅遊公司營運，最主要的巴士路線由Strætó公司營運，除了巴士路線廣布雷克未克市區，Strætó也是唯一全年提供長途巴士前往冰島西部博爾加內斯(Borgarnes)、北部阿庫瑞里(Akureyri)、西南部塞爾福斯(Selfoss)、東南部霍芬鎮(Hofn)、東部埃伊爾斯塔濟(Egilsstaðir)各區的巴士公司，但班次並不多。

其他的巴士營運者還包括Reykjavik Excursions、Iceland by Bus、Trex等等，各家都推出獨具特色的路線、時間表，或者隨上隨下的通行票優惠，例如前往內陸高地蘭德曼勞卡，或是穿過內陸地區往返雷克雅未克、阿庫瑞里兩大城的特殊路線。

這對於無法開車自駕的旅人來說，是個可以當作一日遊，且深入內陸高地的絕佳替代方式，然而最大的缺點在於某些路線僅於6~9月期間營運。這意味著在非夏季期間旅行，若要以巴士為主要工具，進行複雜的多日行程時，在路線和接駁時間的安排就會變得十分不方便，尤其巴士班次減少甚至取消，搭乘巴士也會浪費很多時間在等待上。

另要注意，因疫情期間，各家巴士公司班次和路線變動幅度較大，相關資訊請洽各大巴士公司或上網查詢。

Strætó
🌐straeto.is

Reykjavik Excursions
🌐www.re.is

Iceland by Bus
🌐icelandbybus.is

Trex
🌐trex.is/home

渡輪

冰島主要的渡輪路線皆為全年營運，且可連人帶車橫渡海峽，但最好提前預訂。票價在夏日旺季時較高，非旺季時較低。渡輪主要航行的路線包括斯奈山半島斯蒂基斯霍爾米往返西峽灣布拉斯萊庫爾及達維克往返格林姆賽島。

渡輪主要航線

航行路線	斯蒂基斯霍爾米(Stykkishólmur)⟷布拉斯萊庫爾(Brjánslækur)	達維克(Dalvik)⟷格林姆賽島(Grímsey)
渡輪公司	Seatours	Samskip
航行時間	2.5小時	3小時
單程票價	旺季6,490ISK、淡季5,060ISK	全票4,000ISK、優待票2,000ISK
網站	www.seatours.is	https://en.samskip.is/domestic/saefari/

自行車

在冰島騎自行車沿路欣賞自然風光，是多麼令人心動的挑戰，雖然可以用花費最少的預算旅遊，但困難在於冰島多變的天氣，包括強風、大雨、沙塵暴、冰雹、下雪等等，以及點與點之間遙遠又崎嶇的距離，而且出了雷克雅未克之後，幾乎沒有維修店，所以需要自備修理包與基本的修車技能。

若準備騎自行車環島，務必做好仔細詳盡的計畫，並可加入一些冰島自行車的討論群組蒐集資料。夏季是最適合騎自行車的季節，可以在雷克雅未克租車，也可以自備自行車前往。

若長途旅行中天氣突然變得惡劣，可以考慮連人帶車搭乘Stræto巴士的替代方案，自行車不額外收費。

出租自行車Reykjavik Bike Tours
🕸icelandbike.com

Stræto
🕸straeto.is

Cycling Iceland
🕸www.cyclingiceland.is

Icelandic Moutain Bike Club
🕸Fjallahjolaklubburinn.is

開車自駕

開車自駕是最自主、最多人的選擇，也是最能深入探索冰島的旅遊方式。

冰島主要的1號環狀公路繞行全島，除了東部峽灣的部分路段外，大部分都是柏油路面，路況良好，沿途風景絕美，駕駛起來十分暢快。然而在開車上路前，仍需做足功課，對租車、保險、路況、交通安全、自助加油等做好萬全準備，才能確保旅途盡興且平安。

租車自駕指南
Renting a Car

在冰島租車既容易又方便，但有一些事情要特別留意，才能玩得安全且盡興。

選擇車型

◎二輪驅動還是四輪驅動

根據行程與需求來選擇適合的車型。在冰島租車可選擇的車型有很多種，從小型二輪驅動車(2WD)到四輪驅動車(4WD)，甚至露營車都有。

如果在夏季前往冰島，只計畫在1號環形公路上駕駛，那麼二輪驅動車就足以應付了。但若想探索峽谷或深入峽灣上的支線公路，則強烈建議選擇四輪驅動車(4WD)以確保安全，尤其在冬季期間，路面可能積雪或結冰。如果想冒險，前往任何礫石路面的崎嶇山區、內陸高地，那麼四輪驅動車絕對是必要的選擇。

◎汽油還是柴油

雖然柴油車在租車時費用會高一些，但整體來說，柴油車比汽油車更省油一些，而且柴油每公升的價格

第三方自負額保險

通常向租車公司購買的保險，如果發生事故損失，車主通常都需付一定比例的自負額。所謂自負額指的是車主自行負擔損失的金額，超過自負額的部分才會由保險負擔。這時倘若投保第三方自負額保險，第三方保險則會負擔原先自負額的部分，使駕駛人的損失降到最低。

然而近年來在冰島旅遊慣用的iCarhireinsurance、RentalCover以及許多國際保險公司紛紛取消對台灣駕駛人的承保，因此，能讓台灣人保險的第三方保險已經很難找到。

也便宜一些，行駛的里程數越高，則能省越多。要特別提醒的是在加油時需特別注意柴油還是汽油，別加錯油。

◎同車人數與行李

同車的人數多，則可共同分攤租車費用與油錢，也是省錢的好方法，但須考量行李數量與放置空間是否足夠，最佳人數約3~4人左右。如果3人以下同車，

主要保險種類

保險名稱	説明
基礎碰撞險 CDW(Collision Damage Waiver)	發生事故造成車輛因碰撞而損傷的保險，租車時，大部分車行都會將CDW包含在租金內，是最基本的保障。但不同車行的自負額(Deductible)也不同。通常車子越新、自負額越少的狀況，保費就會越高。如果發生碰撞事故，身為駕駛人永遠都須承擔一定比例的損失費用。
超級碰撞險 SCDW(Super Collision Damage Waiver)	基礎碰撞險CDW的增強版，若發生碰撞事故，保險公司將理賠更多，駕駛人的自負額將降到最低，因此，保費也比較高。
礫石險 GP(Gravel Protection)	因彈起的礫石、碎石而造成車體損傷的保險。冰島的柏油路有限，駕駛在碎石路段的機會頗高，強烈建議加保這項保險。
沙塵險 SADW/SAAP(Sand & Ash Damage) Waiver/Sand & Ash Protection)	冰島有強風又有沙塵，當沙塵襲來，所含砂土很容易刮傷車子的烤漆、車燈、車窗、塑膠，修理費很可觀，沙塵多發生在南部，建議最好加保這項保險。
盜竊險 TP(Theft Protection)	汽車被偷走而造成損失的保險。盜竊險一般都不貴，由於冰島治安良好，盜竊險不是必買保險。
輪胎險 Tire Insurance	在碎石路上爆胎、輪胎更換、損傷的保險，但不涵蓋輪圈部分。
擋風玻璃險 WP(Windshield Protection)	擋風玻璃遭受到碎石損傷的保險。冰島天氣多變，若有碎石襲來，前方的擋風玻璃首當其衝，若要多一分保障，建議可以考慮。
全險 Full Coverage/PIP(Premium Insurance Package)	涵蓋了碰撞險、礫石險、沙塵險、擋風玻璃險、輪胎險等以上全部項目的保險。通常全險提供了組合優惠，會比各別購買單一保險更便宜，但每家租車公司對全險的保險項目、自負額都不同，因此，務必看清楚合同。

可以選擇小型車，若行李較多，可選擇空間較大的4WD。若同車超過4人，則最好選擇5人座車。

◎車子的新舊

車子的新舊決定了車子的狀況，因此盡量選擇年份較新的車輛，舊車雖然租費便宜，但碰上麻煩的機率也較高。

租車保險類型

天有不測風雲，在冰島租車時，務必了解保險的總類，購買萬全的保險，因為冰島多變的天候與大自然，使得駕駛時總會遇到一些突發狀況，例如沙塵、強風造成玻璃或車門的損壞，或者突然跑到公路上的小動物等等。

尤其冰島車輛損壞賠償的金額相當高，千萬不要因為省小錢而造成日後龐大的損失。面對眾多的保險類型，其中最重要的就是沙塵險，還有礫石造成車體或玻璃損傷的礫石險、擋風玻璃險，若想要多一些保障，則購買全險通常會比單獨購買個別險划算。

取車

◎檢查外觀與油表

取車時，最重要的事項就是檢查車況，核對車子的外觀是否符合車況確認單上的狀況、有沒有刮傷或凹陷的痕跡，如果發現有問題，一定要馬上告知租車公司的服務人員，並用手機或相機把車子各個角度拍攝下來，以免日後還車時引發爭議。

其次，大部分租車公司都是採用「取車時滿油，還車時滿油」(Pick-up Full Return Full)的方案，因此，上車時可以檢查一下油表是否符合。

◎詢問使用功能

當租到自己不熟悉的車型時，勢必得花一番時間摸索，取車時是向服務人員詢問最好的時機，尤其是租用四輪驅動車，例如油箱蓋如何開、GPS設定等等，當場先了解清楚，可以避免上路後的慌亂。

還車

還車前，需先將油箱加滿油，若在機場還車，由機場往凱拉夫維克市方向約1公里處即有Ollis加油站。

以Hertz為例，抵達機場附近的還車處後，服務人員會檢查車體外觀和油表，確認沒問題後，就會收到一張顯示駕駛里程數的確認單，還車手續就完成了。如果發生車體損傷時，租車公司則會當場估價。如有另外向國際第三方保險投保，則仍需先自行付清自負額，之後回到台灣，再拿單據向第三方保險申請理賠。

加油

冰島的加油站均勻地分布在各個地區，但若前往西峽灣、內陸高地地區，在出發前，務必先檢查油表，計算一下到下個加油站的行駛距離。

冰島的石油公司以N1為最大間，分布最密集，但油價也稍微貴一點，其他比較小家的Orkan、Olis價格則比較便宜。

除了大城市裡的加油站有人服務，可用現金付款外，冰島大部分的加油站都是無人的自助加油站，必須自行操作機器，直接用信用卡或預先購買的加油卡付款。

◎信用卡

使用台灣信用卡在冰島自助加油站付款時，機器會要求輸入一組4位數字的PIN碼。因為台灣並沒有使用PIN碼的習慣，因此建議出國前，應先打電話向信用卡公司說明狀況，通常信用卡公司會建議申請一組預借現金密碼，來取代所謂的PIN碼使用，解決在冰島

自助加油時的問題。

◎加油卡

　　為了以防萬一，也可事
先在大城鎮上購買預先
儲值的N1加油卡，不過
缺點是只能在N1的加油
站加油。

◎加油步驟

　　加油時，首先須確認加油的種類是柴油或汽油，取
車時會被告知，油箱上也有註明。接著選擇好對應的
油槍，將信用卡或加油卡放入自助加油機，輸入PIN
碼，再將畫面語言改成英文後，選擇要加的金額，或
者選擇加滿(Full Tank)。接下來再拿起對應的油槍，
放入油箱後，按壓油槍就開始加油了。此外，第一次
加油時，可以先選擇有服務人員的加油站，以防不會
操作加油機。

◎取得收據

　　每家加油站機器取得收據的流程不同，有些會自動

遞出，有些則需要多一道手續。如果使用N1機器加
油，想取得收據，必須再把信用卡重新放進機器中，
這時收據就會吐出，有時也會遇到列印收據的紙張用
完，而沒有收據的狀況。

租車公司

　　冰島有上百家租車公司，每家車行的車況、服務、
含括的保險不同，評價褒貶也不一，建議可善用租車
平台方便比較。

　　冰島主要幾家有口碑的租車公司，均提供網路預訂
服務，建議貨比三家，提前預訂，尤其是7、8月旺
季，很多公司的車通常都會被租賃一空。然而一分錢
一分貨，通常價格較高的租車公司，也往往能提供最
省事的租車服務。

Hertz Iceland
522-4400　www.hertz.is

Avis
591-4000
www.avis.is

Europcar Iceland
568-6915
www.holdur.is

Budget Car & Van Rental
562-6060
www.budget.is

Blue Car Rental
773-7070
www.bluecarrental.is/book/cars

Reykjavik Rent a car
569-3300
www.reykjavikrentacar.is

租車步驟實例

在冰島國際機場大廳設有櫃台的租車公司有Herz、Avis、Budget、Eurocarn四家，而且都是24小時營業，因此，選擇在機場直接取車，還車是最方便的方式，能省去不少麻煩。以下以大型跨國集團Hertz租車為例，示範在機場直接取車的超簡單租車流程。

◎出發前：上網預訂

確定了旅行計畫後，可以馬上在中文台灣官網上，輸入行程日期、取車及還車地點、瀏覽自己想要的車型，最後試算總估計費用。一切都確定後，即可在線上完成預訂。若有額外的項目，例如加保全險等服務，都可在抵達後於櫃檯直接辦理。小提醒：租用者的姓名必須與預訂者相同。

◎抵達後：櫃台取車

抵達冰島的凱拉維夫國際機場後，直接前往機場大廳的Hertz櫃檯報到取車，此時需要出示**(1)英文版預訂確認單**、**(2)駕駛人的台灣駕照正本**、**(3)國際駕照正本**、**(4)預訂的信用卡確認**。接著櫃台人員會提供一張簡單的個人資料表單，填寫完後，租車手續就完成了。

Hertz租車初體驗，租車實例影片教學

掃描QR CODE立即體驗觀賞租車實例

◎取得合約與車鑰

以信用卡完成付款後，會收到車鑰及兩份重要的文件：租車合約與車況確認單。車鑰通常會裝在信封袋中，上面註明了取車、還車的地點位置，服務人員會一一解釋租車合約、車況確認單內容，取車、還車須知，還有遇到緊急狀況需聯絡的資訊。

◎確認車況

前往指定的車輛停靠位置後，需先核對車子的外觀、油錶是否與車況確認單一致。若有問題，可立即向服務人員反應。此外，若對租借的車型很陌生，可以直接請服務人員現場協助，例如油箱如何開、GPS如何設定、後車箱的開啟方法等等，服務人員都很熱心和善，千萬不要因為不好意思，而使後續一陣慌亂。

◎出發上路

將行李箱放好後,設定GPS,啟動車輛,就可以展開令人期待的冰島自駕遊了!

冰島的公路

冰島是台灣的3倍大,但人口卻只有約三十三萬,離開了雷克雅未克市區,路上的車流量相對較小,駕駛上十分輕鬆。

冰島公路網絡中最完整、路況最好的主幹道就是1號環狀公路(Ring Road),除了東部峽灣的幾段公路外,1號公路上幾乎都是鋪設了柏油路的路段。1號環狀公路完成於1974年,環島總長約1339公里,沿途可充分享受變化多樣的景觀。雖然環島路線是如此簡單,但冰島還有許多的美麗景點是1號環狀公路到不了的,如果想要徹底探索冰島,勢必得開往其他的支線公路尋幽訪勝。

每條支線公路的路況不一,某些路段可能充滿碎石、坑洞,而通往內陸高地的道路僅於夏季開放,所以最好駕駛4WD四輪驅動車輛前往。若駕駛道路規定以外的車輛進入,不僅保險失效,而且還會收到罰款。

冰島駕駛注意事項

　　雖然冰島的地理條件複雜，氣候變化多端，冰島的公路倒不是非常危險，而是與在其他國家駕駛的經驗十分不同，因此不能掉以輕心。據官方統計，2015年全冰島發生的交通事故中，16%的肇事者是外國遊客，大部分車禍的原因都是超速導致，因此，行駛在道路上務必要遵守交通規則。

◎道路基本交通規則
· 冰島交通法規定必須全天24小時打開車頭燈
· 駕駛人與前排乘客必須繫上安全帶
· 駕車時禁止使用手機，免持功能除外
· 6歲以下的兒童必須使用兒童汽車坐椅

冰島公路的限速規定

公路路段	限速(公里/小時)
鋪設柏油的公路路段	90
未鋪設柏油、砂土路段	80
城鎮內的道路中行駛	50
城鎮內的住宅區行駛	30
若發現路旁右側有藍白字樣的警示牌時，就表示前面有危險路段。	須按牌子上面的速度標誌行駛

冰島重要交通標誌表

路況與風險
◎天氣
　　冬季的公路積雪結冰，狀況特別多，因此若決定冬季駕駛，一定需要特別的預防措施，最好駕駛配有特殊輪胎的4WD四輪驅動車，帶上足夠的食物與水，減速慢行，最好避免在結冰的路上、惡劣天氣下行駛。

　　即使不是冬季前往，在冰島任何季節都有可能遇到惡劣的天氣及強風大雨，甚至8月也有可能出現暴風雪。如果遇到這些狀況，不妨更改行程，或者尋找替代道路前往目的地。最好時時查看最新路況與天氣網站或APP，了解哪些公路可以行駛。

◎小動物與危險路況
　　在人煙稀少的冰島公路上行駛，有時會遇到出來溜達的羊群或路旁的野生動物，此時需要放慢速度。除此之外，若遇到下列3種道路標誌，也需減速慢行。

　　盲彎(Blindhaed/ Blind Crest)：駕駛在許多郊區的道路上都會遇到許多看不見前方路況以及來車的路段，大部分都是上坡，路旁也會有「Blindhaed」的標示。

　　礫石路(Malbik Endar/Pavement Changes to Gravel)：路況由柏油路面轉變成礫石路面，此時最好減速以避免輪胎漏氣或發生事故。

　　單行橋(Einbreid Bru/Single Lane Bridge)：距離橋最近的車輛有優先通行權，接近時應減速慢行。

超速與罰單

在旅遊中收到罰單十分令人掃興，尤其冰島罰單的金額相當高(超速罰單約台幣八千以上)。在雷克雅未克與阿庫瑞里兩大城市，除了停車時須特別注意停車區域以免收到罰單，也要小心不要超速。冰島隧道附近通常都設有測速照相，如果被拍到超速，那麼約莫3個月就會收到催繳罰款的電子郵件，15天內繳清能獲得75折的折扣，罰款可以選擇請租車公司代扣信用卡繳交，或者自行到銀行匯款繳交。

隧道通行費

冰島公路上，僅有行駛冰島西部與雷克雅未克之間的鯨魚峽灣隧道(Hvalfjarðargöng)需要付通行費，3.5噸以下汽車收費1,650ISK、3.5噸~7.5噸收費2,600ISK，7.5噸5,500ISK，最新收費方案以官網公佈為準。

Spolur
🌐 spolur.is/en

冰島行動通訊與上網

冰島各地的加油站附設商店、書店、機場及前往冰島的飛機上，都可以買得到手機預付卡的SIM卡。冰島的電信公司中，以Siminn、Vodafone的網路覆蓋範圍最大，Siminn更是歷史最久、用戶最多的電信公司，預付卡也最熱門，其次是Nova。每家電信公司都推出各種套餐方案。例如Siminn提供以網路為主的預付卡方案，也可於官網上直接預訂。

Siminn
🌐 www.siminn.is/prepaid
Vodafone
🌐 vodafone.is/English
Nova
🌐 www.nova.is

必備網站與手機APP

◎112 報警系統

112是冰島的報警電話，也提供了手機APP供遊客下載。如果在冰島遇到了任何緊急事故，可以直接按下Emergency緊急報警，不用擔心無法描述所在地點，只要按下綠色的Check in，它就會根據手機的GPS位置找到你，即使在沒有通訊與網路訊號下也可以使用。

App：112 Iceland

◎冰島公路局

Vegagerdin/IRCA/Icelandic Road and Coastal Administration

冰島公路局推出了極為重要的冰島路況網頁版與APP，也是大家口中說的road.is。兩者都各有優點，網頁版容易查詢，APP版則可直接輸入行程的起點和終點，看到選擇路段的路況狀況。

App：Vegagerdin

📱 road.is

◎冰島氣象局

Vedur(IMO/Icelandic Meteorological Office)

冰島氣象局提供了可靠的天氣預報網站與手機APP，還可查看雲層厚度，作為追極光的重要工具之一。

APP：Vedur

📱 vedur.is

◎SafeTravel

由冰島搜救協會建立的網站，提供遊客如何避免危險資訊，還包括各自然景點因自然災害封閉的旅遊情報。

📱 www.safetravel.is

◎Google map離線地圖

在冰島找路，Google map有時會比車上的GPS系統來得更直覺、更好用。下載離線地圖後，即使沒網路也能離線導航。

◎Map me離線地圖

除了Google Map以外另一個實用的導航選擇，輸入目的地後，就可下載離線地圖使用。

冰島百科
Encyclopedia of Iceland

Brief History of Iceland
冰島簡史

文●墨刻編輯部
攝影●墨刻攝影組

早期探險家與愛爾蘭僧侶

◎330BC

古希臘探險家皮西亞斯(Pytheas)記錄了在歐洲北部的航海探險，描述了從英國北部航行約6日，發現了一個遠在天邊、在結冰海洋中的島嶼，他稱之為「Thule」。

◎6~7世紀

愛爾蘭僧侶航行至冰島尋找隱居之地，並成為暫時的居民。

維京人登陸定居

◎9世紀中葉

挪威的維京人弗洛基(Hrafna–Flóki Vilgerðarson)曾試圖在西部峽灣中定居，因為看到嚴冬裡漂浮的冰山，為此地命名為「冰島」。

◎874年

挪威的維京人英格爾夫・亞納遜(Ingólfur Arnarson)和他的兄弟成了冰島第一批永久的定居者，英格爾夫並給溫泉蒸氣繚繞的定居地取名為「雷克雅未克」(蒸氣的海灣)。

◎930年

冰島建立了世界上最早的議會(Alþing)，負責法律制定及糾紛仲裁。

◎1000年

基督教透過挪威國王奧拉夫・特里格瓦松(Olaf Tryggvason)的影響傳播至冰島。在辛格韋勒召開的會議上，冰島正式皈依基督教，但同時異教徒的信仰與儀式仍得以保留。

◎1100~1230年

冰島文學史上的黃金時代，許多斯堪地納維亞的英雄傳說都是在這個時期創作，著名的歷史學者與作家斯諾里(Snorri Sturluson)貢獻良多。

◎13世紀

冰島爆發內亂，政治鬥爭和血腥暴力不斷，斯圖倫斯(Sturlungs)為當時最強大的家族，因此四十多年期間又稱為「斯圖倫斯時期」，最終導致冰島陷入無政府狀態，在1262年冰島議會同意向挪威國王繳稅後，於1281被挪威併吞。

災難與衰退

◎1397年

斯堪地納維亞諸國聯合形成「卡爾馬聯盟」，並將冰島統治權由挪威移轉給丹麥。

◎1402~1404年

黑死病席捲冰島，一半以上的冰島居民喪命。

◎17世紀

丹麥在冰島實施貿易壟斷，並將冰島分為4個貿易交易區，不允許區域彼此交易，只能直接與丹麥交易，並以海軍加強監控。

◎1783年

拉基火山(Laki)爆發，噴出的有毒氣體毒死了九千多人(佔當時人口25%)與一半以上的牲畜。

火山爆發產生的雲霧籠罩天空，造成了全球天氣遽變，酸雨、洪水與飢荒。

復甦與獨立

◎1855年

丹麥的貿易壟斷終結，冰島學者喬西古森(Jón Sigurðsson)遊說成功，於為冰島爭取到了貿易自由，起草憲法，之後更領導一群冰島知識份子重建冰島自治政府，使得冰島人重新獲得對國內事務的控制權。

◎1918年

丹麥承認冰島為丹麥王國內一主權獨立國家，但仍然以丹麥國王為國家元首，與丹麥聯合為共主聯邦。

◎1940年

納粹德國和盟軍在二次世界大戰期間佔領丹麥和冰島。

◎1944年

6月17日，冰島共和國正式建立。二戰結束後，冰島獲得軍事防衛權及外交自主權，不過從未擁有自己的軍隊。

◎1952~76年

與英國就海上捕撈界線發生了四次「鱈魚戰爭」，最終於1976年達成協議，冰島擁有200海里經濟專屬區，隨著漁業發展的穩定，冰島漸入經濟恢復期。

◎1974年

環形公路完工，偏遠地區的交通運輸得以連接。

◎1980年

冰島選出世界上第一位民選的女性國家元首維格迪絲·芬博阿多蒂爾(Vigdís Finnbogadóttir)，其連任任期總共達16年之久。

◎1986年

美國總統雷根與俄國元首戈巴契夫在雷克雅未克舉行高峰會，象徵冷戰時期的結束。

◎1989年

從3月1日起，解除自1915年開始長達74年的禁酒令。

◎1996年

格里姆火山(Grímsvötn)爆發，導致大量的冰川洪水沖刷環形道路與橋樑。

現代冰島

◎2008年

全球金融危機的風暴席捲冰島，影響嚴峻，冰島三大銀行全部倒閉，國家陷入嚴重衰退。

◎2010年

埃亞菲亞德拉冰川(Eyjafjallajökull)下的火山爆發，火山灰雲使歐洲大部分航空運輸連續中斷了6天。

◎2010~2015年

旅遊業發展蓬勃，國際遊客數逐年上升，2015年人數達到了130萬，GDP也回升到了全球金融危機之前的水準。

◎2016年

4月「巴拿馬文件」揭發冰島總理岡勞森(Sigmundur Davíð Gunnlaugsson)隱匿的金融投資，導致其辭職下台。6月冰島選出新總統古德尼·約翰內松(Gudni Johannesson)，他不僅是一位歷史學者，也是冰島歷任最年輕的一位總統。

World Heritages of Iceland
冰島世界遺產

文●墨刻編輯部
攝影●墨刻攝影組

冰島有地球上最獨特、最壯麗的景致，奇特地貌常讓人為之驚嘆，它的世界遺產共有三處，一處是由於海底火山爆發，於1963年誕生的新島嶼「敘爾特塞島」，是科學家進行研究的最佳原生態自然實驗室；另一處則是辛格韋勒國家公園，其中不僅有古維京人所建立的世界上第一座民主議會遺址，還有北美與歐亞大陸板塊撕裂的天然裂谷；第三處的瓦特納冰原是冰島與歐洲最大的冰川，總面積逾一百四十萬公頃，占了整個國家的14%，是歐洲最大的國家公園，可看到冰川、火山、冰河湖、瀑布、地熱活動作用的獨特景觀，以及火山爆發後遺留下來的痕跡。

①辛格韋勒國家公園
Þingvellir National Park

登錄時間：**2004年**
登錄時間：**文化遺產**

冰島於1930年成立的第一座國家公園，位於雷克雅維克以東49公里方向、冰島西南方靠近雷克珍克半島Reykjanes和漢吉爾Hengill火山附近。

辛格韋勒國家公園內包括了冰島最大的湖泊，面積達84平方公里的辛格韋勒湖、北美與歐亞板塊交界處的天然裂谷，以及全世界第一座露天民主議會遺址。從西元930年起，代表全冰島的「阿辛」(Alþing，冰島文為「議會」之意)在此地展開兩星期的會議，一直到1798年停辦為止，每年議會時間，除制定「自由人之間的公約」法律，也同時排解紛爭，因此，對冰島人來說擁有非常重要的歷史價值與意義。

除了歷史回溯到10世紀的昔日會議場所，國家公園內還有將近五十座以石頭和草皮搭建的棚架與斷垣殘壁，以及18~19世紀的農耕遺跡。

整座國家公園讓人得以了解維京時代的居民如何從零開始，逐漸由社區組織邁向民主社會的演變；公園內的景觀如農場、田野等也反映了過去千年來農耕景觀的演變，特別具有標誌性地位。

②敘爾特塞島 Surtsey

登錄時間：2008年

登錄時間：**自然遺產**

敘爾特塞島位於冰島的極南點，距離冰島南部海岸約32公里，是在1963年~1967年期間由於海底130公尺深的火山爆發所形成的新島嶼，科學家根據北歐神話裡火神的名字為之取名。

1963年敘爾特塞島開始突出海平面，其後歷經火山連續三年半噴發的堆積，最終形成一座遺世獨立的迷你島嶼，島嶼的面積最大值曾達2.7平方公里，約為一個迪士尼樂園的面積大小，但由於風和海的侵蝕，導致島嶼逐漸變小，到了2002年，島嶼面積為1.4平方公里。

其實早在火山爆發停止前，敘爾特塞島就被宣佈為自然保護區，僅限科學家登陸研究，是一座最佳的原生態自然實驗室，生物學家和植物學家不但能長期觀察到生物型態在新陸地的生長過程，也能觀察到由洋流攜帶的種子到來，以及黴菌、細菌和真菌的出現。

隨著時間過去，如今這座島嶼已經出現了約莫七十種以上的苔蘚、維管束和地衣植物，以及近百種的鳥類和三百多種的無脊椎動物。

③瓦特納冰川國家公園-火與冰的自然動態

Vatnajökull National Park-Dynamic Nature of Fire and Ice

登錄時間：2019年

登錄時間：**自然遺產**

這處典型的火山區，面積逾一百四十萬公頃，約佔冰島領土的14%。

瓦特納冰川國家公園內有十座中央火山，其中八座是冰川火山，這些火山有兩座是冰島最活躍的火山。

火山與瓦特納冰帽下的裂縫相互作用，激發了許多自然奇觀，其中最令人感到震懾的就是「冰洪」(jö,kulhlaup)，也就是在火山噴發期間，冰川邊緣驟然崩裂而引發的大洪水。這種現象反覆的發生，造就了冰島最為獨特的冰水沉積平原、河系，以及變化萬千的峽谷。這處火山區還生存著冰河時期倖存的地下水動物群。

Hot Spring Paradise
溫泉地熱天堂
身心療癒泡湯之旅

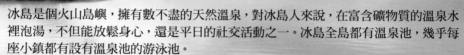

冰島是個火山島嶼，擁有數不盡的天然溫泉，對冰島人來說，在富含礦物質的溫泉水裡泡湯，不但能放鬆身心，還是平日的社交活動之一。冰島全島都有溫泉池，幾乎每座小鎮都有設有溫泉池的游泳池。

大部分的「名湯」都集中在西南部，比方如夢似幻的藍湖、古老的秘密溫泉、蒸氣山谷中的野溪溫泉，或湖畔的豐塔納水療中心等等，而北部最著名的就是米湖溫泉了，雖然名氣不如藍湖，但周圍風景如畫，人少水質佳，價格上也更親民。

既然來到了冰島，不妨來趟溫泉之旅，接收大自然強大豐沛的療癒力，感受幸福國度質樸的喜悅。

文　墨刻編輯部　攝影●墨刻攝影組

© Blue Lagoon

冰島精選溫泉 TOP 8

克勞馬溫泉
Krauma

　　現代時尚的克勞馬溫泉位於知名的Deildartunguhver地熱溫泉區，Deildartunguhver是歐洲最大的溫泉區之一，每秒水流量可達180公升，水溫高達100℃，滾盪的水從岩石間噴出，空氣中瀰漫著陣陣白色的蒸氣及硫磺味。

　　克勞馬溫泉位在地勢較高的丘陵上，因此視野極佳。溫泉將高溫的地熱溫泉與起源於冰川的Rauðsgil河水混合，調成適合泡湯的各種溫度，這裡共有6座小浴池，5座熱水溫泉池及1座冷水池，還有兩間蒸汽浴及桑拿室。在最前端蝸牛形狀的溫泉池中，還能一邊泡湯一邊遠眺地熱區煙霧繚繞的風景。

藍湖
Blue Lagoon

　　沒到過藍湖，就不算來過冰島。藍湖無疑是冰島的第一名景，位於西南方的雷克尼斯半島，距凱拉夫維克國際機場僅僅15公里。彷彿加入牛奶般的藍色湖水，搭配朦朧的白色蒸汽，形成了如夢境般的風景，讓全球旅人趨之若鶩。

　　藍湖的形成過程其實是個美麗的偶然，1976年，附近的Svartsengi地熱發電廠開始利用高溫燒燙的溫泉水發電，並把發電後降溫的溫泉水排放到火山熔岩包圍的窪地，形成了一座人工湖泊。

　　這處溫泉池吸引部分冰島人前來此泡澡、敷火山泥，經過數十年的發展，規模逐漸擴大，就形成了現在舉世聞名的藍湖溫泉，並被《國家地理雜誌》評選為「世界25大奇蹟」之一。

　　佔地約五千平方公尺的溫泉區有小木橋可往來各區，池內有類似熔岩洞穴的水上設施、可以按摩的水療瀑布、去角質泥漿面膜，還有飲料專區，可以一邊補充水分一邊享受溫泉。

　　藍湖的溫度全年被控制在37℃~39℃之間，富含二氧化矽、鹽、硫磺和其他礦物質，據說對輕微的皮膚疾病具有療效，不過會造成頭髮打結或乾燥，所以別忘了先擦上護髮乳。此外，此處還有Spa專區、餐廳、商品販賣部，如果想在這裡過夜，那麼在旁邊就有自家經營的旅館Blue Lagoon Silica Hotel，可以獨享私人的溫泉區。

米湖天然溫泉
Mývatn Nature Baths

米湖被譽為「北部的藍湖」，不同的是泡湯的人更少，價格更親民一些，但風景與水質可是一點也不遜色。只要你願意，可以在海藍色寶石般的溫泉中不受干擾，靜靜地望著遠方的山脈與藍天白雲，獨享這片美麗的景致。

米湖的溫泉水同樣來自當地的發電站，溫度約在36℃~40℃左右，水質富含矽(Silcates)、硫等礦物質，據說也能舒緩皮膚與呼吸系統疾病，池中除了劃分兩個不同溫度的池區外，還有兩個蒸汽桑拿室。

野溪溫泉
Reykjadalur

野溪溫泉位於溫泉小鎮惠拉蓋濟爾山區裡的雷克達魯蒸氣山谷(Reykjadalur)，也有人稱作「溫泉河山谷」，因為地熱與溫泉河使得山谷中煙霧繚繞。走進山谷中，可在其中一處免費的天然溫泉河「野溪溫泉」中泡湯，十分受遊客歡迎。

從入口停車場處往上步行約3公里左右即可抵達，這裡有規劃好的木橋、階梯及簡單的遮蔽物，「野」味十足。

蘭德曼勞卡露天溫泉
Landmannalaugar

蘭德曼勞卡在冰島文原意為「人民的泳池」(The People'S Pool/Bath of The Land's Man)，離蘭德曼勞卡露營地沿著步道走約200公尺，即可找到這座露天天然溫泉池。

這裡的天然溫泉水融合了湧自地底的地熱溫泉與冷水泉，兩者混合後在池中成為了最適合泡澡的理想溫度，即使在寒冷的冬季，溫度也維持在36℃~40℃左右。

秘境溫泉泳池
Seljavallalaug Swimming Pool

隱身於山谷間的秘密溫泉游泳池建立於 1923 年，最初建造的原因是為了讓當地的孩子們能安全地學習游泳，之後因火山爆發，池水被火山灰汙染而漸漸荒廢，目前靠著志工的清潔維持，免費開放給大眾使用。

游泳池長25公尺、寬10公尺，綠水池來自天然泉水，水溫並不高，約25℃~35℃，泳池後方有更衣室，更衣室後面則有隱藏的圓形池。

豐塔納溫泉水療中心
Fontana Geothermal Baths

位於勒加爾(Laugarvatn)湖畔，附近最著名的就是豐塔納溫泉水療中心。

此處泡湯洗浴的歷史悠久，據說自古維京人在冰島定居以來，這裡的地熱溫泉就是聞名的洗浴場所。在辛格韋勒國家公園召開的議會結束後，人們會騎馬到此地洗浴泡溫泉。

如今古代的溫泉已轉變成現代風格的豐塔納溫泉中心，內部共有三座水池，背山面湖，風景一望無際，能一邊泡溫泉一邊欣賞湖面風景，十分愜意。水療中心附設了蒸氣室、桑拿，以及一間餐廳。

秘密溫泉
Secret Lagoon

古老的秘密溫泉建立於1891年，到了50年代因失去了對客人的吸引力而逐漸荒廢，漸漸被人遺忘。一直到了2005 年，經營溫泉的老闆才重新整頓設施，恢復了溫泉的面貌。

秘密溫泉位於弗盧希(Flúðir)小村莊內，一開始僅供老闆的朋友與私人使用，保持了幾年的秘密，最後才越來越熱門，這個祕密後來成為了溫泉名字的由來。

溫泉水溫約36℃~40℃間，周圍被岩石、間歇泉的地熱區圍繞。除了泡湯，溫泉旁的步道還能順道觀光，見識滾沸的地熱池與間歇泉。

Aurora Hunting in Iceland
追逐幸福極光
在冰島遇見幸福，歐若拉！

歐若拉(Aurora)是羅馬神話中的曙光女神，最早對極光提出科學看法的伽利略是用「Aurora Borealis」來指稱這神祕的光芒，不過他當時以為極光是太陽反射地球上升空氣的結果，這理論過不了兩個世紀就被推翻了。

拉普蘭地區的薩米人認為極光是先人的靈魂，而這變幻莫測、漫天飛舞的色彩，的確像極了古人對於靈魂的想像。這如夢亦如幻的光影，時而寬如簾幕，時而細如飄帶，時而輕描淡寫如抒情慢歌，時而激烈奔放如搖滾龐克，各有各的美，任憑人們悠然遐想。也許看到極光不一定能得到幸福，但可以肯定的是，當天晚上一定有滿滿的幸運。

文●墨刻編輯部　攝影●墨刻攝影組

揭開極光面貌

形成原因

　　形成極光的幕後推手其實是太陽，太陽黑子運動下產生的帶電微粒子形成「太陽風」，太陽風受到地球磁力的牽引來到兩極周圍，形成一環以極地為中心的極光帶(Aurora Oval)，當這些太陽風的質子、電子與地球大氣中的原子、分子碰撞時，便以光子的形式釋放出多餘能量，於是就成了變化多端的極光。太陽的磁場變化以11年為週期，太陽風暴最強的時候，也是極光最明顯的時候。

顏色和形狀

　　飄忽不定的極光穿透在不同的高度中，形成豐富的顏色變化。在海拔60~120英哩時，粒子碰撞能量與大氣中的氧交互反應，形成綠色的極光，這是最明亮，也是最常見的顏色；在較低的40~60英哩，因含有大量氮離子，便略帶些藍色；在較高的120~240英哩處，由於氧氣密度較低，極光呈現罕見的紅色。

　　極光也會隨著太陽風的強弱，產生不同形態的極光，弧狀、帶狀、片狀、簾幕狀、冠狀。極光持續的時間也很難說，有時短短幾分鐘，有時長達數小時。

追尋極光攻略

預測極光動態──KP值與雲層圖

　　極光活動的強度和天氣是能否看到極光最重要的兩個因素，與其傻傻地站在冰天雪地裡等待，不如出門前仔細研究極光預測網站和當地的天氣預報。

　　極光預測網站上所看到的極光活動指數「KP值」，指的就是極光帶的範圍大小，從0~9級，數字越大代表越活躍，越容易看到。冰島比較常見的是1~3級，若

看到4級或5級就表示極光範圍極大，能見到機會也較大，但不能保證一定看得到，因為天空中雲層的厚度才是最主要的關鍵，雲層薄才看得到極光，因此，除了檢視KP值外，也別忘了觀測當晚天空中雲層的狀態，通常看得到星星的無雲夜晚，就有機會遇見極光。

追極光網站

冰島天氣、極光預測網站Vedur.is是最主要的追光工具之一，除了提供了3日的KP值預測，還有重要的雲層圖供參考，在網站上可以選取「Cloud Cover」功能即可指引你跟著雲層圖移動。此外，NOAA和Service Aurora的網站也有提供每30分鐘更新一次的即時動態。

Vedur：🔗Vedur.is

NOAA：🔗www.swpc.noaa.gov/products/aurora-30-minute-forecast

Service Aurora：🔗www.aurora-service.eu/aurora-forecast

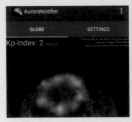

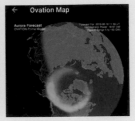

追極光手機APP

追極光得得力工具莫過於隨身攜帶的手機APP了，在手機中下載「Aurora Notifier」、「My Aurora Forecast-Aurora Alerts Nothern Lights」APP，兩款APP皆可以設定推播通知，只要極光指數大於設定值，就會鈴響提醒。

總之，除了注意極光指數，當地的氣象預報更重要，畢竟若天氣不佳、雲層太厚，極光再活躍也看不見。

遇見極光的時間

9月中到4月中是觀測極光最好的季節，而春季、秋季又比冬季看到的極光更亮些。

最好的時刻是在午夜左右，這時的天色最暗、最不受到干擾，因此，幾乎所有極光行程團，時間都定在21:00至凌晨2:00之間。

遇見極光的地點

最好的觀賞地點是擁有開闊的天際視野，並且遠離光害的地方，如果對當地不熟，最簡單的方式就是報名參加當地的極光行程，或是入住鄉村小木屋、有極光通知服務的飯店，這樣還有另一項好處，在極光還沒有出現時，可以躲在溫暖的房間等待。

獵光小技巧

相機、鏡頭、腳架

想要捕捉歐若拉女神變幻莫測的美，最重要的當然是相機和穩固的腳架！一台可以控制光圈、快門、ISO與焦距的單眼相機是必須的，超廣角鏡頭或魚眼鏡頭方便捕捉大範圍的光束流動。

光圈、感光度、快門

建議使用全手動的M模式，光圈大約在F/5.6，感光度設在ISO800上下，快門約8~20秒，再根據當時的極光強度加減曝。曝光時間盡量不要太長，才能拍出極光流動感，而不致於糊成一片。手調對焦至無限遠處，腳架搭配遙控快門避免手震。若沒有遙控快門時，可使用相機內的「定時拍攝」功能避免晃動。

備用電池

最重要的是盡量多準備電池，因為在極度低溫的環境下，電池耗盡的速度比較快。

預約一夜魔幻之光

極光只有在極光帶下才能看到，而極光帶長得像甜甜圈，在北極點周圍的區域反而是空心的。冰島全島都在極光帶覆蓋內，只要天氣晴朗的日子，就有機會邂逅黑夜的奇蹟之光。

冰島有許多適合觀測極光的城市或郊外的飯店、鄉村小木屋等等，各有特色，住宿時除了考量等待極光的舒適度，夜間追光的移動距離，也要兼顧白天的行程，把握機會體驗當地的活動。

極光在冰島

冰島全島都在極光帶中，運氣好時，甚至在雷克雅未克市區就能看得到，但總體來說，為了提高看到極光的機率，最好前往零光害的郊外。所以，住宿時最好能選擇郊區，善用飯店的極光通知服務。

若要拍攝極光下的風景名勝，最好住宿在拍攝景點的附近，方便夜間移動。若非自駕者，可以選擇參加極光之旅追光團，就會有專業導遊指引你朝著北方尋找極光蹤跡。如果當晚沒看到極光，通常旅行社會再給你第二次機會，而且完全免費，只要你人還沒離開冰島。

以下列出冰島東南西北各地區拍攝極光的熱門景點，以供參考。

維澤島Viðey
位於雷克雅未克附近的大西洋中，維澤島上有小野洋子為紀念約翰藍儂而設立的夢想和平塔，冬夜極光與島上發射出的藍色光束互相輝映。

眾神瀑布Goðafoss
位於冰島北部的眾神瀑布無論春夏秋冬、白天晚上都一樣精采。介於米湖與阿庫雷里中間，交通位置方便，是拍攝極光的極佳地點。

阿爾德亞瀑布 Aldeyjarfoss
位於北部靠近內陸區的阿爾德亞瀑布，位置偏僻且路況不佳，最好參加當地的吉普車旅行團一同前往追光。

雷克雅未克Reykjavik
為了提高看到極光的機率，一定要遠離雷克雅未克市區，前往零光害的郊外。

北極巨石陣 The Arctic Henge
位於冰島東北角的偏遠小鎮勒伊法赫本Raufarhöfn，北極巨石陣是欣賞極光的極佳地點，唯一缺點就是位置太偏僻，距離其他景點太遙遠。

傑古沙龍冰河湖Jökulsárlón
冰湖上看極光絕對會是一生難忘的體驗，在漂浮著大小形狀各異冰塊的湖裡，見識飛舞的極光，是大自然賜下的榮寵時刻。

維克鎮附近Vik
做為南部地區旅客補給大本營的維克鎮，住宿常常一床難求，若住在市郊，或許也是一種幸運能遠離光害，郊區仍是看極光的最佳地點。

教堂山Kirkjufell
位於西部斯奈山半島上的小鎮格倫達菲厄澤附近，不僅交通方便，且無光害，是拍攝極光的最佳風景名勝。

59

Wild Animals in Iceland
冰島野生動物
純淨原始的自然樂園

來到冰島，除了能看見冰川與火山，還能看見的，就是棲息在曠野中、懸崖旁的鳥類與野生動物了。冰島是各種野生動物的家園，雖然種類不算多，但都極有特色，讓人無法抗拒，即使平常對動物不感興趣的人，也都會被深深吸引。

其中最具有代表性的莫過於模樣呆萌的海鸚、五短身材的冰島馬、冰島唯一原生的陸地哺乳類動物北極狐，還有海洋中各種前來覓食與嬉戲的鯨魚。

文●墨刻編輯部　攝影●墨刻攝影組

北極狐 Arctic Fox

北極狐是冰島唯一的陸上原生動物，早在維京人抵達冰島定居前，就已經出現在冰島了。

北極狐十分適應冰島冷冽的天候，牠的體型嬌小，毛皮極度保暖，毛色在夏天是藍黑色，到了冬天就會轉變為白色融入自然環境。

野生北極狐通常以獵捕鳥類、小動物或鳥蛋為食物，由於氣候與環境的改變，使得北極狐的生存更加困難，目前冰島僅存約五千隻野生北極狐，大部分都集中在西峽灣的豪斯川迪爾自然保護區，那裡還有一所冰島北極狐中心，可以近距離與北極狐接觸。如果覺得路程太遙遠，可以在雷克雅末克的動物園瞧見牠的芳蹤。

北極狐出沒地點：
豪斯川迪爾自然保護區(Hornstrandir Nature Reserve)、冰島北極狐中心、雷克雅末克動物園。

海豹 Seals

想要遇見海豹並不難，只要來到對的地點，冰島沿岸有許多海豹棲息保護區，是最好的觀賞地點。

當海豹並沒有潛入水中捕獵時時，牠們喜歡在岩岸礁石、沙灘、沙洲或海岸周圍的島嶼上閒晃、曬太陽。

充滿好奇心的海豹其實對人類還是保持著警惕，如果移動得太近，牠會立刻滑下水面，最好是耐心地坐在觀賞區，或者慢慢移動，牠們就會再次出現。

海豹出沒地點：
西峽灣、瓦斯納斯半島、斯奈山半島、雷克雅末克動物園。

鯨魚 Whales

冰島是世界上最佳賞鯨地點之一，全年都有機會看得到。

由於墨西哥灣暖流經冰島，豐饒的海域吸引了各種鯨魚前來用餐，每年的5月到9月左右，各種鯨魚抵達冰島附近海域的數量達到顛峰，從小鬚鯨、長鬚鯨、座頭鯨、藍鯨到抹香鯨等多達二十多種，參加賞鯨團是是最佳近距離接觸的方式，冰島北部的賞鯨小鎮胡沙維克，各地區的沿海小鎮、小島都有賞鯨團可參加。

賞鯨地點：
胡沙維克、斯奈山半島、伊薩菲厄澤(Ísafjörður)。

冰島馬 Icelandic Horses

無論在冰島的農村、田野、丘陵、山谷間，到處都可以看到冰島馬，矮小身軀、鬃毛飄逸的冰島馬使得冰島的山光水色更加心曠神怡。

冰島馬的引進，從西元10世紀維京人移居冰島開始，每艘維京船都帶上了最優秀的馬匹，世世代代在冰島繁衍，由於從未和其他品種的馬匹交配過，是世界上血統最純正的馬。

今日的冰島馬不但能在嚴酷的氣候與多變的地形中生存，還能負重載貨穿越高地、沙漠、冰川河水等崎嶇地形。一般的馬匹能掌握4種基本的步伐(慢步、快步、慢跑、快跑)，冰島馬則創造了獨特的第五種「托爾特步法」(Tölt)，若加速快跑起來，可以達到每小時超過50公里的速度。

冰島馬之所以成為冰島動物裡的明星，最重要的特性來自於牠們友善溫馴、可靠的性格。若有機會親近牠們，看著牠們的雙眼，馬上就能感受到牠們受人喜愛的魅力。

騎馬地點：

冰島各地包括黃金圈、阿庫瑞里、巨魔半島、瓦斯納斯半島等地都有馬場，提供各種等級的騎馬體驗。

馴鹿 Reindeer

馴鹿引進冰島的時間較晚，大約在18世紀才由斯堪的納維亞抵達，由於冰島本地並沒有人飼養馴鹿，因此大部分的馴鹿都是野生的，分布在東峽灣地區，時常四處遊蕩。

目前馴鹿的數量約有三千多隻，夏天時，牠們會在高地，冬季時則會回到溫暖的平地。

若開車行經東峽灣，或許就有機會發現牠們的蹤跡。

馴鹿出沒地點：冰島東部。

海鸚 Atlantic puffins(Lundi)

有著圓滾滾的肚子，橘色的大尖嘴，像是畫了眼線的三角眼，宛如穿著黑白燕尾服的模樣，奮力拍著短短的翅膀，降落時總是腹部著地，海鸚的可愛，讓平日不賞鳥的人也無法抗拒。

海鸚是冰島最具代表性的鳥類，全世界60%的海鸚會在築巢季時來到冰島，數量約六百萬隻到一千萬隻。牠們一生的壽命約20~25歲，大部分的時間都在海上生活，游泳、捕魚、過冬，只有每年的5~8月才會飛到岸上的懸崖峭壁築巢。

海鸚是一夫一妻制，對伴侶十分忠心，夫妻輪流擔負養育之責，牠們會回到同一處洞穴居住20年以上，堪稱鳥界的模範夫妻。

每年4月下旬左右，海鸚會陸續抵達冰島，一直到8月中下旬左右就會離開，返回大海，春夏是最佳的賞鸚季節。

最佳賞海鸚地點：

維斯特曼群島(Westman Islands)、雷尼斯加爾山崖(Reynisfjall)、迪霍爾拉里海蝕洞(Dyrhólaey)、拉特拉爾角鳥崖(Latrabjarg)、格林姆賽島(Grímsey)。

Iceland's Ring Road
1號公路環島遊
環島公路自駕指南

對於初次造訪冰島的旅客來說，一開始可能會被許多冰島文的城鎮與地區名搞得很困惑，究竟該如何在眾多景點中安排一趟適合環島之旅，答案其實很簡單，跟著1號環形公路走就對了。

1號公路是冰島公路的主幹道，總長約1,330公里，沿途風景令人驚艷，無數迷人景點與城鎮都在附近，且大部分均為已鋪設柏油路段。

安排行程時，可以以1號環形公路為主，其他分支的公路為輔。環島行程可在冰島的西南部與黃金圈、東南部、東部、北部、西部五個區域分別停留，而有興趣的景點區則可安排多住宿幾晚，深入探索。

文●墨刻編輯部　攝影●墨刻攝影組

北部 The North
里程：約490公里

雷克利茲
Reykjahlíð

阿庫瑞里
Akureyri

埃伊爾斯塔濟
Egilsstaðir

塞濟斯菲厄澤
Seyðisfjörður

勞加爾壩基
Laugarbakki

博爾加內斯
Borgarnes

西部 The West
里程：約203公里

雷克雅未克
Reykjavik

36 37

30

史卡夫塔費自然保護區
瓦特納冰川國家公園
Skaftafell
Vatnajökull National Park

霍芬鎮
Höfn

東部 The East
里程：約247公里

西南部與黃金圈
The Southwest and Golden Circle
里程：約294公里

維克鎮
Vik

東南部 The Southeast
里程：約272公里

Iceland's Ring Road

輕鬆計畫公路環島行程 Plan Your Ring Road Trips

西南部與黃金圈
The Southwest & The Golden Circle

此區有許多冰島最具傳奇色彩的自然奇觀,距離雷克雅未克越遠,景色越令人驚豔。

從首都出發,沿著1號環形公路穿過北部郊區,映入眼簾的是連綿的山脈,在36號公路向東轉,即可前往最熱門黃金圈首站「辛格韋勒國家公園」展開旅程的序幕。

沿途經過勒加爾湖、蓋歇爾間歇泉與黃金瀑布,由黃金瀑布往南行駛的路線有許多條,可沿著35號公路銜接至359號公路抵達弗盧希小鎮上的秘密溫泉,再一路往南前往塞里雅蘭瀑布、史可加瀑布、海蝕洞、黑沙灘及維克鎮。

若時間充裕,延伸行程可前往韋斯特曼群島或繞行索爾薩河探索維京遺跡,甚至前往僅於夏季開放的蘭德曼勞卡。

TIPS
選擇順時針行駛,還是逆時針?

無論順時針或逆時針行駛1號公路,依個人所好規劃都能飽覽沿途景點,但若在夏末秋初前往冰島,建議以順時針方向環島,可趁天氣較寒冷的北方尚未轉變前優先遊覽完畢,接著再回到相對較溫暖的南部。若在春末前往,則建議以逆時針方向環島。

建議天數:3~4天
距離:294公里
主要路線:雷克雅未克→辛格韋勒國家公園→勒加爾湖→蓋歇爾間歇泉→黃金瀑布→秘密溫泉→塞里雅蘭瀑布→史可加瀑布→海蝕洞→黑沙灘→維克鎮
延伸路線:惠拉蓋爾濟、維斯特曼群島、索爾薩河西岸→Gjáin峽谷→維京農莊遺址→索爾薩河東岸
活動:騎馬、賞鳥、泡湯

東南部
Southeast of Iceland

　　歐洲最大的瓦特納冰原盤據此區，它的冰川分支是冰島最受歡迎的冰川健行地點之一。由維克鎮前往霍芬鎮距離約272公里的路上，沿途的自然奇景令人嘆為觀止。

　　離開維克鎮的路上將沿著米達爾沙灘的海岸線，穿過抹茶綠的熔岩原，若往北駛入206號公路就會抵達羽毛河峽谷，若再沿著1號環形公路往東行駛就會抵達教堂鎮，在此地尋找奇妙的教堂地磚。

　　或者繼續往東行，前往冰川活動的大本營「史卡夫塔山自然保護區」。對體力有信心的人，可以探索隱藏於山中的史瓦提瀑布，來回需1~2小時的徒步時間，也可繼續驅車往東，前往東南部最大的亮點傑古沙龍冰河湖和鑽石冰沙灘。

TIPS
夏季觀光一定要提早預訂
　　夏季是冰島旅遊的旺季，湧入的遊客數遠遠地超過當地提供的住宿額度，因此，若於夏季前往冰島西南部與黃金圈、東南部地區，建議一定要提早預訂。

建議天數：2~3天
距離：272公里
主要路線：維克鎮→羽毛河峽谷→教堂鎮→史卡夫塔山自然保護區→史瓦提瀑布→傑古沙龍冰河湖→鑽石冰沙灘→霍芬鎮
活動：冰川健行、冰洞或藍冰洞探險、霍芬鎮龍蝦大餐

東部 East of Icealnd

　　由龍蝦小鎮霍芬沿著峽灣上的公路行駛，沿途壯麗的峽灣風景就是一種享受。

　　行駛在東峽灣時建議「慢遊」，沿著海岸往北約100公里處即可遇見金字塔聖山布蘭斯峰，小鎮都皮沃古爾也在附近，沿著峽灣還會經過幾個美麗的小漁村，其中比較特別的是福斯克魯斯菲厄澤，這裡與法國的淵源匪淺，連路標都標示著法文。

　　接著，一路往北，最終會抵達東部最大城埃伊爾斯塔濟，千萬別匆匆離去，因為東部最美的景緻不在1號公路上，往東邊駛入著名的93號公路，就會抵達宛如世外桃源的最美峽灣小鎮塞濟斯菲厄澤。

TIPS
冰島公路的數字秘密！

　　你可能不知道，冰島公路有分等級的，基本上分為4種：

公路總類	說明
1位數公路	冰島公路的主幹道1號環形公路，可環繞冰島一圈，路況最佳。
2位數公路	主要的支線等級公路，如黃金圈路線上的「36」號公路。
3位數公路	次要的支線等級公路，如通往黛提瀑布的「862」號公路。
F公路	由F開頭的公路，指的是山路Fjall (Mountain)的意思，通常為通往內陸高地公路，僅於夏季開放，路況最差，需駕駛4WD車輛才能進入。

建議天數：1~2天
距離：247公里
主要路線：霍芬鎮→布蘭斯峰→都皮沃古爾→福斯克魯斯菲厄澤→埃伊爾斯塔濟
延伸路線：埃伊爾斯塔濟→塞濟斯菲厄澤→埃伊爾斯塔濟、埃伊爾斯塔濟→拉加爾湖→埃伊爾斯塔濟
活動：獨木舟、健行、遊船

北部 North of Iceland

　　北部的風景壯麗多變，有宛如月球般的荒蕪地貌、震撼人心的瀑布、翻滾冒泡的泥漿池、白雪皚皚的山峰、各種鯨魚匯聚的海灣仙境，不僅是地質學家的夢想之地，也是旅人體驗神奇大自然的殿堂。

　　由東部的埃伊爾斯塔濟出發，距離最西邊的勞加爾壩基(Laugarbakki)總長約490公里。由埃伊爾斯塔濟出發約160公里處，即可駛入862號公路前往歐洲水量最豐沛的黛提瀑布。接著抵達景點密集的米湖周圍、眾神瀑布，以及北部最大城阿庫瑞里。

　　由阿庫瑞里往西的1號公路是直接前往西部地區的捷徑(約214公里)，然而北部支線公路上藏有許多精采的景點，若時間允許，可以選擇由87號公路北上，前往賞鯨小鎮胡沙維克，完成鑽石圈之旅。

　　也可選擇往北行駛82與76號公路繞行總長186公里的巨魔半島。如果覺得太吃力，不如選擇711號公路繞行著有海豹出沒的瓦斯納斯半島，總長約82公里，但要做好一路上碎石顛簸的準備。

建議天數：3~4天
距離：490公里
主要路線：埃伊爾斯塔濟→黛提瀑布→米湖→米湖周圍→雷克利茲→眾神瀑布→阿庫瑞里→布倫迪歐斯教堂→巨人峽谷→華姆斯唐吉→勞加爾壩基
延伸路線：

❶鑽石圈：胡沙維克→馬蹄峽谷→西峽谷→黛提瀑布→米湖
❷巨魔半島：阿庫瑞里→達維克→歐拉夫斯菲厄澤→錫格呂菲厄澤→霍夫索斯
❸瓦斯納斯半島：象形岩→海豹沙灘→華姆斯唐吉
活動：賞鯨、騎馬、遊船

西部 West of Iceland

　　由勞加爾壩基沿著1號環形公路一路往南，經過西峽灣、斯奈山半島抵達博爾加內斯距離約90公里，接著沿著鯨魚峽灣繞回到雷克雅未克也僅僅一百多公里的距離。

　　斯奈山半島素有「冰島縮影」之稱，也是維京英雄傳奇的大本營。除非急著趕路，建議最好挪出一天時間，遠離主幹道，改走支線60號公路與54號公路，繞行斯奈山半島一週，再重回1號公路。

建議天數：1~2天
距離：203公里
主要路線：勞加爾壩基→博爾加內斯→鯨魚峽灣→雷克雅未克
延伸路線：
❶斯奈山半島：斯蒂基斯霍爾米→教堂山→斯奈菲爾國家公園→阿爾納斯塔皮→博爾加內斯
❷內陸：克勞馬溫泉→雷克霍里→朗格冰川
活動：賞鯨、賞鳥、騎馬、冰川內部

Iceland on Screen
螢幕上的冰島
直擊電影&電視場景

冰島有著地球上最獨特、最壯麗的景致。
夏季時漫長的白晝、奇特的火山地貌景觀，僅需短短的距離，就可呈現完全不同的世界，因而成為許多史詩科幻電影、熱門電視影集的拍攝地，長期以來一直受到好萊塢電影、電視製作人的青睞。在冰島拍攝的電影包括《007》、《蝙蝠俠》、《星際大戰》系列等等，不勝枚舉，其中最為人津津樂道的，莫過於由班史提勒(Ben Stiller)主演的《白日夢冒險王》，以及深受影迷熱愛的全球熱門影集《冰與火之歌：權力遊戲》。

文●墨刻編輯部　攝影●墨刻攝影組

電影 Films

白日夢冒險王
The Secret Life of Walter Mitty (2013)

　　《白日夢冒險王》主要拍攝地點就在冰島，它的電影預告本身就宛如冰島景點的宣導短片，帶你神遊冰島。

　　電影中班史提勒為了尋找失蹤的第25號底片，前往格陵蘭、阿富汗和喜馬拉雅山展開一連串匪夷所思的冒險。然而事實上，許多景點都是在冰島本地拍攝的。其中最著名的一個景象是位於東部的93號公路，因為班史提勒滑著滑板的橋段，還使得這段公路被稱為「滑板公路」。

取景地點：
史可加瀑布(Skógafoss)、93號公路、斯蒂基斯霍爾米(Stykkishólmur)、格倫達菲厄澤(Grundarfjörður)等。

69

電視影集 TV Series

冰與火之歌：權力遊戲
Game of Thrones

由HBO製作的熱門美劇早在第二季開拍時，就已開始在冰島取景了，之後冰島就成為了劇組的固定拍攝場所。

在影集中可以看到不少冰島的景點與自然景觀，若進入「冰島電影網」，還能觀賞幕後製作的短片，演員們侃侃而談拍攝狀況。

取景地點：
史卡夫塔費自然保護區(Skaftafell)、岩洞溫泉(Grjotagja)、Gjáin峽谷等。

冰島電影網Film In Iceland

冰島電影網由冰島電影協會成立，對宣傳推廣冰島不遺餘力，除了提供專業團隊服務前來冰島拍攝的劇組，還會協助核銷25%的製作成本。網站上列出所有在冰島拍攝的影視作品，還有劇照與幕後製作短片可供欣賞。

www.filminiceland.com/made-in-iceland

分區導覽
Area Guide

How to Explore Iceland
如何玩冰島

西峽灣Westfjords

　　冰島最遺世獨立的區域，是冰島真正的荒野，峽灣更曲折、天氣更冷冽，景觀更令人震撼，還有著無人居住的豪斯川迪爾自然保護區，是冰島北極狐的家。

伊薩菲厄澤：被高峰環繞，風景迷人。

丁堅地瀑布：由無數瀑布串起，氣勢恢宏。

西部West

　　斯奈山半島被稱為「冰島縮影」，融合了冰川、火山、熔岩原、地底洞穴、鳥崖、黑沙灘、地熱溫泉等獨特景觀，離雷克雅未克近，是一日遊極佳地點。

斯蒂基斯霍爾米：斯奈山半島上最大的港口城鎮，也是通往西峽灣渡輪的搭乘點。

教堂山：冰島風景明信片上最常見的主角。

雷克雅未克Rekjavik

　　沒有大都市的喧囂與煩躁，有的是開闊的視野、山與海、清甜純淨的水和新鮮的空氣，還有迷人的咖啡廳、供應新鮮海鮮的美食餐廳。

舊城區：欣賞歷史建築、博物館與湖光山色。

哈爾格林姆教堂：可俯瞰市區五顏六色的建築。

西南部與黃金圈
Southwest & Golden Circle

　　冰島的西南部有許多神奇美麗的自然景觀，也是最受遊客歡迎的熱門旅遊區，範圍包含從雷克尼斯半島、黃金圈、維斯特曼群島一直到南部的維克鎮。

藍湖：世界25大奇蹟之一，宛如仙境。

黃金圈：最受遊客歡迎的路線，包括辛格韋勒國家公園、蓋歇爾間歇泉與黃金瀑布。

塞里雅蘭瀑布：瀑布後方有條通道可讓遊客進入，望出去宛如水做的簾子般詩意。

史可加瀑布：陽光燦爛可看到彩虹橫跨瀑布。

黑沙灘：遍佈玄武岩柱石壁及海中的奇岩怪石。

錫格呂菲爾澤
Siglufjörður

胡沙維克
Húsavík

黛提瀑布 Dettifoss

哈維爾地熱區 Hverir

阿庫瑞里
Akureyri

米湖溫泉
Mývatn Nature Baths

眾神瀑布
ðaáfoss Waterfall

偽火山口
Skútustaðagígar

埃伊爾斯塔濟
Egilsstaðir

北部
The North

塞濟斯菲厄澤
Seyðisfjörður

東部
The East

福斯克魯斯菲厄澤
Fáskrúðsfjörður

布蘭斯峰
Búlandstindur

Geysir
ss

史卡夫塔費自然保護區
瓦特納冰川國家公園
Skaftafell
Vatnajökull National Park

東南部
The Southeast

霍芬
Höfn

鑽石冰沙灘
Diamond Beach

傑古沙龍冰河湖
Jökulsárlón

瀑布
s

維克鎮 Vik

北部North

　　北部幅員遼闊，景色壯麗且多變，有宛如月球表面的火山地貌、澎湃震撼的瀑布、如馬蹄形狀的峽谷、美麗的峽灣城鎮、獨具特色的半島，還能前往小島一圓北極圈之夢。

米湖：米湖周圍景點密集，哈維爾地熱區、岩洞溫泉、黑暗城堡、偽火山口以及米湖天然溫泉等等，值得逗留1天以上。

阿庫瑞里：北部最大城市。

黛提瀑布：歐洲水量最大的瀑布，氣勢懾人。

眾神瀑布：具有冰島宗教轉型的歷史意義。

東南部Southeast

　　瓦特納冰原主宰了東南部的地形，只能用「冰與火之歌」形容，越往東走越劇力萬鈞。

傑古沙龍冰河湖：藍色浮冰漂浮，令人屏息。

瓦特納冰原：體驗熱門的冰川健行、冰洞探險。

霍芬鎮：到龍蝦小鎮大啖新鮮美味的海螯蝦。

東部East

　　東峽灣是遊覽東部的重點，東部保留了冰島自然蠻荒的野性，峽灣更陡峭，山脈更高聳，土地上幾乎沒有人或建築物，卻有著賞心悅目的美景。

塞濟斯菲厄澤：東部最美的峽灣小鎮，也是電影《白日夢冒險王》的取景地之一。

雷克雅未克及其周邊

Reykjavík and Around Area

文●墨刻編輯部
攝影●墨刻攝影組

©Visit Iceland

雷克雅未克是全世界最北的國家首都，位於冰島西南部，也是冰島最大都市。從高處眺望，整座城市被美麗的藍色港灣所環抱，遠方的海平面浮著一座座白了頭的雪山，市中心沒有太多高樓大廈，反而是七彩屋頂整齊排列的低矮平房，和白色的哈爾格林姆教堂(Hallgrímskirkja)突出於天際線之上。

身為全國出入門戶和最大都會，卻沒有大都市的喧囂與煩躁，有的是開闊的視野、山與海、清甜純淨的水、新鮮的空氣、未被破壞的自然，你幾乎可以說，雷克雅未克是世界上最綠、最乾淨、最安全的首都。

夏季時，雷克雅未克的白天最長可達22小時，你可以看到日不落的午夜太陽；進入冬季，你可以在黑暗中追逐極光。在冰島語中，「Reykjavík」的意思是「冒煙的海灣」，由於地熱資源豐富，盛產溫泉，讓城市上空經常瀰漫著如霧的水氣，因而得名。

雖然雷克雅未克的城市規模僅能以小鎮來形容，然而卻五臟俱全，而且相當國際化。多數遊客來冰島都以雷克雅未克為進出點，或是以此為據點租車環島。

街上遊客多於當地居民，除了購物、參觀市區外，其外圍最受歡迎也最熱門的景點和行程就是藍湖溫泉和黃金圈之旅，如果9月底到翌年4月中造訪，有機會見識極光奇景。

雷克雅未克及其周邊之最
The Highlight of Reykjavík and Around Area

©Visit Iceland

哈爾格林姆教堂 Hallgrímskirkja
優美的白色身影坐落在高丘之上，俯瞰整個雷克雅未克市，戲劇性的宏偉外觀象徵冰島火山地貌的柱狀玄武岩。(P.86)

©Visit Iceland

哈帕音樂廳及會議中心 Harpa
五彩奪目的玻璃帷幕燈，在夜間的港邊閃爍著美麗光芒，象徵冰島在走過經濟破產之後，復甦與繁榮的明燈。(P.87)

提約寧湖Tjörnin
不論是冬日雪白結冰的湖面，還是夏日陽光下的波光粼粼，美麗迷人的冰島天鵝湖，絕對是最佳拍照的地點之一。(P.91)

冰島國家博物館 Þjóðminjasafnið Íslands
全冰島首屈一指的珍貴收藏，讓人瞭解冰島的歷史發展脈絡，也可以進一步對這個極北國度有更深度的認識。(P.95)

維京船骨架 Solfar Sun Voyager
遠山白雪皚皚的壯麗景色，襯托著港邊巨大的鋼鐵船骨，無論是清晨、黃昏或是極光舞動的夜晚，都是欣賞浪漫美景的最佳地點。(P.92)

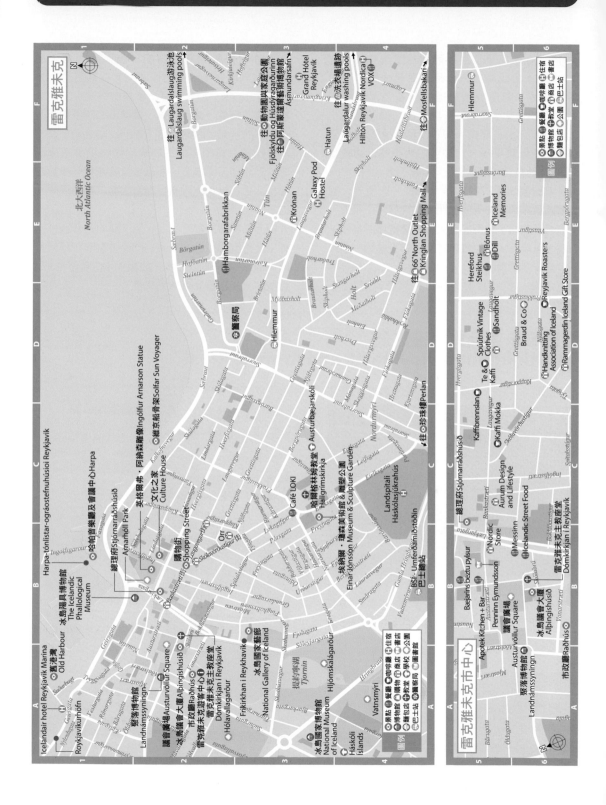

北大西洋
North Atlantic Ocean

往●Laugardalslaug游泳池
Laugardalslaug swimming pools

往◉動物園與家庭公園
Fjölskyldu og Húsdýragarðurinn
往◉亞斯瑪達藝術博物館
Ásmundarsafn

Grand Hótel
Reykjavik

往●冰洗衣場遺跡
Laugardalur washing pools
Hilton Reykjavik Nordica●
VOX●

往●Mosfellsbakari

Hamborgarafabrikkan●

Hatun

Galaxy Pod
Hostel●

●Krónan

往●66° North Outlet
●Kringlan Shopping Mall

Hlemmur

●警察局

往●珍珠樓Perlan

哈帕音樂廳及會議中心Harpa
Harpa-tónlistar-ográostefnuhúsioi Reykjavik

Icelandair hotel Reykjavik Marina
●舊港灣
Old Harbour

Reykjavíkurhöfn

◉冰島陽具博物館
The Icelandic
Phallological
Museum

●維京船骨架雕像Solfar Sun Voyager
阿納森雕像Ingólfur Arnarson Statue

●總理府Stjórnarráðshúsíð
Arnarhóll Park

英格爾弗·
文化之家
Culture House

Café LOKI●

哈爾格林姆教堂
Hallgrimskirkja

Austurbæjarskóli

埃納爾·瓊森美術館 & 雕塑公園
Einar Jónsson Museum & Sculpture Garden

Landspitali
Háskólasjúkrahus

購物街
Shopping Street

Orr

市政廳Raðhús
雷克雅未克遊客中心
Dómkirkjan i Reykjavik

●眾客博物館
Landnámssyningin

議會廣場Austurvöllur Square
國家議會大廈Alþingishúsið

冰島國家美術館
National Gallery of Iceland

Fríkirkhan i Reykjavik

Hljómskálagaróur

冰島國家博物館
National Museum
of Iceland

Háskóli
Íslands

提寧湖畔
Tjörnin

Vatnsmýri

BSÍ· Umferðarmiðstöðin
巴士總站

圖例 ●景點 ⑪餐廳 ⑪咖啡廳 ⑪住宿
⑪博物館 ⑪購物 ⑪商店 ⑪書店
⑪麵包店 ⑪教堂 ⑪學校 ⑪公園
⑪巴士站 ⑪警察局 ⑪圖書館

Hlemmur

Iceland
Memories

●Bónus
●Dilli

Hereford
Steikhus

●Sandholt

Reykjavik Roasters

Spúútnik Vintage
Clothes

Te &
Kaffi

Braud & Co

Aurum Design
and Lifestyle

●Handknitting
Association of Iceland
Rammagerdin Iceland Gift Store

總理府Stjórnarráðshúsíð

Kaffibrennslan●
Kaffi Mokka●

Messinn

Nordic
Store

Icelandic Street Food

雷克雅未克主教座堂
Dómkirkjan i Reykjavik

Apotek Kitchen + Bar●

Baejarins beztu pylsur
Pennínn Eymundsson

議會廣場
Austurvöllur Square

冰島議會大廈
Alþingishúsíð

市政廳Raðhús

眾客博物館
Landnámssyningin

圖例 ●景點 ⑪餐廳 ⑪咖啡廳 ⑪住宿
⑪博物館 ⑪購物 ⑪商店 ⑪書店
⑪麵包店 ⑪教堂 ⑪公園 ⑪巴士站

INFO

基本資訊

人口：市區122,198、大雷克雅未克地區216,878人
面積：市區274.5平方公里、大雷克雅未克地區1,062平方公里
區域號碼：冰島無區域號碼
時區：慢台灣8小時
❗ 大雷克雅未克地區：包含雷克雅未克市及其周圍6個自治市的區域

如何前往

航班

◎從台灣出發

台灣沒有直飛冰島的航班，因此必須轉機至少一次以上，通常先由台灣飛往歐洲，再從歐洲的城市轉機至冰島，平均飛行時間約20小時(轉機1次)到24小時(轉機2次)。

台灣飛航歐洲的航點可選擇荷蘭阿姆斯特丹(AMS)、法國巴黎(CDG)、德國法蘭克福(FRA)、英國倫敦(LGW)、芬蘭赫爾辛基(HEL)、丹麥哥本哈根(CPH)、挪威奧斯陸(OSL)、比利時布魯塞爾(BRU)等等，常須至少轉機1次，安排轉機時須注意接駁時間，如果時間充裕，也可先安排在歐洲國家旅遊幾天，隨後再飛往冰島。

要特別注意的是，在疫情期間，各家航空公司班次和班表變動幅度較大，相關資訊請洽各大航空公司或上網查詢。

◎從歐洲其他城市

歐洲國家航空公司往來周邊國家的班次都相當頻繁，由歐洲前往冰島可搭乘冰島的國籍航空公司冰島航空(Air Iceland)及英國航空(British Airways)或芬蘭航空(Finnair)，若有預算考量，也可充分利用多樣選擇的廉價航空，如：WOW Air、SAS、Norwegian、Easyjet、RyanAir等等。

要特別注意的是，在疫情期間，各家航空公司班次和班表變動幅度較大，相關資訊請洽各大航空公司或上網查詢。

從歐洲何處轉機最好？

基本上要看旅行者的行程規畫，最常見的轉機城市有英國倫敦(LGW、LTN、LHR、STN)、挪威奧斯陸(OSL)、丹麥哥本哈根、荷蘭阿姆斯特丹(AMS)等等，這些航點直飛冰島的班次較多且機票價格也較划算，安排航班組合時可多加利用。

要特別注意的是，在疫情期間，各家航空公司班次和班表變動幅度較大，相關資訊請洽各大航空公司或上網查詢。

◎凱夫拉維克國際機場Keflavík International Airport

雷克雅未克是冰島的門戶，共有兩座機場，一是位於市區西南方48公里雷克尼斯半島(Reykjanes)上的凱夫拉維克國際機場(Keflavík)，幾乎所有的國際航空都在此起降。另位在距離市區1公里處的雷克雅未克國內機場(Reykjavík Domestic Airport/Innanlandsflug)，則是冰島國內班機及前往格陵蘭(Greenland)的航站。

凱夫拉維克國際機場
🔗 www.isavia.is/en/keflavik-airport
冰島航空
🔗 www.airiceland.is
WOW Air
🔗 wowair.com

如何購買便宜CP值高的機票？

如果懂得提早計畫、妥善安排，其實飛往冰島的機票並沒有想像中的貴。通常提早買、分段買，充分利用廉價航空或促銷期，會比較便宜。

首先可以先利用機票比價網(如Skyscanner等)找到滿意的價位，再前往航空公司官網上看看是否有特價。另可加入網路上的社團(如台灣廉價航空福利社)，獲得最新促銷情報。此外，淡旺季、節慶日期機票價格差很大，所以盡可能讓機票去回程的日期有彈性，也是購得便宜機票的小技巧之一。

Skyscanner機票比價網
🔗 www.skyscanner.com.tw
台灣廉價航空福利社
🔗 www.facebook.com/TaiwanLCC

廉價航空轉機注意事項 Low Cost Carrier

飛往冰島的多家歐洲廉航有冰島WOW Air、英國Easyjet、德國Air Berlin、匈牙利Wizz Air等等，雖然自行分段購買機票能壓低機票價格，但搭乘廉價航空還有許多重要事項須留意，以免落得敗興而歸。

·廉價航空對託運行李、隨身行李的規定與尺寸都較為嚴格，託運行李必須額外付費，隨身行李超過一定的尺寸也須加購，建議詳細閱讀各家航空公司的規定，並且事先購買。

·預訂時要確定轉機時間是否銜接的上，從台灣到冰島若無法行李直掛，就必須出關提領行李，再重新掛行李，轉機時間至少要保留3小時以上。

·事先辦理Check-in，由於廉價航空之所以便宜，一部分是因為刪減了許多票務與人力成本，因此，自行事先上網Check-in，並列印出登機證(有些航空准許使用數位電子版)會節省在機場等待排隊的時間。

·確認起降的機場代碼。許多城市如倫敦，通常都有一個以上的機場，因此須確認起降的機場代號，尤其廉價航空通常都在較偏僻的機場起降，而並非一般的國際性大機場，務必多加留意。

國際機場至市區交通
機場巴士

幾乎所有的國際航班抵達凱夫拉維克國際機場後(Keflavík)，都有巴士在機場外等候，出境大廳共有Flybus與Airport Direct兩家機場巴士櫃台，出關後可以直接在櫃台購票，並順便預定回程巴士，若想節省時間，也可選擇事先上網預訂，十分便利。

巴士約在班機降落後的35~40分鐘發車，至市區車程約45分鐘，機場巴士24小時都有，因此半夜抵達也有巴士可搭。

無論是Flybus或是Airport Direct機場巴士，由機場前往雷克雅未克市區的終點站都有兩種選擇，一種是終點站停靠在指定的巴士總站，一種是到了巴士站會換小巴直接送達到飯店或民宿。Flybus終點站停靠在市區外圍的BSI巴士總站，Airport Direct的停靠站則在BSI不遠處的服務站Skógarhlíð 10號。除非住宿地點在其指定的巴士總站附近，建議最好還是選擇直接送達到飯店的方式比較方便。

此外，雷克雅未克的市區巴士公司Strætó也提供了55號機場路線，行駛機場和BSI巴士總站之間，但是由於每日班次有限且途中停靠站較多，車程長達75分鐘，便利性不如Flybus與Airport Direct。

另要注意，因疫情期間，各家巴士公司班次和路線變動幅度較大，相關資訊請洽各大巴士公司或上網查詢。

· **Flybus巴士**
📞 580-5400 💲機場往BSI巴士總站單程票3,899ISK，機場往市區飯店或民宿單程票4,999ISK
🔗 www.re.is/tour/flybus/

· **Airport Direct**
📞 497-8000 💲機場往Skógarhlíð 10停靠站單程票3,890 ISK，機場往市區飯店或民宿單程票4,990ISK
🔗 airportdirect.is

· **Strætó機場巴士**
💲 單程1,960 ISK
🔗 www.bus.is

租車

可在機場直接取車。
· **Hertz Iceland**
📞 522-4400 🔗 www.hertz.is
· **Avis**
📞 591-4000 🔗 www.avis.is
· **Europcar Iceland**
📞 568-6915 🔗 www.holdur.is
· **Budget Car & Van Rental**
📞 562-6060 🔗 www.budget.is

市區停車費

　　雷克雅未克市區停車費率分為4種，根據停車區而有所不同，距離市中心越近價格越貴，其中P1紅色區域為最昂貴的停車區，停車時請注意路邊的告示牌説明。可使用信用卡繳費，繳費後並將收據放於擋風玻璃內明顯處。然而市區也有部分免費停車區，或者於收費區間外的免費時段停車，則可節省很多不必要的支出，請多加利用。

雷克雅未克停車收費區間表

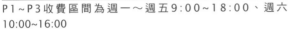

停車區	區域標示	停車有效區域	價格(每小時)
P1	紅色區域	P1、P2、P3、P4	385ISK
P2	藍色區域	P2、P3、P4	200ISK
P3	綠色區域	P3	前2小時 200ISK、之後每小時55ISK
P4	黃色區域	P4	200ISK

P1~P3收費區間為週一～週五9:00~18:00、週六10:00~16:00

P4收費區間為週一～週五8:00~16:00

市區交通

步行

雷克雅未克市中心不大，大部分景點皆在舒適的步行距離之內。市中心部分區域被規劃為行人專用區，普遍治安良好，並沒有所謂應避開的危險區域。漫步城中你會發現許多美好的事物：藝術塗鴉、豐富多彩的住宅街道。雖然這個城市的大部分區域都是為徒步而設計，然而若你住在市中心外圍，進入市區有一段距離，那麼需有短程健行的心理準備，尤其遇到突如其來的風雨時，可能需要搭乘一段巴士作為替代方案。

巴士

雷克雅未克沒有捷運，大眾運輸幾乎都靠功能強大的巴士系統Strætó，巴士只停靠在有S標誌的巴士站牌，市區巴士總站主要有兩處，分別是Hlemmur和Lækjartorg。

車票可在線上及市中心指定商店購買，詳細購買地點可於官網上查詢。此外，也可在車上以現金購票，但司機不找零，也能透過手機上下載Klappið App購票，車票有效期間為75分鐘。

💲單程全票550ISK、優待票275ISK、24小時票2,200ISK、72小時票5,000ISK、Klapp 10十張票5,500ISK

・**Strætó**
🌐www.bus.is

・**車票購買地點**
🌐www.klappid.is/en/vendors

計程車

計程車車資上車以700ISK價格起跳，若由機場搭至市區所費不貲，通常預約一輛4人座轎車車資總額約16,500ISK。車上可用現金或信用卡付款，不收小費。

・**Hreyfill**
📞588-5522 🌐www.hreyfill.is/en

・**BSR (All year)**
📞561-0000 🌐www.taxireykjavik.is

・**Borgarbílastöðin**
📞552-2440 🌐www.borgarbilastodin.is

到處可刷卡，建議先申請安全PIN

冰島是相當倚賴塑膠貨幣的國家，就算身上沒有現金也沒關係，幾乎任何地方都可使用信用卡付款，包括計程車資、加油、隧道通行費、上公共廁所、在路邊攤買小吃等小額付款，都可使用信用卡。不過需注意在使用機器繳停車費或加油時，會要求輸入PIN碼。建議出國前先洽詢信用卡公司，事先申請一組4個數字的安全PIN碼(有些信用卡公司則為預借現金密碼)。

©Visit Iceland

觀光行程

　　當地旅行團的觀光導覽包含觀光巴士、特殊主題的健行，若停留在雷克雅未克的時間較多，還可選擇遠離市區的一日遊、多日遊，如黃金圈、藍湖、斯奈山半島之旅、觀鯨、騎馬、潛水、冰川健行、熔岩隧道探險、追逐北極光等等。

　　冰島主要的旅遊公司幾乎都在雷克雅未克設有代表處，其中一些大型的旅遊公司提供各式各樣的觀光行程，活動項目更是包山包海，出團頻率和數量也很高，其中以長途巴士為主要交通工具的旅行社包括Gary Line、Reykjavik Excursions、Reykjavik Sightseeing等等，可利用網羅各家行程的平台Guide to Iceland比價(簡體中文)，直接選擇感興趣的行程線上預定。唯時間表可能時有異動，下述各項行程的正確出團時間，請隨時上網查詢。

· Guide to Iceland
🔵cn.guidetoiceland.is/
· Gary Line(Iceland Excursions)
📞540-1313　🔵grayline.is

· Reykjavik Excursions
📞580-5400
🔵www.re.is
· Reykjavik Sightseeing
📞497-5000
🔵reykjaviksightseeing.is

由雷克雅未克出發的一日觀光團
◎黃金圈經典遊Golden Circle Tours

　　黃金圈(Golden Circle)是冰島最受歡迎的旅遊行程，旅行團大多從雷克雅未克出發，有一日至多日旅遊團的選擇，結合了藍湖溫泉、雪地摩托車、海底大裂縫浮潛等不同花樣的組合，可依據個人喜好決定，幾乎所有旅行社一年四季都會開團。

· Gary Line Golden Circle Day Tour 黃金圈一日遊
接送：飯店、指定 巴士站，詳見網站說明　📞540-1313　⏰每日8:00、10:00、12:00(英語團)由雷克雅未克出發，行程約7.5小時　💲全票€63起　🔵grayline.is/tours/

◎斯奈山半島一日遊
Snæfellsnes Peninsula Day Tour

冰島西部的斯奈山半島有著冰島縮影的美譽，由雷克雅未克搭乘小巴一日往返可飽覽斯奈山半島精華，包括冰島三大國家公園之一的斯奈山國家公園，區域內亮點包括火山口、熔岩地貌、鳥崖、黑沙灘、教堂山、瀑布等等。

‧**Troll Expeditions—Snæfellsnes Peninsular, the Hidden Treasure of the West斯奈山半島──隱藏的西部珍寶**

📞519-5544 ⏰全年8:00～8:30由雷克雅未克出發，行程約12小時 💲全票18,900ISK 🌐troll.is/day-tours-iceland/day-tours-from-reykjavik/snaefellsnes-peninsula/

◎南部海岸與冰河湖一日遊
South Coast and Jökulsárlón Day Tour

沿著1號環形公路出發前往南部最著名的兩大瀑布，以及維克鎮附近的黑沙灘與玄武岩海蝕洞等熱門景點，經過瓦特納冰川抵達美不勝收的傑古沙龍冰河湖(Jökulsárlón)與鑽石沙灘，14小時內看盡冰島南部精華。

‧**Bus Travel Iceland—Jökulsárlón Glacier Lagoon & South Iceland Day Tour冰河湖與南部精華一日遊**

📞539-3111 ⏰全年7:00出發，行程約14小時。 💲全票22,990ISK，接送費1,590ISK 🌐bustravel.is/tours/classic-tours/glacier-lagoon ❗飲料及午餐自理

市區觀光巴士

在各個景點站可隨時上下車的城市觀光巴士，依個人需求不同可彈性調整行程。

◎Hop-On Hop-Off Reykjavik

🏠哈帕音樂廳發車 ⏰9:30～16:15，每45分鐘1班 💲全票€34，含語音導覽 🌐city-sightseeing.com en/49/reykjavik/58/hop-on-hop-off-reykjavik ❗1/1、6/17、8/9、8/16、8/22、12/24、12/25、12/31等日停辦

優惠票券

雷克雅未克城市卡Reykjavík City Card

　　雷克雅未克城市卡分成24小時、48小時、72小時3種，持卡者可於效期內至部份博物館、藝廊、動物園、觀光景點，以及7家泳池(溫泉池)免費入場，亦可免費搭乘巴士，以及免費搭乘前往維澤島(Viðey)的渡輪，除此之外，還提供其他小型博物館的門票折扣以及極光行程、商店或餐廳的折扣優惠。

💲24小時全票4,600ISK，48小時全票6,400ISK、72小時全票7,890ISK 🌐visitreykjavik.is/reykjavik-city-card

旅遊諮詢

雷克雅未克遊客中心

🚌搭巴士1、6、13號於市政廳Ráðhús站下即達
🏠City Hall, Tjarnargata 11 ☎411-6000
🌐www.visitReykjavik.is
・冰島旅遊局 🌐www.visiticeland.com

城市概略 City Guideline

雷克雅未克位於一座小型的半島上，北邊是熱鬧的市中心與港口區，許多景點、博物館與政府機構都聚集在此區，南邊則是雷克雅未克國內機場，是飛往冰島北部、東部等地區的交通樞紐。比起其他國際大都會，雷克雅未克顯得迷你許多，多數景點步行即可抵達，由市中心甚至可徒步走至國內機場。

最主要的購物大街Laugavegur由西往東橫向貫穿了整個市中心，大街上充滿了各式紀念品商店、服飾店、餐廳、酒吧、咖啡館等等，也是遊客最多的地方。

這個城市雖然不大，但依照地理位置仍可分為中心區以及市中心外圍兩個區域，用以在進行旅遊規劃時，更方便規畫路線及安排交通工具。

雷克雅未克中心區Central Reykjavík

特色：集中在靠近北邊的的市中心與港口區，包含遊客必訪的購物大街、舊城區、舊港口等各景點與博物館，徒步是最佳的旅遊方式。
景點：哈爾格林姆教堂、提約寧湖、維京船骨架、哈帕音樂廳及會議中心

雷克雅未克市中心外圍
Neighbourhood of Central Reykjavík

特色：市中心外圍區域，包括東邊的Laugardalslaug游泳池附近、南邊的格陵蘭購物中心等。
景點：珍珠樓、動物園

雷克雅未克行程建議
Itineraries in Reykjavik

如果你有1~2天

雷克雅未克的景點十分集中，基本上安排1~2天即可逛完，第1天可以舊城區與港口附近的景點為主，第2天可選擇前往距離較遠的珍珠樓等景點，或者搭乘渡輪前往維澤島，最後前往最受市民歡迎的溫泉游泳池體驗當地人的日常社交。

如果你有3~5或更多天

如果沒有開車自駕的打算，可考慮以雷克雅未克為據點，停留3~5或更多天，安排參加各種一日遊或多日遊的觀光行程，前往藍湖、黃金圈、斯奈山半島、南部等觀光行程，體驗泡湯、賞鯨、騎馬、冰川健行等各式活動。

©Visit Iceland

雷克雅未克散步路線
Walking Route in Reykjavík

散步行程以舊城區周圍開始，以最市中心①議會廣場為起點，廣場中間豎立著帶領冰島人民反抗丹麥的民族英雄喬‧希古德森(Jón Sigurðsson)的雕像，廣場對面則是②雷克雅未克主教座堂和③冰島議會大廈，深具歷史與政治意義。在陽光明媚的日子，這裡是當地人最喜歡野餐、喝咖啡曬太陽的地址之一。

從冰島議會旁的Templarasund小巷穿過繼續往南走，即可抵達摩登的④市政廳，別忘了前往一覽立體的冰島大地圖。以及沿著充滿著美麗天鵝、各類野鳥野鴨的⑤提約寧湖畔漫步，可將教堂與湖面美麗的景致盡收眼底。若對藝術有興趣，也可前往不遠處的冰島國家藝廊駐足欣賞。

下一站轉入Lækjargata往東北方向步行，首先會看到白色的⑥冰島總理府，與位於小山丘上的⑦英格爾弗‧阿納森雕像，他是冰島首位來自北歐的永久定居者，至今仍居高臨下，俯瞰著整個城市。

走下山坡後，沿著Hverfisgata往東走，會先抵達⑧文化之家展覽院與⑨冰島國家劇院，接著轉入Bergstaðastræti往南方向步行，再左轉沿著文藝氣息濃厚的Skolavordustigur往上坡爬，即可抵達本市地標，宏偉的⑩哈爾格林姆教堂，並由教堂頂端鳥瞰整個市區美景。

此外，教堂旁邊還有免費的埃納爾‧瓊森雕塑公園，也十分值得一看。若走累了，附近有著名咖啡店Reykjavík Roasters可供歇腳，或者繼續由教堂右手邊的Frakkastigur往海邊走，前往著名的另一地標⑪維京船骨架。

最後沿著海岸往前走，首先欣賞冰島最現代化的彩色建築⑫哈帕音樂廳，接著則前往熱鬧的⑬舊港灣區，以充滿各式餐廳、酒吧、咖啡店與冰淇淋店的歇腳處畫上完美句點。

距離：約4公里
所需時間：2~3小時

雷克雅未克散步路線

- 舊港灣Old Harbour
- 議會廣場 Austurvöllur Square
- 圖書館Library
- 雷克雅未克主教座堂 Dómkirkjan
- 冰島議會 Alþingi
- 市政廳 City Hall
- 提約寧湖 Tjörnin
- 總理府 Prime Minister's Office
- 英格爾弗阿納森雕像 Ingólfur Arnarson Statute at Arnarhóll
- 哈帕音樂廳Harpa
- 維京船骨架 The Sun Voyage
- 文化之家 The Culture House
- 冰島國家戲院 National Theatre of Iceland
- 哈爾格林姆教堂 Hallgrimskirkja

雷克雅未克中心區Central Reykjavík

MAP ▶ P.76C3

哈爾格林姆教堂

MOOK Choice

Hallgrímskirkja

從冰島火山地貌的柱狀玄武岩汲取靈感

🚌搭巴士12號於Bíó Paradís 站下車往Hallgrimskirkja方向步行約5分鐘可達 🏠Skólavörðuholt Hallgrímstorgi 1,101 Reykjavík ☎510-1000 ⏰10~4月教堂10:00~17:00、5~9月10:00~21:00，開放時間會變更請上網查詢 💲教堂免費，升降梯登塔全票1,200ISK、7~16歲優待票200ISK 🌐 www.hallgrimskirkja.is

由於造型實在太特殊，哈爾格林姆教堂自從1986年建成以來，一直是雷克雅未克的代表性地標，尤其它坐落高丘之上，再加上本身建築高73公尺，就連20公里之外，都可以看見它優美的白色身影。

哈爾格林姆教堂是冰島第一大教堂，屬於路德教派的教區禮拜堂(Lutheran Parish Church)，建造時間長達34年，並以著有《受難讚美詩》(Passion Hymns)的冰島詩人哈爾格林姆(Hallgrímur Pétursson, 1614~1674年)命名。教堂為冰島籍建築師Guðjón Samúelsson所設計，從立面望去，建築物兩側由成列的直柱構成，其設計靈感來自冰島火山地貌的柱狀玄武岩。

遊客還可付費搭乘塔樓的電梯登上教堂頂端，這裡有眺望全市景觀的極佳視野。矗立在教堂前的雕像為Leifur Eiríksson，據傳他是10世紀維京時代第一位發現北美洲的探險家，而這尊雕像是美國送給冰島國會(Alþing)，作為這個世界最古老國會1000週年紀念的禮物。

音樂會的靈魂就是它
相較於教堂戲劇性的宏偉外觀，內部則簡單而樸素，其中最有特色的是一座擁有5,275根風管、像武器般的巨大管風琴。夏季時，有機會在教堂裡欣賞音樂會。

雷克雅未克中心區Central Reykjavík

MAP ▶ P.76C3

埃納爾・瓊森美術館 &雕塑公園

Einar Jónsson Museum & Sculpture Garden

隱藏版露天雕塑公園

🚌搭巴士12號於Bíó Paradís 站下車往Hallgrimskirkja方向步行約6分鐘可達 🏠Hallgrímstorgi 3 ☎551-3797 ⏰週二～週日12:00~17:00，週一休 💲美術館全票1,500ISK、優待票1000ISK、18歲以下免費，雕塑公園免費 🌐www.lej.is/en

埃納爾・瓊森雕塑公園是個常被遊客忽略的祕密花園，公園位於埃納爾・瓊森美術館的後方，園內展示著26座埃納爾・瓊森令人驚嘆的青銅雕塑。公園可免費參觀，儘管多年來花園已發生了

變化，但仍然可以找到當初埃納爾親自種下的樹木和石塊。

前方的美術館是冰島最重要的雕塑家埃納爾・瓊森的工作室與住宅，他以極具象徵性的作品聞名，描繪希望、死亡、宇宙與永恆，並以冰島民間傳說、神話、女性、戰士屠龍為題材，是冰島雕塑最具開創性的藝術家。位於山坡上的美術館建於1916~1923年間，當時空無一物的這片山丘還是城市的郊區，樓頂有他的公寓與工作室，可俯瞰整個城市的風景。

雷克雅未克中心區Central Reykjavík

MAP ▶ P.76B1

哈帕音樂廳及 會議中心

MOOK Choice

Harpa

冰島交響樂團和歌劇院的家

🚌於市政廳往東北方步行約11分鐘可達，或搭巴士1、6、12、14號於Lækjartorg站下車步行約5分鐘可達 🏠Austurbakki 2 ☎528-5000，音樂會售票528-5050 ⏰週日～週二10:00~18:00，週三～週六10:00~20:00 🌐www.harpa.is

2011年5月4日開幕音樂會之後，「哈帕」那五彩奪目的玻璃帷幕燈，每晚都在雷克雅未克港邊閃爍著美麗光芒，這似乎也象徵冰島在走過經濟破產之後，開始走向復甦與繁榮的明燈。

「哈帕」是冰島最新的音樂廳及會議中心，由

編輯筆記 ✒

餐廳和商店是隱藏的亮點

音樂廳內還設有兩間餐廳，一座是輕食咖啡廳Hnoss Restaurant & Bar，在音樂會之前，來杯咖啡、飲料和小點；另一座是4樓的La Primavera，可享用冰島特色美食。此外，還有賣冰島設計禮品的Rammagerðin，以及結合藝術展覽和畫廊的Listval。

國際知名的丹麥建築師團隊Henning Larsen負責操刀，在此之前，他們已經有了丹麥哥本哈根歌劇院、瑞典馬爾摩市立圖書館等成功案例，這次，他們攜手丹麥籍冰島視覺藝術家Olafur Eliasson，特別在裝置藝術上下了功夫，尤其那幾何形狀的凹凸玻璃面板，就像千變萬化的萬花筒，入夜之後，成了雷克雅未克夜空下，除了極光之外，最璀璨的發光體。如今，這裡是冰島交響樂團和歌劇院的家，共有4座廳，最大的廳可以容納1,800名觀眾。

雷克雅未克中心區Central Reykjavík

MAP ▶ P.76B2

購物大街

Shopping Street

冰島專屬品牌大本營

🚍 搭巴士1、3、6、11、12、13號於Hlemmur或Lækjartorg
站下車即達

雷克雅未克市中心的商店購物區主要集中
在兩條街道上，一是哈爾格林姆教堂前的
Skólavörðustígur街，一是與之街角相接的
Laugavegur街和Bankastræti街。

Skólavörðustígur街上有不少藝廊及冰島本土
設計精品，文藝氣息濃厚。Laugavegur街從東
邊的Hlemmur巴士總站算起，是最長也是最主
要的一條購物街，以時尚精品為主，並穿插著紀
念品店、咖啡館和餐廳。

此外，Hafnarstræti、Klapparstígur、

要買知名戶外服飾來這裡！

Bankastræti街向西延伸，冰島著
名的戶外運動服飾66°North、ZO-
ON Iceland都在這段路上。

Vesturgata等幾條小街，還有舊港區都是可以悠
閒逛街的地方。冰島本土設計精品、戶外運動服
飾、羊毛製品，還有具冰島特色的工藝品，都是
人氣商品。

©Visit Iceland

雷克雅末克中心區Central Reykjavík

MAP ▶ P.76A1

舊港灣
Old Harbour
新興觀光景區

🚶 由市政廳往北步行約8分鐘可達，或搭巴士14號於Mýrargata站下車即達 ⬤Geirsgata

之所以稱為舊港灣，是因為目前這裡已經不是雷克雅末克的主要港口，只有賞鯨、賞海鸚鵡(Puffin)等觀光行程仍由舊港出發，而隨著「哈帕」音樂廳的落成照亮了海灣，這個興建於20世紀初的港口，已經成為雷克雅末克新興的觀光客聚集景點。

坐在碼頭邊，你可以遠眺海灣對面的埃西亞山(Mount Esja)，那山頭皚皚白雪浮在海平面上的美麗景致；漫步港灣，過去的貨櫃、倉庫、漁民小屋，已經變身成為景觀餐廳、酒吧，還有琳瑯滿目的設計精品和手工藝品店。

浪漫而開闊的舊城區Old Reykjavík

所謂的雷克雅末克舊城區是從提約寧湖周邊向北延伸到舊港區一帶，提約寧湖南岸是美麗的公園環繞著悠閒的散步道和單車道；北岸則有政府機構和教堂，扮演著不可或缺的功能性角色。

©Visit Iceland

坐落在西北湖畔的市政廳(Raðhús)是棟與湖塘自然景觀完美結合的現代建築，而冰島議會大廈(Alþinghus)則位於北岸一棟黑灰色的玄武岩建築裡，這是一棟19世紀末的建築，冰島的議會歷史可以溯及西元930年，是目前全世界仍在運作、歷史最悠久的議會之一。

議會旁則是雷克雅末克主教座堂(Dómkirkja)，雖然比不上哈爾格林姆教堂的高大宏偉，然而在冰島人轉變為路德教派之前，它才是冰島的主教座堂，冰島國會與主教座堂的北方則是議會廣場(Austurvöllur)。

舊城區有許多歷史建築、藝廊、博物館與浪漫而開拓的湖光山色，是許多徒步行程與觀光的重點，值得細細品嘗。

🚌 搭巴士1、3、6、11、13、14、103、106號於市政廳Raðhús站下車可達堤約寧湖旁的市政廳

雷克雅未克中心區Central Reykjavík

MAP ▶ P.76B2

雷克雅未克主教座堂

Dómkirkjan í Reykjavík

議會開幕前的洗禮

🚌 位於市中心，搭巴士1、3、6、11、13、14、103、106號於市政廳Raðhús站下車步行約1分鐘可達 ⏰ 週一~週五10:00~14:00，週日11:00開始主日崇拜 🏠Kirkjustræti ⓘ www.domkirkjan.is

　毗鄰冰島議會大廈，為雷克雅未克最主要的大教堂，最早建於1787~1796年，直到1847~1848年間再度被擴建成為目前的後古典風格建築，教堂外觀比例勻稱，內部則閃爍著金色光芒，冰島議會自1845年以來，每屆議會均開始於該堂彌撒，連冰島總統就職典禮也不例外，該堂牧師也是國會議員。

　主教座堂最初是為了整個雷克雅未克地區服務，但現在教堂僅負責部分西部城鎮地區和鄰近的小區。

雷克雅未克中心區Central Reykjavík

MAP ▶ P.76B3

冰島國家藝廊

Listasafn Íslands

藝術家作品反映冰島精神

🚌 位於提約寧湖旁，從市政廳步行約5分鐘可達，或搭巴士1、3、6、11、12號於Fríkirkjuvegur站下車即達 🏠 Laufásvegur 12 ☎ 515-9600 ⏰ 10:00~17:00，週一休 💲 全票2,200ISK、優待票1,100ISK ⓘ www.listasafn.is

　冰島國家藝廊位於提約寧(Tjornin)湖畔，建築物過去是一座冷凍工廠。

　館內主要收藏19世紀到20世紀冰島藝術家的畫作，你可能對他們不熟悉，但欣賞過後，能從他們的作品瞥見藝術家們對自己國家的深厚情感。此外，國家藝廊還收藏部分國際級大師的作品，像是畢卡索(Pablo Picasso)、孟克(Edward Munch)、阿佩爾(Karel Appel)等。國家藝廊共有3層樓，展區不算大，設有咖啡廳和紀念品商店。

©Visit Iceland

雷克雅未克中心區Central Reykjavík

MAP ▶ P.76A3

提約寧湖

Tjörnin

優雅迷人的冰島天鵝湖

位於市中心就在市政廳旁,冰島議會的南方步行5分鐘可達;或搭巴士1、3、6、11、13、14、103、106號於市政廳Raðhús站下車即達 🔘Tjörnin

不論是冬日一片雪白結冰的湖面,還是夏日陽光下的波光粼粼,提約寧湖在任何季節都是那樣的美麗迷人,難怪是雷克雅未克受歡迎與最佳拍照的景點之一。

提約寧湖周圍被市政廳、冰島議會、冰島國家藝廊、國家博物館、冰島大學等建築圍繞。

雷克雅未克的發跡地從提約寧湖畔開始,冰島文意思是「池塘」(The Pond),由於地熱的關係,即便在寒冷的冬天仍能吸引成千上百的天

全世界最大的麵包湯

湖畔最受歡迎的娛樂活動,莫過於大人、小孩都愛的「水鳥餵食秀」,天鵝、鴨子爭相取食瞬間拋下的麵包,好不熱鬧,難怪美麗的提約寧湖又被消遣為「世上最大的麵包湯」(The Biggest Bread Soup in The World)。

鵝、水鴨、海鷗優游其間,為這座北國首都的市中心增添更多開闊與浪漫的視野。

維京船骨架
Solfar Sun Voyager
海邊最佳拍照地址

🚶 由哈帕音樂廳沿著海岸往東邊步行約5分鐘可達

　　雷克雅末克位於被大西洋所環繞的半島上，沿海的小路上有許多美麗的風景，其中位於市中心北方的維京船骨架更是極受歡迎的拍照熱點。

　　維京船骨架正式名稱為「太陽航行者」，由雕塑家JónGunnar Arnason所創作，巨大的鋼鐵船骨架讓人不禁與維京船產生連想，是一艘歌頌太陽航向夢想的藝術創作。

　　遠方的背景為埃斯加山(EsJa)白雪皚皚的壯麗景色，無論是清晨、黃昏或是極光舞動的夜晚，都是旅人欣賞浪漫美景與拍照的絕佳景點。

冰島議會大廈
Alþingishúsið(Parliament House)
小而低調的國會殿堂

🚶 位於市中心，搭巴士1、3、6、11、13、14、103、106號於市政廳Raðhús站下車往北步行約1分鐘可達　🅾 Kirkjutorg
☎ 563-0500　📅 只開放團體預約參觀　🌐 www.althingi.is

　　西元930年，全世界最早的民主議會在辛格韋勒成立，而現代的冰島議會則搬進了1881年蓋好的冰島議會大廈裡，這棟灰黑色的玄武岩建築位於議會廣場前(Austurvöllur square)，建築物的正面標著1881年份中間加以星星裝飾，2樓窗戶上緣則有象徵守護冰島的四幅浮雕：巨人、巨鳥、公牛和龍，由丹麥著名建築師、哥本哈根美術學院院長費迪南‧爾達赫設計，議會大廈的後方並有個免費開放參觀的小型花園。

冰島第一位女性議員

　　冰島是全球男女最平權的國家，就在冰島議會大廈的旁邊，你可以看到在1922年冰島第一位女性議員Ingibjörg H. Bjarnason(1867~1941年)的雕像。她長期致力於女權、教育、公共醫療議題，並身為女子學校的校長長達三十多年。

©Visit Iceland

雷克雅未克中心區 Central Reykjavík

MAP ▶ P.76A1

議會廣場

Austurvöllur Square

具政治與歷史意義的集會地

由市政廳往北徒步1分鐘可達，或搭巴士1、3、6、11、13、14、103、106號於市政廳Raðhús站下車即達 Pósthússtræti / Kirkjustræti

位於市中心的議會廣場自1930年代以來不僅是野餐、日光浴的熱門地點，在天氣好時，周圍的咖啡館更是座無虛席。

由於廣場旁邊就是冰島議會與教堂，它也理所當然成為了最佳的抗議集會地點，尤其冰島獨立領袖喬·希古德森(Jón Sigurðsson)的雕像的出現，似乎也更激發了抗議精神。歷史上許多大規模的抗議事件皆發生於此：1949年抗議冰島加入北約暴動、2009年金融危機示威、2016年巴拿馬文件醜聞，最終導致總理達威茲(Davið)下台。

在18世紀時議會廣場的範圍要比今天大得多，「Austurvöllur」冰島文原意為「東邊的土地」(East Filed)，由於第一批定居者英格爾弗·阿納森在西邊建立農場，因此，便以相對的位置命名。當時農民騎馬進入城市進行商業活動時，他們會先將馬匹送到Lækjartorg廣場，並在議會廣場搭設帳篷。

©Visit Iceland

雷克雅未克中心區Central Reykjavík

MAP ▶ P.76A2

市政廳

Raðhús

完美結合自然的後現代建築

📍位於市中心，搭巴士1、3、6、11、13、14、103、106號於市政廳Raðhús站下車即達 🏠Tjarnargata 11 ☎411-1111 🌐visitreykjavik.is

提約寧湖畔的市政廳是棟透過國際競標的後現代建築，建於1992年，粗獷而簡潔的線條與湖塘的自然景觀完美結合，設計過程中，還小心翼翼避免驚擾到原有的野鳥生態。這裡除了是市政辦公所在地，還設置了遊客服務中心，提供觀光行程、交通資訊。

此外，別忘了前往室內展示區一覽巨大的立體冰島地圖，冰島的山脈、峽灣、火山等地形都詳細地刻劃在這幅立體模型中，是了解冰島全貌的最好教材。

雷克雅未克中心區Central Reykjavík

MAP ▶ P.76B2

文化之家

Safnahúsið

冰島最美麗的白色建築

📍從市政廳往東北方向步行約8分鐘可達，或搭巴士1、3、6、11、12、13號於Þjóðleikhúsið站下車即達 🏠Hverfisgata 15 ☎515-9600 🕐10:00~17:00，冬季週一休 💲全票2,200ISK、優待票1,100ISK、18歲以下免費 🌐www.listasafn.is/

文化之家位於一棟美麗的白色建築內，被公認為冰島最美麗的建築之一，是由冰島國家博物館、冰島國家美術館等機構合辦的展覽館，展覽時期從冰島早期移民定居時期到現代冰島藝術，包括一些手稿、古物、古書等等。

建築物本身就是一大參觀亮點，由丹麥建築師設計，建造於1906~1908年，內部有獨特的閱讀大廳，黑白相間的瓷磚，大理石階與美麗弧線的木製把手，優雅對稱的格局與空間，走在其中就是一種享受。附設咖啡館古典優雅，很有氣氛。

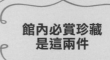

雷克雅未克中心區 Central Reykjavík

MAP ▶ P.76A3

冰島國家博物館

Þjóðminjasafnið Íslands

收藏冰島珍貴歷史文物

🚶 位於提約寧湖南邊，從舊雷克雅未克往南走行約15分鐘可達；或搭巴士12、111號於Þjóðminjasafn站下車即達 🏠 Suðurgata 41 ☎ 530-2200 🕐 5/1~9/15每日10:00~17:00，9/16~4/30週一休 💲 全票2,500ISK、優待票1,200ISK、18歲以下免費 🌐 www.nationalmuseum.is ❗ 可免費借手機或線上下載語音導覽

對冰島歷史文物有興趣的遊客，一定要來國家博物館，這裡有全冰島首屈一指的珍貴收藏，不僅可以瞭解冰島的歷史發展脈絡，也可以進一步對這個極北國度有更深度的認識。

國家博物館成立時間甚早，早在1863年丹麥統治時期就開始收集文物，直到1944年冰島共和國成立才正式設館，目前館址所在的嶄新建築是2004年落成的。

館內共有3層樓，收藏了約三十萬件文物及約四百萬張照片，固定展出的文物約兩千件，大致分為「冰島社會黎明時期」(800~1000AD)、「基督主教統治時期」(1000~1200AD)、「挪威統治時期」(1200~1400AD)、「丹麥統治時期」(1400~1600AD)、「專制時期」(1600~1800AD)、「國家發展期」(1800~1900AD)、「進入現代世界」(1900~2000AD)。

館內必賞珍藏是這兩件

國家博物館珍貴的收藏包括《雷神索爾銅雕》(Thor)，以及一道13世紀的教堂大門，上面雕刻著冰島中世紀生動的場景，那是傳說中「騎士與他忠實之獅」的故事(Le Chevalier au Lion)。

一如世界其他知名博物館，冰島博物館也把珍貴文物製成紀念品在商店販售；一旁的咖啡廳是中途休憩、提神醒腦的好去處。

此外，國家博物館還保存了40棟歷史建築，它們散布在冰島全國各角落，也開放參觀，詳細地址可上官網查詢。

雷克雅未克中心區Central Reykjavík

MAP ▶ P.76A1

聚落博物館
Landnámssýningin
還原最早聚落的生活樣貌

🏠Aðalstræti 16 ☎411-6370 ⏰10:00~17:00，6~8月週間導覽11:00開始 💲全票2,650ISK、優待票1,700ISK、17歲以下免費 🌐reykjavikcitymuseum.is/the-settlement-exhibition

2001年，冰島的考古團隊在Aðalstræti這條街上進行考古挖掘工作時，發現了雷克雅未克最早的人類遺跡，其中一道牆的碎片顯示，其年代早於西元871年，此外，還發現了一座10世紀的「長屋」。這些考古發現，都原封不動地保存下來，成為聚落博物館的鎮館之寶。

聚落博物館屬於雷克雅未克市立博物館的分館，以維京時代生活為主題，展示了當時的聚落樣貌。展品很古老，但博物館的展覽方式非常現代，館方透過多媒體和電腦技術，施展「魔法」，還原了「長屋」裡當年維京人的生活樣貌，以及雷克雅未克的周遭環境，包括種田、打獵、推船下水、埋葬死者等，科學家目前還找不到證據顯示當時的住民是否有宗教信仰。

雷克雅未克中心區Central Reykjavík

MAP ▶ P.76B2

英格爾弗·阿納森雕像
Ingólfur Arnarson Statue
冰島第一位永久定居者

🚌搭巴士3、6、12、13、14號於Lækjargata站下車步行約2分鐘可達 🏠Arnarhóll Park

根據冰島《殖民之書》(Landnámabók)紀載(一本中世紀手稿，詳述冰島北歐定居點)，英格爾弗·阿納森為了尋求更好的生活，於西元874年離開了挪威，隨著扔入海中的木柱抵達了此地，並給這個「冒著蒸氣的海灣」取名為「雷克雅未克」(Smoky Bay)，在附近建立了農場與居所，他被廣泛認為是冰島首位永久定居者。

如今他的雕像被豎立在名為Arnarhóll的小山丘上，居高臨下，站在此地，整個海港地區的景致一覽無遺。這裡也是熱門的集會地址，同志大遊行期間，這座雕像甚至被塗上了口紅。

雷克雅未克中心區Central Reykjavík

MAP ▶ P.76B1

冰島陽具博物館
The Icelandic Phallological Museum
見識世上最大的陽具標本

🚌搭巴士1、2、3、4、5、6、12、14、15號於Hlemmur巴士總站下車後步行約3分鐘可達 🏠Kalkofnsvegur 2 ☎561-6663 🕐10:00~19:00 💲全票2,750ISK、13歲以下免費 🌐phallus.is/

冰島最獨特的博物館之一，1997年由冰島歷史學家哈特森(Sigurður Hjartarson)所創辦，當他還是孩子的時候，暑假的鄉間生活常意外獲得一些動物們的生殖器，因此開始了陽具收藏生涯。

2004年博物館搬至北部的賞鯨村胡薩維克，2011年又搬回了雷克雅未克。目前總共收藏93種海上與陸地動物的陽具，約二百八十多件，包括鯨魚、海豹、馬、倉鼠等等甚至人類的標本。

其中最大的是來自抹香鯨的標本，長170公分、重70公斤，但這不過是陰莖的前部，全部可能達到5公尺長。此外，館內還收藏一組銀質陽具模型，來自於2008年夏季奧林匹克運動會手球比賽中獲得銀牌的冰島男子手球隊。

雷克雅未克中心區Central Reykjavík

MAP ▶ P.76B2

總理府
Stjórnarráðshúsið/ Prime Minister's Office
冰島重拾主權的歷程

🚌搭巴士3、6、12、13、14號於Lækjargata站下車步行約3分鐘可達 🏠Lækjartorg 🌐www.government.is

由市政廳前往Arnarhóll山丘的路上，很難不注意到這棟獨棟的白色建築，它在1765~1770年期間作為監獄，1973年作為共和國總統辦公室，而後隸屬冰島政府部門，自1904年以來一直為冰島總理辦公室。

總理府前面的雕像是雕塑家埃納爾‧瓊森

(Einar Jónsson) 1915年和1931年的作品，一座是1874年丹麥國王克里斯蒂安九世交出憲法(允許冰島制定自己的憲法)，另一座則是1904年為第一位冰島地方自治政府的總理漢斯哈夫斯坦(Hannes Hafstein)。

雷克雅未克中心區Central Reykjavík

MAP ▶ P.98A2

英雄傳說博物館

Saga Museum

血腥歷史重現眼前

🚌搭巴士14號於Mýrargata 站下車步行約4分鐘可達 🏠 Grandagarður 2 ☎511-1517 ⏰10:00~17:00 💲全票 3,400ISK、優待票1,000~2,800ISK，以上持雷克雅未克卡8折
🌐 www.sagamuseum.is

　　冰島歷史記載上流傳著許多曲折離奇、峰迴路轉的傳說，比如隨著漂流在海上的棺木找到定居點、家族的血腥復仇與和解、平民對抗強權等等。

　　這間博物館透過蠟像模型，搭配戲劇性的音效效果，活靈活現地呈現出這些傳奇故事，以有趣的方式讓人迅速了解冰島的歷史與傳奇。

　　館內以17個展區介紹17段傳說故事，從最早的愛爾蘭僧侶遭擊殺、維京人的探索、首位永久定居者英格爾弗、定居西岸的埃吉爾傳奇，到歷史學家史諾里的謀殺，以及災難性的黑死病降臨等等各個階段都有詳細的介紹，附英文、法語、德語、西班牙語、瑞典語、俄語等語音導覽。

　　此外，博物館還提供維京時期的服裝與道具，讓遊客盡情扮裝拍照。

地圖

雷克雅未克舊港灣區

□冰島鯨魚展覽館
Whales of Iceland

舊港灣
Old Harbour

Valdis 🍴
🍴 Kaffivagninn
🍴 Bryggjan Brugghús

Matur og Drykkur 🍴　🍴雷克雅未克極光中心
Aurora Reykjavik
英雄傳說博物館
Saga Museum
Geirsgata

Sægreifinn
🍴
Icelandair hotel Ⓗ　🍴HÖFNIN
Reykjavik Marina

圖例　□景點　🍴餐廳
○咖啡廳　Ⓗ住宿

冰島英雄傳說

　　「冰島英雄傳説」(Saga of Iceland)也叫「薩迦傳説」，是將冰島歷史上的民間口耳相傳的故事以文字紀記錄下來，主要是發生於9~11世紀(Saga Age)的歷史事件創作，包括傳記、傳說、神話等，以散文的形式敘事，是冰島中世紀一種重要的文學風格。

雷克雅未克中心區Central Reykjavík
MAP ▶ P.98A2

雷克雅未克極光中心
Aurora Reykjavik
極光影像大集合

🚌 搭巴士14號於Mýrargata 站下車步行約4分鐘可達
🏠 Grandagarður 2　☎ 780-4500　🕐 9:00~21:00
💲 全票2,900ISK、優待票1,500~2,500ISK
aurorareykjavik.is

　就在英雄傳奇博物館的附近，極光中心展覽館中以照片訴說著冰島北極光的故事，包括極光傳說、形成原因以及冰島各地的極光影像。

　透過多媒體互動裝置，參觀者可以學習如何調整相機，在黑夜捕捉舞動的極光。館中還將播放一段25分鐘的影片，展示冰島最壯觀的極光影像。

雷克雅未克中心區Central Reykjavík
MAP ▶ P.98B1

冰島鯨魚展覽館
Whales of Iceland
空中飄浮巨大鯨魚群

🚌 於舊港口往西北步行約8分鐘可達，或搭巴士14號於Fiskislóð站下車即達　🏠 Fiskislóð 23-25　☎ 571-0077　🕐 10:00~17:00　💲 全票3,400ISK、優待票1,700ISK、7歲以下免費　whalesoficeland.is

　位於港口附近的冰島鯨魚展覽館有著挑高的空間，展示著23隻實際尺寸的巨大鯨魚模型，這些鯨魚都是在冰島海域中所發現的鯨魚物種，包括25公尺長的藍鯨、抹香鯨、瀕臨滅絕的北大西洋鯨魚等等。

　展場以多媒體影音互動，偌大的空間中，以鯨魚的聲音、海洋的音效產生共鳴，再加上燈光的營造，有著濃厚的海洋氛圍。

MAP ▶ P.76C4

珍珠樓

Perlan

360° 環視雷克雅未克市區

從Hlemmur巴士總站搭巴士18號於Perlan站下車即達
Öskjuhlíð, Reykjavík　566-9000　特展9:00~22:00、
餐廳11:30~18:00、咖啡館9:00~18:00　www.perlan.is/

珍珠樓位於雷克雅未克市中心南方約2公里處，原本是一座造型奇特的功能性建築，如今已成了雷克雅未克市民登高望遠、欣賞市區全景的休閒去處。

珍珠樓坐落雷克雅未克南郊的Öskjuhlíð山丘上，由6座巨大的圓柱及中心一座半球形玻璃穹頂構成，不論陽光或月光下，都閃爍著珍珠般的光芒，因而得名。

大圓柱其實是儲水筒，每座圓柱可貯存四百萬公升的熱水，過去政府抽取地熱水貯存於圓柱筒中，藉由這裡較高地勢送熱水至民宅供居民使用，後因科技進步，居民可直接抽取地熱水，因此功用越來越小。

天然的地勢和無與倫比的景觀成了今日珍珠樓的優勢，雖然離市區遠了一點，但開車或搭巴士來此都很方便，頂樓的景觀餐廳和咖啡廳可以360°環視雷克雅未克市區和海景，是極佳的約會地址，走出餐廳，則是視野更開闊的景觀平台，360°走一圈，視野全無障礙。

雷克雅未克市中心外圍
Neighbourhood of Central Reykjavík

MAP ▶ P.76F3

動物園與家庭公園

Fjölskyldu og Húsdýragarðurinn(Zoo & Family Park)

探訪冰島北極狐與海豹

🚌搭巴士2、5、15、17號於Laugardalshöll站下車即達 🏠 Mulavegur 2 ☎411-5900 🕙夏季10:00~18:00、冬季10:00~17:00 💲全票1,500ISK、優待票1,050ISK、5歲以下免費 🔗www.mu.is/en

位於市中心東邊Laugardalur區域的動物園建立於1989年,雖然小,動物不算多,但卻看得到北極狐(冰島唯一土生土長的陸地哺乳類動物)、海豹、馴鹿、貂、冰島馬、冰島本地的山羊,以及其他農場動物,每日不同時段有各種動物的餵食秀,前往之前可先參考官網公布時刻表。

整個園區一半是動物園,另一半則是有著小型賽馬場、兒童推土機等各種遊樂設施的家庭公園。

雷克雅未克市中心外圍
Neighbourhood of Central Reykjavík

MAP ▶ P.76F3

阿斯蒙達爾藝術博物館

Ásmundarsafn

溫泉山谷中的地中海建築

🚌搭巴士2、5、15、17、102號於Nordica站下車即達 🏠 Sigtún ☎411-6430 🕙5~9月10:00~17:00、10~4月13:00~17:00 💲全票1,320ISK,雷克雅未克藝術博物館聯票(24小時內可參觀Hafnarhús、Kjarvalsstaðir、Ásmundarsafn)2,150ISK,18歲以下免費 🔗www.artmuseum.is

靠近希爾頓飯店附近的阿斯蒙達爾藝術博物館,位於一棟白色圓頂的獨特建築物中,由雕塑家阿斯蒙達爾(Ásmundur Sveinsson)所設計,靈感來自於地中海式建築,這裡也是他生前的工作室與居所。

博物館建築是一個有趣的藝術實驗,目的是為了開發在缺乏樹木的冰島所適合的建築風格。帶有幾何圖形雕塑般的外觀,雪白光滑的混凝土牆面無論在晴朗的藍天下或冬季白雪覆蓋下都十分美麗。

館內陳列阿斯蒙達爾與其他現代藝術家的作品,而周圍的花園也有許多大型的雕塑作品提供民眾免費參觀,目前屬於雷克雅未克藝術博物館(Reykjavík Art Museum)的一部分。

©Visit Iceland

雷克雅未克市中心外圍
Neighbourhood of Central Reykjavík

MAP ▶ P.102

維澤島

Viðey Island

朝天空發送和平之光

🚢 渡輪5/15～8/31由Skarfabakki、Old Harbour、Harpa (Ingólfsgarður)往返Viðey，9/1～5/14僅由Skarfabakki往返Viðey 🕐 渡輪5/15～8/31每日10:15～17:15、12:30～18:30，9/1～5/14僅週末及週日13:15～15:15、14:30～16:30 💲渡輪全票2,100ISK、優待票1,050～1,890ISK 🌐Elding渡輪訂票www.elding.is

　　維澤島距離雷克雅未克港口北方僅1公里距離，搭渡輪5分鐘就能抵達，站在島上能以另個角度遠眺整個市區的風景。

　　維澤島面積僅1.7平方公里，步道卻遍布整個小島，很容易在幾個小時內探索完，島上充滿

維澤島全圖

　　未被破壞的自然景觀，有豐富的鳥類棲息，也有冰島最古老的石屋Viðey House(1752～1755年)、冰島第二老的教堂(Viðey Church)，東南邊還有荒廢了的漁村(Sundbakki)，有種與世隔絕之感。

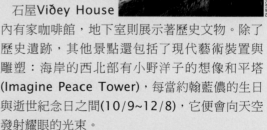

©Visit Iceland

　　石屋Viðey House內有家咖啡館，地下室則展示著歷史文物。除了歷史遺跡，其他景點還包括了現代藝術裝置與雕塑：海岸的西北部有小野洋子的想像和平塔(Imagine Peace Tower)，每當約翰藍儂的生日與逝世紀念日之間(10/9～12/8)，它便會向天空發射耀眼的光束。

　　北邊Vesturey區則有美國極簡主義藝術家Richard Serra的現代雕塑，由玄武岩雕刻而成的里程碑(Milestones)。天氣晴朗的日子，很適合沿著步道徒步探索這個寧靜的島嶼。

Where to Eat in Reykjavík
吃在雷克雅未克

雷克雅未克是創新、前衛料理的美食所在地,對於遊客而言,有著各式各樣的選擇,除了冰島的傳統料理如海鸚、鯨魚、馬肉、羊臉等興趣,也有熱門的漢堡、披薩、牛排、三明治麵包可選擇。魚與羊是大部分餐廳菜單上的主角,由於食材新鮮,很少會踩到地雷。由於冰島消費並不便宜,若有預算考量,中午時段通常有用餐優惠,性價比最高。

MAP ▶ P.76F4 **VOX**

🚌搭巴士2、5、15、17、102於Nordica站下車即達 🏠Suðurlandsbraut 2 ☎444-5050 ⏰11:30~22:30 💲週一~週五午餐Buffet 5,900ISK、週末Brunch 6,900ISK、晚餐主菜4,900ISK起,飲料另計 🌐www.vox.is ❗受疫情影響,開放時間及價目隨時會調整,請上網或去電查詢。

位於希爾頓Nordic飯店裡的VOX雖然離市中心較遠,但若吃膩了大魚大肉,想在優雅放鬆的氛圍享受多樣的生鮮蔬果,這裡的午餐Buffet是絕佳的選擇。

VOX以新北歐風味料理為主,蔬果均由當地農民溫室栽培,午餐自助吧包含蔬果沙拉、燻鮭魚冷盤、壽司、肉排、炸魚、蔬菜等多種熱食主食、蛋糕甜點吧以及麵包、熱湯等等,選擇豐富多樣。晚餐無Buffet,採點餐方式。

MAP ▶ P.98B2 **HÖFNIN**

🚌搭巴士14號於Mýrargata站下車步行約4分鐘可達 🏠Geirsgötu 7c ☎511-2300 ⏰11:30~14:00、17:30~21:00 💲午間2,990ISK起、晚餐主菜3,690ISK起 🌐www.hofnin.is/en ❗受疫情影響,開放時間及價目隨時會調整,請上網或去電查詢。

由家族經營的HÖFNIN在舊港口旁一棟2層樓的藍色房屋中,坐在窗邊用餐,可欣賞遠山與海景,風景特別好。

餐廳提供冰島傳統料理如馴鹿肉、羊肉、傳統燉魚、紅點鮭及各類海鮮料理,用餐價位並不便宜。

MAP ▶ P.76E2 **Hamborgarafabrikkan**

🚌 搭巴士2、5、14、15、17
號於þjóðskjalasafnið站下車往
Höfðatún與Katrínartún方向步
行約5分鐘可達 📍Höfðatorg,
Katrínartún 📞575-7575 🕐
11:30~21:00 💲Captin漢堡
3,399ISK、Barbíkjú起司牛肉堡
2,999ISK、Lamborgarinn羊肉
漢堡3,199ISK 🔗www.fabrikkan.is/#/ ❗受疫情影響，開放
時間及價目隨時會調整，請上網或去電查詢。

　取名為漢堡工廠的Hamborgarafabrikkan，在冰島共有3
家分店，兩家在雷克雅未克，一家在北部的阿庫瑞里。這
裡的漢堡用料澎湃，而且不是圓形，是四方形，菜單提供

15種以上選擇，例如Captin漢堡的用料使用130克冰島牛
肉配上義大利火腿，再加上蒜香烤蘑菇、焦糖紅洋蔥、起
士、生菜、辣椒、脆皮薯條等配料。

MAP ▶ P.98B2 **Seabaron/Sægreifinn**

🚌 搭巴士14號於Mýrargata站下車步行約3分鐘可達 📍
Geirsgata 📞553-1500 🕐11:30~16:00、18:00~22:00 ❗
受疫情影響，開放時間及價目隨時會調整，請上網或去電查詢。

　「Sægreifinn」意為「海上男爵」，坐落在舊港邊的漁
人小屋，店內最有名的就是龍蝦湯，幾乎來的客人都會點
上一碗，湯頭口味偏重，通常會附上奶油與麵包搭配。

　此外，還有各類新鮮的海鮮串燒，包括干貝、明蝦、鯨魚、
鱈魚、鯰魚、比目魚、鮭魚、鰈魚、鱒魚、鰻魚等，完全看
當天新鮮捕獲的魚類而定。年邁的老闆原本是位漁夫，店內
還掛著他捕魚的照片，目前餐廳已交由年輕的一代經營。

MAP ▶ P.76B5 **Bæjarins beztu pylsur**

🚌搭巴士3、6、12、13、14號於Lækjargata站下車步行約2分鐘可達 🏠Tryggvagata 1, 接近Kolaportið ☎511-1566 ⏰週日~週四9:00~凌晨1:00、週五~週六9:00~清晨6:00 💲600ISK起 🌐www.bbp.is ❗受疫情影響，開放時間及價目隨時會調整，請上網或去電查詢。

　　這家位於舊港口馬路邊的羊肉熱狗攤經常大排長龍，其冰島文店名的意思就是「全城最好吃的熱狗」，2006年還曾被英國報紙選為「全歐洲最佳熱狗攤」，對於只想簡單解決一餐或是當作點心的遊客來說，的確是一大福音，前美國總統柯林頓(Bill Clinton)還曾經光顧過，最經典的吃法是全部配料醬汁都加。

MAP ▶ P.98A2 **Bryggjan Brugghús**

🚌搭巴士14號於Grandagarður站下車步行約1分鐘可達 🏠Grandagarður 8 ☎456-4040 ⏰週一~週四16:00~23:00、週五~週日11:30~23:00 💲早午餐主菜4,290ISK起、晚餐主菜4,990 ISK起 🌐bryggjanbrugghus.is ❗受疫情影響，開放時間及價目隨時會調整，請上網或去電查詢。

　　冰島第一家微型精釀啤酒廠和小酒館，在酒館內用餐可看到港口風光，菜單上提供海鮮、肉類精緻料理，最特別的是啤酒廠就在餐廳後方，自釀啤酒風格多樣，包括Viking、IPA、Pale Ale等共十多種，喜愛啤酒的遊客可盡情品嘗酒廠自釀啤酒。

MAP ▶ P.98A1 **Valdís**

🚌搭巴士14號於Grandagarður站下車步行約1分鐘可達 🏠
Grandagarði 21 📞586-8088 ⏰平日11:30~23:00，週
末12:00~23:00 💲冰淇淋一球7000ISK 🌐www.valdis.is
❗受疫情影響，開放時間及價目隨時會調整，請上網或去電查
詢。

冰島人對冰淇淋的熱愛不分四季，2013年開幕的冰淇淋店
Valdís就在一排1950年代的建築物中，原本是漁民的住宅，
現在已被列為歷史建築，且由不同主題的特色小店、咖啡店
進駐。

老闆曾製作過超過四百多種冰淇淋口味，奇異口味如啤
酒、黑麥麵包、培根、咖哩、辣椒等，目前最受歡迎要屬於
焦糖和海鹽花生。

MAP ▶ P.76B6 **Messinn**

🚌搭巴士3、6、12、13、14號於Lækjargata站下車沿著
Lækjargata步行約3分鐘可達 🏠Lækjargata 6b 📞546-
0095 ⏰11:30~21:00，週五及週六營業至22:00 💲傳統燉
魚3,390ISK、香煎鮭魚4,450ISK 🌐messinn.com ❗受疫
情影響，開放時間及價目隨時會調整，請上網或去電查詢。

享有口碑，被評價為全城最美味的海鮮餐廳之一，
Messinn除了食物新鮮又美味，最大的特色就是會把海
鮮盛放在鍋盤上，滋滋作響地端到桌上(Fish Pans)，配上
古董瓷餐盤，十分有氣氛。除了海鮮，蔬菜、鷹嘴豆、
馬鈴薯等平凡的配菜也很美味，服務員友善，餐廳就在
主要的大街上。

MAP ▶ P.98A2 **Matur og Drykkur**

🚌搭巴士14號於Grandagarður站下車步行約2分鐘
可達 🏠Grandagarður 2 📞571-8877 ⏰週四~
週日18:00~23:00 💲六道式套餐14,900ISK 🌐
maturogdrykkur.is/ ❗受疫情影響，開放時間及價目隨時
會調整，請上網或去電查詢。

Matur og Drykkur是雷克雅未克城中的高級餐廳之一，
「Matur og Drykkur」冰島文意思為「食物和飲料」，主
要提供極具創意的現代風味冰島美食，食材均來自冰島
當地的農產品，廚師才華洋溢，料理彷彿如一場視覺與
味覺的饗宴，若欲前往最好提前預訂。

MAP ▶ P.76B6 **Icelandic Street Food**

🚌搭巴士3、6、12、13、14號於Lækjargata站下車沿著Lækjargata步行約3分鐘可達 🏠Lækjargata 8 ☎845-5648 🕙11:30~21:00 🍴羊肉麵包湯2,490ISK 🌐www.icelandicstreetfood.com ❗受疫情影響，開放時間及價目隨時會調整，請上網或去電查詢。

位於大馬路上的網路人氣小店，主要提供冰島傳統小吃，老闆非常友善，選擇不多，進來的大部分客人都會點一碗用麵包盛裝的傳統羊肉湯，喝完後店內還提供再續一碗的服務，當然也可選擇換另一種貝類海鮮湯嘗鮮。

除了湯品外，還有冰島傳統燉魚(Icelandic Fish Stew)、黑糖煎餅、糕點。

MAP ▶ P.76B5 **Apotek Kitchen+Bar**

🚌搭巴士3、6、12、13、14號於Lækjargata站下車步行約3分鐘可達 🏠Austurstræti 16 ☎551-0011 🕙11:30~23:00 🍴兩道式特餐6,990ISK、三道菜7,990ISK，當日海鮮4,290ISK、漢堡4,690ISK 🌐apotekrestaurant.is ❗受疫情影響，開放時間及價目隨時會調整，請上網或去電查詢。

Apotek(Apotekið)為「藥房」的意思，原先的建築早期就是個藥局，而如今成為了飯店與休閒時尚餐廳的所在地。

位於轉角的Apotek Kitchen+Bar內部裝潢摩登現代，有著漂亮的玻璃吊燈裝飾。菜單組合了冰島與歐洲料理，提供各式魚類、蝦、鯨魚肉、羊排、漢堡、沙拉、三明治等輕食與主食，酒吧提供各式調酒、雞尾酒讓訪客享受輕鬆時刻。

MAP ▶ P.76D5　Sandholt

🚌搭巴士1、3、11、12、13於Bíó Paradís站下車步行約3分鐘可達　🏠Laugavegur 36　☎551-3524　⏰7:00~18:00　💲三明治1,590ISK起　🌐sandholt.is　❗受疫情影響，開放時間及價目隨時會調整，請上網或去電查詢。

雷克雅未克最受歡迎的老字號麵包烘培坊之一，位於Laugavegur購物大街上，無論是西點麵包、三明治、蛋糕、濃湯等看似簡單的輕食都製作得十分美味。 家族經營的Sandholt目前麵包師傳承至第四代，除了維持傳統烘培食譜，也自製不含防腐劑的蘇打水、葡萄酒、蘋果酒，甚至精釀啤酒。店中熱門產品為搭配可頌、麵包的各式三明治。

MAP ▶ P.76D6　Braud & Co

🚌搭巴士1、3、11、12、13於Bíó Paradís站下車步行約4分鐘可達　🏠Frakkastígur 16　☎456-7777　⏰6:30~ 17:00　💲肉桂捲675ISK起　🌐www.braudogco.is　❗受疫情影響，開放時間及價目隨時會調整，請上網或去電查詢。

於2016年開幕的Braud & Co是烘培界的後起新秀，最有名的就是香氣四溢、甜度適中的肉桂捲，常常銷售一空。Braud & Co在雷克雅未克開了數家分店，最多人造訪的分店便是位於購物大街Laugavegur附近的彩繪建築物中，麵包店內空間不大，只有兩個靠窗的位置，可看得到麵包從無到有的製作過程。

MAP ▶ P.76E5　Hereford Steikhus

🚌搭巴士1、3、11、12、13於Bíó Paradís站下車步行約4分鐘可達　🏠Laugarvegur 53b　☎511-3350　⏰廚房週日~週四17:00~22:00、週五~週六17:00~23:00　💲各式魚排、牛排、羊排4,950 ISK起，龍蝦7,450ISK　🌐www.hereford.is　❗受疫情影響，開放時間及價目隨時會調整，請上網或去電查詢。

肉食主義者的樂園，位於購物大街Laugarvegur上一棟玻璃帷幕建築中的2樓。餐廳的名字發想於英國海福特郡著名的特殊肉牛品種「海福特牛」，菜單上提供各種魚類、海鮮、雞、豬、牛、羊排，還包括冰島傳統的鯨魚排、海鸚、馬等特殊排餐。每一道排餐都提供6種不同的燒烤方式，以及配菜供顧客選擇。

MAP ▶ P.76F4　Mosfellsbakarí

🚌搭巴士4、11號於Miðbær站下車步行約2分鐘可達　🏠Háaleitisbraut 58-60　☎566-6154　⏰週一~週五7:30~17:00、週末8:00~16:00、週日8:30~16:00　🌐mosfellsbakari.is　❗受疫情影響，開放時間及價目隨時會調整，請上網或去電查詢。

麵包店就在由市中心前往購物商場Kringlan的方向，位於離市中心較遠的Mosfellsbakarí是許多冰島人心中公認第一名的麵包店。本店創立於1981年，直到2001年才在雷克雅未克開設了分店，店內的烘培以甜麵包類產品最有名，包括像極了台灣雙胞胎口感的Kleina、表面沾著糖霜和巧克力的Snúður，或是有著杏仁香草內餡的扁平甜麵包Vinarbraud。

Café in Reykjavík
咖啡館在雷克雅未克

你知道嗎？雷克雅未克被CNN選為世界八大咖啡城市之一，熱愛咖啡的冰島人平均每人每年喝掉8公斤的咖啡豆，在城中遍布著各式獨特氛圍的咖啡店，是旅途中充電放空的好去處。

MAP ▶ P.76D5　Kaffibrennslan

🚌搭巴士1、3、11、12、13於Þjóðleikhúsið站下車步行約3分鐘可達 🏠Laugavegur 21 ☎511-5888 🕐週一～週四8:00~23:00、週五至8:00~凌晨1:00、週六9:00~凌晨1:00、週日9:00~21:00 🌐kaffibrennslan101.is ❗受疫情影響，開放時間隨時會調整，請上網或去電查詢。

位於Laugavegur購物大街上的獨棟咖啡館，木頭地板、牆壁、桌椅裝潢著兩層樓的空間，1樓則為開放式的吧台，店員友善，店內充滿輕鬆的休閒氣氛，菜單上提供各式花式咖啡、茶、啤酒等飲料，輕食類如三明治、烤土司、可頌、類似油炸雙胞胎的冰島傳統點心Kleina等選擇。

MAP ▶ P.76C5　Mokka Kaffi

🚌搭巴士1、3、11、12、13於Þjóðleikhúsið站下車步行約4分鐘可達 🏠Skólavörðusíg 3a ☎552-1174 🕐9:00~18:00 🌐mokka.is ❗受疫情影響，開放時間隨時會調整，請上網或去電查詢。

雷克雅未克城中老字號的咖啡館之一，創立於1958年，是冰島第一家引進義式咖啡的咖啡館，提供美味的瑞士摩卡、熱巧克力、手工蛋糕，其中最有名的就是鬆餅。

店內的裝潢從50年代維持至今，固定式的木頭桌、紅地毯、燈具，很有老咖啡店復古且華麗的氣氛，是當地藝術工作者、作家最愛光顧的店。

咖啡店目前仍由家族成員經營中，咖啡店定期與藝術家合作舉辦個展，牆面空間隨時展示不同的藝術作品，使得店內又增添了更多的藝術氣息。

Reyjavik Roasters

🚌搭巴士1、3、11、12、13於Bíó Paradís站下車步行約 5分鐘可達 🏠Karastigur，Frakkastigur轉角 ☎517-5535 🕐8:00~17:00 🌐reykjavikroasters.is/en/ ❗受疫情影響，開放時間隨時會調整，請上網或去電查詢。

距離哈爾格林姆大教堂不遠處的專業咖啡烘焙店，瀰漫著咖啡豆烘培氣味的店內擺滿了二手家具、骨董咖啡磨豆機等裝飾，雖然不大，但總是擠滿了當地人與遊客。

咖啡店的4位創辦人來頭不小，都一一在世界咖啡師大賽中得過獎，獎狀就陳列在牆面上。除了美味的咖啡外，店家也直接進口、烘培、販賣咖啡豆以及手沖咖啡的各種器具，另有家分店位在Hlemmur巴士總站附近的Brautaholt街上。

Te & Kaffi

🚌搭巴士1、3、11、12、13於Bíó Paradís站下車步行約4分鐘可達 🏠Laugavegur 27 ☎527-2880 🕐週一～週五8:00~18:00、週末10:00~17:00 🌐www.teogkaffi.is ❗受疫情影響，開放時間隨時會調整，請上網或去電查詢。

冰島最大的連鎖咖啡店Te & Kaffi在全國共有十多家咖啡館，絕大部分都集中在首都雷克雅未克，只有一家在北部的阿克瑞里。

Te & Kaffi冰島文意思為「茶與咖啡」，店內風格明亮簡潔，除了提供多樣選擇的飲料、三明治等輕食，也販賣咖啡豆、咖啡相關商品與禮品。特別的是Te & Kaffi也與冰島連鎖書店Eymundsson結盟，在部分書店也能聞到咖啡香。

Where to shop in Reykjavik
買在雷克雅未克

雷克雅未克市區充滿各式設計、文化、運動與紀念品商店，尤其以市中心最長的Laugavegur購物大街為主，購物區一直向西延伸至Bankastræti街，而東南方向哈爾格林姆教堂前的Skólavörðustígur街上則有不少藝廊及冰島設計精品，散發濃濃的藝文氣息。此外，雷克雅未克最主要的格陵蘭購物中心(Kringlan)與66 North Outlet過季折扣店則都在稍有距離的郊區。

MAP ▶ P.76B5 **Nordic Store**

🚌搭巴士3、6、12、13、14號於Lækjargata站下車步行約1分鐘可達 🏠Laekjargata 2 ☎445-8080 🕐10:00~22:00 🌐www.nordicstore.net ❗受疫情影響，開放時間隨時會調整，請上網或去電查詢。

位於主要大街路口的轉角服飾專賣店，以冰島傳統羊毛衫、各種花色的羊毛毯、羽絨被、羽絨枕以及冰島本地與進口戶外運動品牌服飾為主，這裡也代理加拿大頂級羽絨衣品牌「加拿大鵝」(Canada Goose)的各款外套，退稅額度約14%~16%左右。

MAP ▶ P.76C5 **Aurum Design and Lifestyle**

🚌搭巴士3、6、12、13、14號於Lækjargata站下車沿著Bankastraeti步行約2分鐘可達 🏠Bankastraeti 4 ☎511-2770 🕐9/1~4/30週一~週五10:00~19:00、週六10:00~18:00、週日12:00~17:00，5月週一~週五10:00~18:00、週六12:00~17:00、週日休，6/1~8/31週一~週五10:00~21:00、週六10:00~18:00、週日12:00~17:00 🌐aurumiceland.com/ ❗受疫情影響，開放時間隨時會調整，請上網或去電查詢。

位於市中心的Aurum一邊是珠寶飾品店，另一半則是生活設計商品店。1999年在國外學習珠寶設計的Gudbjørg Ingvarsdottir回到了雷克雅未克，開創了自己的珠寶品牌，目前除了首飾，也開始進行更多樣的設計。生活設計商品除了許多文具、皮件外，還有許多裝在玻璃瓶裡的微型世界，十分耐人尋味。

MAP ▶ P.76D5 **Spúútnik**

🚌搭巴士3、6、12、13、14號於Lækjargata站下車沿著Bankastraeti步行至Laugavegur街上約4分鐘可達 🏠Laugavegur 28 ☎533-2023 🕐週一~週五10:00~18:00、週末12:00~18:00 🌐puutnikreykjavik.com/ ❗受疫情影響，開放時間隨時會調整，請上網或去電查詢。

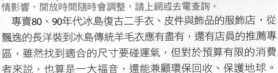

專賣80、90年代冰島復古二手衣、皮件與飾品的服飾店，從飄逸的長洋裝到冰島傳統羊毛衣應有盡有，還有店員的推薦專區，雖然找到適合的尺寸要碰運氣，但對於預算有限的消費者來說，也算是一大福音，還能兼顧環保回收、保護地球。

Iceland Memories

MAP ▶ P.76E5

🚌搭巴士1、3、11、12、13號於Hlemmur站下車沿著Laugavegur步行約5分鐘可達 🏠Laugavegur 64 📞692-6094 ⏰週一～週五10:00~18:00、週六11:00~18:00、週日13:00~17:00 🌐www.iceland-memories.com ❗受疫情影響，開放時間隨時會調整，請上網或去電查詢。

旅居冰島的曼谷平面設計師在15年前親手做了第一隻小羊產品送給朋友，因而開啟了「冰島回憶」禮品店的契機。店內販賣各式手作商品，如羊毛製作的小羊髮飾、髮夾、磁鐵，以及手繪海鸚圖案的枕頭套、明信片等等可愛的紀念品。

Penninn Eymundsson

MAP ▶ P.76B5

🚌搭巴士3、6、12、13、14號於Lækjargata站下車步行約2分鐘可達 🏠Austurstæti 18 📞540-2130 ⏰週一～週六9:00~20:00、週日10:00~20:00 🌐www.penninn.is ❗受疫情影響，開放時間隨時會調整，請上網或去電查詢。

Eymundsson是冰島最古老的書店，由攝影師Sigfús Eymundsson在1872年所創立，目前在冰島共有18家分店。Sigfús不僅創立了書店，他還是冰島第一個進口打字機與保險箱的人。

店中有許多英文書籍、雜誌，還有文具用品與各種禮品。書店與冰島連鎖咖啡店Te & Kaffi合作，位於市中心的這家書局中也設有咖啡座。

Orr

MAP ▶ P.76B2

🚌搭巴士2、5、14、15、17號於Þjóðskjalasafnið站下車往Skólavörðustígur步行約5分鐘可達 🏠Skólavörðustígur 17b 📞511-6262 ⏰週一～週五13:00~18:00、週六10:00~16:00 🌐orr.is ❗受疫情影響，開放時間隨時會調整，請上網或去電查詢。

Orr是由冰島當地設計師手工製作的各式銀飾、珠寶飾品店。設計師平日就在店面後方的小型工作室打造各樣創意與發想，從銀製的手環、鑲著半寶石的戒指、珍珠胸針，到各種大尺寸的金屬裝飾都有。

Rammagerdin Iceland Gift Store

`MAP ▶ P.76D6`

🚌搭巴士2、5、14、15、17號於þjóðskjalasafnið站下車往Skólavörðustígur步行約5分鐘可達 🏠Skólavörðustígur 7、Skólavörðustígur 12 ☎535-6689 🕙10:00~19:00 🌐www.rammagerdin.is ❗受疫情影響，開放時間隨時會調整，請上網或去電查詢。

老字號的紀念品店，從1940年就起開始販賣冰島手工藝品、羊毛設計產品，店內有許多質感設計感兼具的產品，如手工編織的維京人毛帽、火山圖案的羊毛毯、特別設計圖案的羊毛衫、圍巾、服飾等等，在市中心有許多家分店。

66°North Outlet

`MAP ▶ P.76E4`

🚌搭巴士3、6、15、18號於Skeifan站下車步行約3分鐘可達 🏠Faxafen 12 ☎535-6600 🕙週一~週六10:00~18:00、週日12:00~18:00 🌐www.66north.com ❗受疫情影響，開放時間隨時會調整，請上網或去電查詢。

66°North是冰島戶外運動服飾的第一品牌，它有一句自豪口號：「從1926年開始，就讓冰島保持溫暖」足見其歷史悠久。

從漁夫、警察、消防隊員，到搜救隊員，都是66°North的愛用者。市區有多家分店，包括主要購物街上與Kringlan購物商場都可以找到，然而最值得一提的是66°North在郊區還有一間Outlet過季折扣店，位於距離市中心5公里距離的購物村，店內特價商品由3折~8折不等。

Handknitting Association of Iceland

`MAP ▶ P.76D6`

🚌搭巴士2、5、14、15、17號於þjóðskjalasafnið站下車往Skólavörðustígur步行約5分鐘可達 🏠Skólavörðustígur 19 ☎552-1890 🕙週一～週五9:00~18:00、週六9:00~17:00 🌐handknit.is ❗受疫情影響，開放時間隨時會調整，請上網或去電查詢。

冰島手工針織協會除了販售冰島傳統羊毛衫(Lopapeysur)、披肩、帽子、洋裝、外套、圍巾等各式各樣的手工羊毛織品，最重要的還包括製作羊毛製品的毛線、勾針、圖案樣紙等等材料，手工編織的價格通常比機器製造的成品昂貴許多，在市中心購物大街Borgartún 31還有一間僅販售完成品的分店。

Kringlan Shopping Mall

`MAP ▶ P.76E4`

🚌搭巴士1、4、13於Kringlan站下車即達 🏠Kringlunni 4-12 ☎517-9000 🕙週一~週五10:00~18:30、週六11:00~18:00、週日13:00~17:00 🌐www.kringlan.is ❗受疫情影響，開放時間隨時會調整，請上網或去電查詢。

格陵蘭購物中心是雷克雅未市主要的購物中心，距離市政廳約4公里，商場內總共有一百八十多家商店，網羅各大運動、服飾、精品、生活用品品牌，還有超市、美食街、電影院及圖書館。

市中心有多條公車路線前往Kringlan，交通十分便利。

雷克雅未克的淡旺季住宿價格差很多，尤其在6~8月夏天旺季時價格達到顛峰，而且可能一房難求，若計畫在旺季前往，請務必提前預訂準備。

MAP ▶ P.76F3 ### Hotel Reykjavík Grand

🚌搭巴士2、5、15、17、102號於Nordica站下車步行5分鐘可達 🏠Sigtún 28 ☎514-8000 🌐www.grand.is

Hotel Reykjavík Grand儘管離市中心有點距離，然而如果租車或參加套裝行程，不論停車或行程接送，反而更為便利。

Hotel Reykjavík Grand為四星級飯店，設施樣樣齊備，空間開敞，特別適合商務客和一般遊客，曾被評選為雷克雅未克三大最受歡迎的旅館之一。它屬於「世界大飯店」(Great Hotels of the World)的一員，這項飯店聯盟收錄了世界各地最頂級或獨特的四星和五星奢華旅店。它同時也獲得「北歐生態標誌」(Nordic Ecolabelling)的認證，這也意謂飯店對於環境、旅客健康的照護，以及備品品質都採取最高標準。

所有客房間空間都十分寬敞，浴室裡淋浴和盆浴分離，並配備大床、衛星電視、吹風機、燙衣設備、咖啡機、茶壺，甚至無障礙設施，同時提供24小時的房間服務。

值得一提的是，Hotel Reykjavík Grand還標榜是全世界首家針對電磁波污染進行偵測的旅館，而且從旅館的設計開始，便對電力供應所可能造成的污染做好控管。

也因為特別注重房客的健康，早餐除了在大飯店看得到的各式美食之外，還可以看到一整區的「有機早餐」，從牛奶、優格到各式蔬果，都標榜是經過認證的有機食材，可以品嚐到食物裡原本的甘美滋味。

MAP ▶ P.76A1 ### Berjaya Reykjavik Marina Hotel

🚌搭巴士14號於 Mýrargata站下車步行約1 分鐘可達 🏠Mýrargata 2 ☎444-4000 🌐www.icelandhotelcollectionbyberjaya.com/en/hotels/reykjavik/reykjavik-marina

走到熱鬧的舊港灣，馬上就能發現比鄰Slippur船塢的Reykjavik Marina Hotel。

飯店位於一整棟精心修復的歷史建築中，於2015年底開幕，建築物外觀沉穩，內部卻是明亮多彩。房間設計繽紛多彩，每間客房都不盡相同，附設陽台的房間還能一覽港口的海景。

飯店設施包含健身房、Slipp Cinema電影院、Slippbarinn餐廳、酒吧、Wave Hair Salon美髮沙龍，以及寬廣大廳裡的壁爐區。酒店距離雷克雅維克藝術博物館約5分鐘步行路程，參觀市區景觀十分便利。

MAP ▶ P.76F4　**Hilton Reykjavík Nordica**

🚌搭巴士2、5、15、17、102號於Nordica站下車即達 🏠Sudurlandsbraut 2 ☎444-5000 🌐www.hilton.com/en/hotels/kefhfhi-hilton-reykjavik-nordica/

展現典型的斯堪地納維亞風格(Scandinavia)，Hilton Reykjavík Nordica以無與倫比的品味與服務而享有盛名。有國際連鎖品牌的加持，再交由Icelandair Hotels團隊經營，從設施、配備、品味，到服務，都有一定的口碑與水準。

飯店內房間內走現代簡潔的北歐風，白牆搭配淺色木製家具，大片窗戶採光充足，使得室內明亮且具空間感，窗景一面朝海，另一面朝山，裝潢雖不是極其華麗，但歷經旅途的勞累，可以在此真正地完全放鬆。飯店內的設施完備而水準整齊，就算不外出，也可以在飯店裡體驗獨特的冰島風情。

在身心獲得充分的休息後，知名的VOX餐廳是滿足味蕾的最佳獎勵。在曾經榮獲冰島主廚獎的VOX餐廳，你可以嚐到傳統而美味的北歐料理，不論是早午餐或是午間自助餐，都很受歡迎，而在現代風格的Lobby Bar，你可以在柔和的氣氛中，放鬆啜口冰飲。

飯店位置雖然和市中心有點距離，不過飯店門口就有公車站牌，只需3站就可抵達市中心的Hlemmur公車總站。而且還可搭乘公車前往附近的格陵蘭購物中心(Kringlan)。另外，雷克雅未克最受歡迎的溫泉泳池與最大休閒運動中心Laugardalur就在附近，只要5分鐘步行距離。Hilton Reykjavík Nordica贏得了旅遊網站TripAdvisor頒發的2014、2018年度優秀獎證書(Certificate of Excellence Award)，同時名列旅客票選冰島前10名的旅店。

MAP ▶ P.76E3　**Galaxy Pod Hostel**

🚌搭巴士2、5、14、15、17號於Þjóðskjalasafnið站下車步行3分鐘可達 🏠Laugavegur 172 ☎511-0505 🌐www.galaxypodhostel.is

地點位於市中心東邊約1公里處，以膠囊太空艙為賣點的青年旅館，除了單人膠囊太空艙，還有雙人的加大尺寸，以及僅讓女性入住的膠囊太空艙房間。

房間內附設保險櫃，膠囊內有可調節的藍、白色燈光照明以及充電座供使用，適合沒有密閉空間恐懼症的人。此外，旅社也提供一般混合宿舍間的正常上下舖床位供選擇。

櫃台人員友善，共用設施包括衛浴設備、廚房、用餐區、大廳、視聽室。

INFO

如何前往

航空

　　雷克雅未克的凱夫拉維克國際機場就位於冰島西南部的雷克尼斯半島，抵達機場後直接規畫西南部與黃金圈這一區的旅遊觀光，之後再探訪雷克雅未克，也是不少人選擇的旅遊方式。

　　若從雷克雅未克到該區，可搭國內機場航班飛往冰島南端維斯特曼群島的機場，機場位於冰島維斯特曼群島中的赫馬島上，機場在鎮中心以南3公里處，Eagle Air有航班由雷克雅未克往返維斯特曼機場，唯因疫情期間，航空公司班次和班表變動幅度較大，相關資訊請洽航空公司或上網查詢。

・維斯特曼機場Vestmannaeyjar Airport(Vestmanna eyjaflugvöllur)

🌐www.isavia.is/en/vestmannaeyjar-airport

・Eagle Air

🌐www.eagleair.is

巴士

　　夏季旅遊旺季期間許多熱門景點或大城鎮皆有長途巴士可抵達，班次也比較多，然而到了淡季班次則大幅減少。Reykjavik Excursions、Strætó與特定旅行社提供由雷克雅未克往返惠拉蓋爾濟(Hveragerði)、塞爾福斯(Selfoss)、維克鎮(Vik)及黃金瀑布(Gullfoss)等地的巴士路線。夏季期間並有通往內陸高地的特殊路線，需提早預訂。詳細停留站、班次時間會依淡旺季而彈性調整或取消。

西南部與黃金圈

凱夫拉維克國際機場
Keflavík Intl' Airport

辛格韋勒國家公園
Þingvellir National Park
絲浮拉裂縫Silfra Diving

Gray Line Bus Terminal -
Holtagarðar

辛格韋勒湖
Þingvallavatn

史卡哈特教堂Skalholt Cathedral

蓋席爾間歇泉
Geysir

勒加爾湖
Laugavatn

布魯爾瀑布Bruarfoss

雷克霍特 Reykholt

弗盧希Flúðir

秘密溫泉
Secret Lagoon

黃金瀑布
Gullfoss

費里瑟瑪溫室
Friðheimar greenhouse

哈伊瀑布
Háifoss Waterfall

哈帕瀑布
Hjálparfoss

醜水坑
Ljótipollur

弗拉薩河谷自然保護區
Fjallabak Nature Reserve

蘭德曼勞卡溫泉
Landmannalaugar

蘭德曼勞卡
Landmannalaugar

雷克達魯蒸氣山谷Reykjadalur
惠拉蓋爾濟 Hveragerði

凱瑞斯火山口湖
Kerið

地熱公園Geothermal Park

西索爾薩谷
Western Þjórsárdalur

海克拉火山
Hekla

克萊瓦湖Kleifarvatn Lake

克里蘇維克地熱區Krysuvik

塞爾福斯Selfoss

雷克尼斯半島
Reykjanes Peninsula

藍湖
Blue Lagoon

雷克尼斯燈塔
Reykjanes Lighthous

Eldhestar Volcano Horses

Icelandic Horse World

北大西洋
North
Atlantic Ocean

索斯莫克Þórsmörk Volcano Huts

秘密瀑布Gljúfrabúi

塞里雅蘭瀑布Seljalandsfoss

秘境溫泉泳池Seljavallalaug swimming pool

Landeyjahöfn渡輪港口

史可加瀑布
Skógafoss

史可加民俗博物館
Skógafoss Museum

米達爾斯冰原
Mýrdalsjökull

索爾黑馬冰川
Sólheimajökull

索爾黑馬冰川停車場
Sólheimajökull Parking
Arcanum Glacier

維斯特曼群島Vestmannaeyjar

赫馬島
Heimaey

維斯特曼機場
Vestmannaeyjar Airport

黑沙灘
Reynisfjara

維克鎮
Vík

敘爾特賽島
Surtsey

飛機殘骸
Douglas DC-3 Sólheimasandur Plane Wreck

圖例
⊙景點 ⊕餐廳 ⏣住宿 ♨溫泉
🏛博物館 ✚教堂 ⚑活動
ℹ遊客服務中心 ✈機場 ⚓碼頭
🚉火車站 🚌巴士站 🅿停車場

· **Reykjavik Excursions**
🌐www.re.is
· **Strætó**
🌐straeto.is
· **Iceland by Bus**
🌐icelandbybus.is
· **Trex**
🌐trex.is/landmannalaugar

開車

　若在非旺季期間想前往偏遠景點或小鄉村，開車自駕是最方便的選擇。從雷克雅未克到西南區與黃金圈的道路狀況十分完善，與1號環狀公路銜接的大部分路段皆為柏油路，除了少數前往內陸高地的路段有碎石顛簸，大部分的路段駕駛2WD車輛即可，但若要前往內陸高地或行駛F級公路，請務必駕駛4WD車輛。

　此外，若是冬季期間造訪，仍建議選擇4WD車輛較無後顧之憂。此外，冰島天氣瞬息萬變且時有強風，尤其在維克鎮附近的山路，偶爾會因強風而暫時封閉，建議出發前先查詢該日的天氣與路況再上路。在凱夫拉維克國際機場就可直接辦理租車手續並取車，相當方便。

冰島天氣
🌐Vedur.is
冰島路況
🌐Road.is
租車
· **Hertz Iceland**
☎522-4400
🌐www.hertz.is
· **Avis**
☎591-4000
🌐www.avis.is
· **Europcar Iceland**
☎568-6915
🌐www.holdur.is
· **Budget Car& Van Rental**
☎562-6060
🌐www.budget.is

觀光行程

此區是旅遊的熱點，因此一年四季都有各式各樣當地旅遊團可參加，而且行程包羅萬象，從經典的黃金圈旅遊團、騎馬、健行、潛水、遊船、極光到冰川探索等目不暇給，各種組合都有可能，可依自身需求搜尋。許多包山包海的旅行社每種行程都有，若想參加的行程種類較多，可由Gary Line、Reykjavik Sightseeing這些旅行社開始搜尋，或者由匯集大部分活動、套裝行程的網路平台Guide to Iceland下手，優點是網站提供中文介面(簡體版)。唯時間表可能時有異動，下述各項行程的正確時間請隨時上網查詢。

- **Gary Line**
- ⓤgrayline.is
- **Reykjavik Sightseeing**
- ⓤreykjaviksightseeing.is
- **Guide to Iceland**
- ⓤCn.guidetoiceland.is/book-trips-holiday

黃金圈經典遊Golden Circle Day Tour

黃金圈(Golden Circle)冰島最受歡迎的一日遊行程，從雷克雅未克出發，有各種黃金圈一日遊的選擇，也有結合了騎馬、藍湖溫泉、秘密溫泉、雪地摩托、海底大裂縫浮潛等不同花樣的組合團，大部分當地旅遊團都有提供黃金圈的觀光行程。

- **Gary Line**
接送：飯店、指定 巴士站，詳見網站說明
- ☎540-1313
- ◕每日8:00、10:00、12:00(英語團)由雷克雅未克出發，行程約7.5小時
- 💲全票€63起
- ⓤgrayline.is/tours/

騎馬 Horse Riding Tour

冰島南區有許多如田園般的馬場，許多當地團皆提供1小時、2.5~3小時甚至半天、全天等不同的騎馬體驗活動，絕佳機會與溫順友善的冰島馬近距離接觸，並見識冰島馬獨特的步伐。

Icelandic Horse World
- ⌂Skeiðvellir, 851 Hella
- ☎899-5619
- ◕全年9:00~18:00
- 💲1小時騎馬體驗11,000ISK
- ⓤwww.iceworld.is

Eldhestar/Volcano Horses
- ⌂ Vellir, 816 Ölfus
- ☎480-4800
- ◕全年提供1~6小時不等半日或一日遊，1小時體驗13:30、14:45開始
- 💲1小時騎馬體驗團，全票9,500ISK
- ⓤeldhestar.is

潛水—絲浮拉裂縫Snorkeling in Silfra fissure

位於辛格韋勒國家公園內的絲浮拉裂縫是熱門的潛水地點，水底清澈，能見度高，行程中有專業教練帶領在海底的兩大陸地板塊間潛水，水底風景宛如仙境，上岸後享用熱飲與小點心畫下完美句點。遊客可自駕至絲浮拉海底大裂縫集合，或搭專車由雷克雅未克接送往返(額外加價)。

- **Dive.is**
- ⌂Hólmaslóð 2, 101 Reykjavík
- ☎578-6200
- ◕全年，全程約2.5小時
- 💲依季節調整，自駕集合19,990ISK起，市區接送

©Visit South Iceland

24,990ISK起
www.dive.is/dive-sites/silfra

冰川健行、冰洞探險Glacier Walks & Ice Cave Tours

　　在冰島南岸的米達爾斯冰原(Mýrdalsjökull)是冰島第四大冰川，其分支索爾黑馬冰川(Sólheimajökull)是一年四季都可以參加冰川健行的地點之一，冰川健行可依時間長短與困難度選擇，有些包含輕鬆的冰洞探險，有些則含挑戰度較高的攀冰活動。可自駕至冰川附近的集合地點，也可選擇由雷克雅未克接送的行程(額外加價)。

・Icelandic Mountain Guides
Kletaggarðar 12, 104 Reykjavík
587-9999
全年，全程約3小時
依季節調整，13,490ISK起
www.mountainguides.is

・Arcanum Glacier Tours
Ytri-Sólheimar 1, 871 Vík
587-9999
全年，行程約2.5小時
10,500ISK起
www.arcanum.is/tours

・Tröll Expeditions
Fiskislóð 45 G, 101 Reykjavík
519-5544
全年，行程約3小時
14,900ISK起
trollaferdir.is

彩色火山─蘭德曼勞卡觀光行程
(Landmannalaugar Tour)

　　位於高地的彩色火山蘭德曼勞卡是冰島最受歡迎的健行路線之一，此區是著名的地熱溫泉區，自然景觀獨特又神奇，由於不容易抵達，因此旅行社便推出了內陸高地超級吉普車之旅，以越野性能佳的吉普車帶領遊客們翻山越嶺，行程景點並包含了海克拉火山。喜歡自行探索的人，也可選擇搭乘長途巴士的自由行觀光行程。若想體驗多日的「溫泉之路」健行行程，旅行社除了提供響導隨行，代訂小木屋，還會將行李一站一站送至露營地。

長途巴士自由行
・Trex：trex.is/landmannalaugar
・Iceland by Bus：icelandbybus.is
・Reykjavik Excursions：www.re.is/tours-activities/

蘭德曼勞卡超級吉普旅行團
Landmannalaugar Super Jeep Tour
・Gravel travel
10 Kirkjubraut, Reykjavik
788-5566
45,900ISK
行程約11小時
graveltravel.is/tours/

溫泉之路多日健行團
Multi Day Laugavegur Trails Trekking
・Mountain Guides
Stórhöfði 33,110 Reykjavík

📞587-9999
💲5日含小木屋住宿249,000ISK
🕐由3~11日不等
🔗www.mountainguides.is/multi-day-tours/trekking-tours/laugavegur-trails/

維斯特曼群島遊船
Boat Tour around Vestmannaeyjar

　　搭船出海快速遊覽維斯特曼群島，除了可見到海上才能見到的熔岩洞穴、懸崖還有築巢的各式鳥類，也是能一窺世界遺產敘爾特塞島的唯一方式，敘爾特塞島目前禁止遊客登陸。

‧ Viking Tours-Heimaey Circle搭船環遊赫馬島

📍Heiðarvegi 59, 900 Vestmannaeyjum
📞488-4800
🕐航行時間約1.5小時
💲全票9,900ISK起
🔗vikingtours.is

‧ Ribsafari-2 Hours Round Trip維斯特曼群島2小時環島遊

📍Básaskersbryggja, 900 Vestmannaeyjum
📞661-1810
🕐航行時間約2小時

💲全票23,900ISK起
🔗ribsafari.is

旅遊諮詢

冰島南部旅遊局
South Iceland Tourist Information
📍Sunnumörk 2, 810 Hveragerði
📞483-4601
🔗www.south.is

雷克尼斯遊客中心
Reykjanes Tourist Information Centre
📍Duusgata 2-8, 230 Reykjanesbær (位於Duus Museum, Reykjanesbæ內)
📞420-3246
🔗www.visitreykjanes.is/en/travel-info/visitor-centres/reykjanes-geopark-visitor-center

維克遊客服務中心
Kötlusetur Tourist Information Center
📍Víkurbraut 28, 870 Vík
📞487-1395
🔗www.katlageopark.com/to-do/kotlusetur-tourist-information/

區域概略

　　冰島西南部是冰島最多遊客造訪的觀光勝地，以下特別將西南部的景點依照地理位置分為5個區域介紹重點景點，方便旅遊時依據個人喜好，安排規劃不同的旅遊路線。

雷克尼斯半島Reykjanes Peninsula

特色：半島上許多景點都位於活火山上，環繞整個半島可飽覽海岸風景以及各種美麗又有趣的火山地貌。
景點：藍湖、古納維地熱溫泉區、跨洲大橋
活動：泡湯、賞鳥

黃金圈Golden Circle

特色：冰島最多遊客造訪之地，將冰島的歷史文化、地理奇觀集合於一處的黃金路線，通常一日即可造訪當中的三大景點。
景點：辛格韋勒國家公園、蓋席爾間歇泉、黃金瀑布
活動：潛水、泡湯、健行

內陸高地Highland

特色：僅有夏季才開放，此區是徒步者的天堂，色彩斑斕的流紋岩山脈原始夢幻，還有露天溫泉，此區有冰島最受歡迎的健行路線之一。
景點：蘭德曼勞卡彩色火山、Gjáin峽谷
活動：健行、超級吉普、泡湯

西南部分區圖

南區South

特色：冰島南部必訪重點，有令人驚豔的瀑布、冰川與海岸線，黑沙灘旁的玄武岩柱石壁、自帶彩虹的美麗瀑布，一路上充滿自然奇觀。
景點：黑沙灘、迪霍拉里海蝕洞、塞里雅蘭瀑布、史可加瀑布
活動：騎馬、賞鳥、冰川健行

維斯特曼群島Vestmannaeyjar

特色：散落海上的火山島嶼群，成了世界上最大的海鸚棲息地，是世界遺產敘爾特塞島所在地，此處是一新誕生的火山島嶼。
景點：赫馬島、Eldheimar火山博物館
活動：搭船環島、賞鳥、登山

西南部與黃金圈行程建議
Itineraries in the Southwest and the Golden Circle

西南部有太多神奇美麗的自然景觀，重點景點包括藍湖、黃金圈、塞爾雅蘭瀑布、史可加瀑布、黑沙灘、海蝕洞等等，若開車自駕最少需安排2~3天時間。如果想前往高地地區，則需安排更多的停留天數。

如果你有2~3天

第1天前往經典黃金圈路線中的三大景點與其延伸景點，首先前往全世界第一個民主議會誕生地辛格韋勒國家公園，漫步歐亞兩大板塊交界之處。接著前往驚喜此起彼落的蓋席爾間歇泉、氣勢磅礴黃金瀑布。

延伸行程可選擇前往弗盧希小鎮上的秘密溫泉泡湯，並參觀雷克霍特的費里瑟瑪溫室，品嘗有機蔬果餐點，也可選擇前往勒加爾湖畔的豐塔納溫泉，一邊欣賞美麗的湖景，最後在小鎮最佳餐廳Lindin以美味冰島料理結束一日。

第2天以南部精華景點為重點，造訪塞里雅蘭瀑布、史可加瀑布、秘境溫泉泳池、迪霍拉里海蝕洞、黑沙灘以及附近的玄武岩小精靈，最後前往維克鎮山坡上的小教堂，將整個與海岸線美景盡收眼底，晚間夜宿維克鎮。

第3天由維克鎮返回雷克雅未克，沿途中有各種不同的組合。你可以沿著1號環狀公路抵達著名的地熱區惠拉蓋爾濟，沿著健行小徑前往蒸氣山谷裡的野溪溫泉，接著繼續往西繞行雷克尼斯半島，探索半島上奇特的火山地貌，最後以藍湖溫泉泡湯畫上句點。

或者，你也可以選擇前往維斯特曼群島一日遊，賞海鸚並了解該島火山爆發的歷史，最後再驅車返回雷克雅未克。

如果你有3天以上

西南部與黃金圈值得探訪的小眾景點與活動實在太多了，停留的天數越多，越能輕鬆且深度探索此區。

建議可選擇參加全世界唯一的絲浮拉裂縫潛水，或者索爾黑馬冰川上的各種健行活動。若季節與天候許可，可安排至少1天以上的彩色火山蘭德曼勞卡之旅，或者沿著索爾薩河兩旁的公路往北繞行一圈，造訪權力拍攝地Gjáin峽谷等景點。

雷克尼斯半島

N

Gravel Travel
雷克雅未克國內機場 Tröllaferðir
Reykjavik Airport Troll Expeditions
Gray Line
Bus Travel Iceland
Icelandic Mountain Guides
雷克雅未克
Reykjavik

雷克尼斯遊客中心
Reykjanes Tourist
Information Centre

凱夫拉維克國際機場
Keflavik
International Airport
Fly Bus
Airport Direct
Air Iceland

雷克尼斯半島
Reykjanes Peninsula

克萊瓦湖
Kleifarvatn Lake

鳥崖
Hafnaberg Cliffs

藍湖
Blue Lagoon

克里蘇維克地熱區
Krysuvik

跨洲大橋
Bridge between continents

古納維地熱溫泉區
Gunnuhver
雷克尼斯燈塔
Reykjanes Lighthous

圖例　◎景點　♨溫泉　✈機場
　　　 ⓘ遊客服務中心　✿旅行社

雷克尼斯半島 Reykjanes Peninsula

MAP ▶ P.125C3

克里蘇維克地熱區

Krysuvik

冒著蒸氣的大地調色盤

🚗沿42號公路行駛

©Visit Iceland

　克里蘇維克地熱區是雷克尼斯自然保護區的一部分，空氣中繚繞著從地下出的溫泉蒸氣，也有許多泥漿池，而地熱造成了地表許多沉積的礦物質，使得大地變得五彩繽紛。

　此區有規畫好的木板步道和停車場，南邊還有一座小火山口湖Grænavatn(Green Lake)，因富含藻類呈現藍綠色而命名，北邊沿著42公路則有美麗的克萊瓦湖。

雷克尼斯半島 Reykjanes Peninsula

MAP ▶ P.119A2

藍湖

Blue Lagoon

冰島第一夢幻名景

🚗 藍湖位於凱夫拉維克國際機場和雷克雅未克之間，大約在雷克雅未克西南方50公里處，與凱夫拉維克國際機場之間的車程約20分鐘，從雷克雅未克開車約50分鐘；沒有租車者，可於網上預訂門票時預定接駁巴士Reykjavik Excursions，可選擇從機場或是雷克雅未克市中心出發來回，🚌www.re.is 🏠Nordurljosavegur 9, 240 Grindavík 📞420-8800 🕐1月~5月8:00~21:00、6/1~8/20為7:00~24:00、8/21~12/30為8:00~22:00，關門後還能多待30分鐘；耶誕節假期至新年期間營業時間縮短，詳細時間請於官網確認 💲價格根據選擇的入場日期、時段、服務內容而異動；費用分兩種：COMFORT包含入場費、毛巾、飲料、矽土泥面膜(去角質)，PREMIUM則比COMFORT多了浴袍、拖鞋、藻類面膜(保濕)與氣泡飲料等。COMFORT10,990ISK起、PREMIUM13,990ISK起。🚌www.bluelagoon.com ❗每小時進場人數都有上限，務必事先上網預訂

頭髮打結有祕方！

由於藍湖的水中含豐富的礦物質，泡完容易造成頭髮乾燥與打結，建議進入溫泉前，可先使用淋浴間的潤髮乳或護髮乳，塗在頭髮上形成一層保護膜，之後再進入溫泉，這樣就可以減輕泡完溫泉後髮質變差的狀況。

雖然藍湖的門票價格並不便宜且年年調漲，不過有人說藍湖之於冰島，就像艾菲爾鐵塔之於巴黎一樣，沒前去朝聖一番，就不算來過冰島。

藍湖那彷彿加入牛奶般的藍色湖水，是冰島最具代表性的景點，也把火山地熱發揮得淋漓盡致，然而它並非天然形成，而是一個美麗的偶然。

1976年，附近的Svartsengi地熱發電廠開始利用高溫燒燙的溫泉水發電，並把發電後降溫的溫泉水排放到火山熔岩包圍的窪地，形成了一座人工湖泊。這溫泉池吸引部分冰島人前來此泡澡、敷火山泥，沒想到竟發現對患牛皮癬的民眾具有療效，經過數十年的發展，規模逐漸擴大，形成現在聞名的藍湖溫泉，並被《國家地理雜誌》評選為「世界25大奇蹟」之一。

在泡湯區內的溫泉水為鹹水，溫度全年被控制在37~39℃，總共約六百萬噸，由於發電廠不斷注入新鮮水源，平均每40小時就會完全換新。根據研究指出，藍湖溫泉水發源自兩千公尺深的海底，當水從古底穿過多孔隙的火山熔岩，直到冒出地表的漫長旅行中，經過了一連串複雜的鹹水、淡水、岩礦交替過程，因此富含礦物質、二氧化矽、硫磺、藻膠等元素，對於輕微的皮膚疾病具有療效。

也許對處處有溫泉的台灣人來說，藍湖並不特殊，但是在這北方極境泡湯是截然不同感受，當你泡在溫暖的湖水裡，一邊享受周遭磅礴的火山地景同時，可能也正在經歷下雪、冰雹、大雨、大太陽等極度戲劇化的冰島氣候。

除了那一池讓人放鬆的潟湖，湖中的面膜服務區則提供一桶一桶火山泥，讓遊客一邊泡湯游泳、一邊敷臉保養，享受真正的天然Spa。除此，還有三溫暖、蒸汽浴、水床按摩水療等。

雷克尼斯半島 Reykjanes Peninsula

MAP ▶ P.125A3

古納維
地熱溫泉區

MOOK Choice

Gunnuhver

墜入泥漿池的女鬼

📍 位於雷克尼斯半島西南部，距離藍湖不遠，在425號公路旁的小路上，駛入一段小路即可進入此區停車場。

充滿蒸汽白煙、滾沸泥漿池的古納維地熱溫泉區空氣中散發著濃濃的硫磺味，名字來自於一個憤怒的女鬼古納(Gunna)。

傳說古納雖然死了，但靈魂仍不得安息，在雷克尼斯半島(Reykjanes，ja不發音)興風作浪，使仇人紛紛暴斃，於是一位牧師使用一端打結的繩子，讓拿著繩子另一端的古納被拋入沸騰的泥泉區中，從此以後半島才恢復了寧靜。

這裡擁有島上最大的泥漿池，寬約20公尺，與其他地熱區不同，這裡的地下水是100%的海水，而地上則佈滿著五顏六色的礦物質，要特別注意的是，某些區域溫度超過300°C，務必要走在規劃的步道上。

©Visit Iceland

雷克尼斯半島 Reykjanes Peninsula

MAP ▶ P.125C2

克萊瓦湖

Kleifarvatn Lake

傳說湖怪隱身之處

🚗 沿42號公路行駛

　　10平方公里大、97公尺深的礦物湖泊克萊瓦湖(Kleifarvatn)是冰島的第三大湖，在湖的南端有來自溫泉的熱水的注入，而其他部分的湖水則非常寒冷，這裡最有名的傳說為湖底住著一隻外型如蠕蟲、體積像鯨魚大小的怪物。

　　自2000年以來，因為兩次大地震，湖底形成了裂縫而使得湖泊減少，由於環繞著火山地貌的湖泊寧靜又特殊，沿著湖邊的步行道可欣賞獨特的湖畔美景，因此，吸引不少攝影愛好者造訪。

雷克尼斯半島 Reykjanes Peninsula

MAP ▶ P.125A3

雷克尼斯燈塔

Reykjanes Lighthous

冰島最古老的燈塔

🚗 距離古納維地熱溫泉區僅2公里，由425號公路進入一段T字形的路段，在T字的盡頭右轉約900公尺即可抵達燈塔，左轉約500公尺則可抵達古納維地熱溫泉區的另一端。　🌐 www.visitreykjanes.is/en/travel/places/history-and-culture/reykjanes-lighthouse

　　雷克尼斯燈塔位於雷克尼斯半島上，是冰島最古老的燈塔，建造於1878年，由於地震與海嘯造成老舊燈塔隨時有墜入海中的危險，因此於1908年新建了這座燈塔，在2007年的調查中，獲選為冰島人最受歡迎的燈塔之一。

　　燈塔高26公尺，燈光信號高度在海平面69公尺處，由此處可以遠眺一望無際的海景與離島Eldey Island。

雷克尼斯半島 Reykjanes Peninsula
MAP ▶ P.125A3

跨洲大橋
Bridge between continents
10秒橫跨歐美兩大洲

🚗 駛離41號公路後，進入凱夫拉維克外的44號公路，再駛入425號公路。

歐亞大陸板塊和北美大陸板塊交界處貫穿冰島，將冰島一分為二，其中一段就位於雷克尼斯半島上。

由於地殼運動產生板塊移動，歐亞板塊和北美板塊在此分離並且不斷漂移，形成了特有的岩層裂縫或斷層景觀，而且以每年一英吋的速度擴展中。

這座長15公尺的跨洲大橋橫跨了兩塊陸地板塊，是歐洲和北美之間連接的象徵。過橋後可通往橋下的滿是砂土的裂縫中見識大自然的奇觀，也可選擇前往雷克尼斯遊客中心付費申請個人的過橋證書。

©Visit South Icelan

黃金圈The Golden Circle
MAP ▶ P.131B1

布魯爾瀑布
Bruarfoss
神秘夢幻的蔚藍水色

🚗 位於在勒加爾小鎮與間歇泉中間，開車走37號公路，停在37號公路旁的停車場再步行前往，來回約3.5小時。 ⚠ 請穿著適合的登山鞋，由停車場前往瀑布的小路可能泥濘難行。由於近年來遊客亂停車的脫序行為使地主一度取消附近的停車區，因此，務必依照該地標示說明停車。

布魯爾瀑布為隱藏在冰島南部的藍色瀑布，位於黃金圈路線中的私人土地上，名字有「瀑布橋」(Bridge over Waterfall)的意思，源自早期瀑布河流上的天然石拱門，傳說1602年冰島發生飢荒時，為了防止外來者進入此區尋找食物而摧毀了這座橋。

布魯爾瀑布的水匯聚成布魯阿爾河(Brúará)，無數的小瀑布流下，匯聚於下方極深的裂縫後，呈現謎樣的碧藍水色，讓人不得不讚嘆自然的神奇，又有人稱它為「蒂芬妮藍瀑布」。布魯爾瀑布上有一座橋，是拍照取景的最佳地點。

黃金圈

| 辛格韋勒國家公園 Þingvellir National Park |
| 辛格韋勒湖 Þingvallavatn |
| 蓋席爾間歇泉 Geysir | 黃金瀑布 Gullfoss |
| 豐塔納溫泉水療中心 Fontana geothermal Baths | 布魯爾瀑布 Bruarfoss |
| Lindin |
| 勒加爾湖 Laugarvatn |
| 費里瑟瑪溫室 Friðheimar greenhouse | 哈伊瀑布 Háifoss |
| 雷克霍特 Rekholt |
| 史卡哈特教堂 Skalholt Cathedral | 維京農莊遺址 Stöng Viking-era Long house | Gjáin峽谷 |
| 弗盧希 Flúðir |
| 秘密溫泉 Secret Lagoon | 哈帕瀑布 Hjálparfoss | 維京村落博物館 Þjóðveldisbærinn |
| 西索爾薩谷 Western Þjórsárdalur |
| 凱瑞斯火山口湖 Kerið |
| 雷克達魯蒸氣山谷 Reykjadalur |
| 惠拉蓋爾濟 Hveragerði | 紫爾薩河 Þjórsár |
| 地熱公園 Geothermal Park | 海克拉火山 Hekla |
| 冰島南部旅遊局 South Iceland Tourist Information |
| 塞爾福斯 Selfoss |

圖例 ●景點 ⊞餐廳 ⑪溫泉 ✝教堂 ◈遺跡 ⊞博物館 ⓘ遊客服務中心

黃金圈之旅 The Classic Golden Circle

　　黃金圈之旅是冰島南部熱門的旅遊行程，幾乎雷克雅未克當地所有的旅行社皆提供套裝行程。

　　其中主要行程包含3大景點：辛格韋勒國家公園、蓋席爾間歇噴泉區、黃金瀑布區，皆在雷克雅未克周圍一百公里內，有些延伸行程還會加上凱瑞斯火山口湖、史卡哈特教堂、地熱溫室花卉農場、勒加爾湖、雷克霍特、秘密溫泉，甚至延伸至更遠的地點如冰川健行等，幾乎都是一日行程，當然價格也有所不同。

　　若是自駕的話，則更可隨意造訪有興趣的景點，行程內可看到冰島幾種主要的地形及特色，是冰島旅遊的精華重點。

🚗自行開車前往，或從BSI巴士總站購買巴士行程，或參加旅行社套裝行程。　💲依照提供服務項目，各家套裝行程價錢不一，請參閱各家官網(P.120)　🚌巴士票www.bsi.is、www.bustravel.is、www.extremeiceland.is、www.grayline.is、www.re.is

©Visit South Iceland

黃金圈The Golden Circle

MOOK Choice

MAP ▶ P.119B1

辛格韋勒國家公園
Þingvellir National Park
冰島民主聖地

🚗 位於雷克雅末克東北邊約40公里處，沿36號公路主幹道行駛可進入Hakið遊客中心旁停車場P1；辛格韋勒國家公園內共有5個停車場，5人以下車輛停車費750ISK。 ⓦwww.thingvellir.is

遊客中心Hakið Visitor Center
🚗 靠近Hakið，前往阿曼納喬斷層的步道端點，附近亦有觀景台 ☎482-3613

Leirar服務中心Leirar Information Center
🚗 位於36號公路上接近550公路交叉口附近的Leirar，就在露營地的前方 ☎482-2660 🕐9:00~18:00 ⓦwww.thingvellir.is

辛格韋勒國家公園

訊息中心 Þingvellir Information Centre

阿克塞瀑布 Öxarárfoss

阿曼納喬斷層 Almannagjá

停車場P2

溺水潭 Drekkingarhylur
法律石 Lögberg

遊客中心 Hakið Visitor Center
停車場

辛格韋勒教堂 Þingvallakirkja
Þingvallabaer農舍
絲浮拉裂縫 Silfra Fissure
Dive.is

辛格韋勒湖 Þingvallavatn

圖例 ⊙景點 ✚教堂 ⊙旅行社 ⓘ遊客服務中心

眾所周知，冰島的火山地貌氣勢磅礡，然而辛格韋勒國家公園卻是以文化遺產入選為世界遺產，原因是這個地方在人類的歷史意義，更勝於其自然地貌。

「Þingvellir」在冰島語中意思為「議會平原」，位於雷克尼斯半島和亨吉德(Hengill)火山附近的辛格韋勒國家公園，就是冰島議會(Alþing)舊址所在，成立於930年，也是世界上最古老的議會之一。當年代表全冰島的「Alþing」(冰島文「議會」之意)在此開會，每年都以為期兩週的議會時間制定《自由人之間的公約》法律，同時排解紛爭，直到1798年停辦為止，因此不只是對冰島人，在人類歷史上也具有非常重要的歷史價值與意義。18世紀末，火山爆發及地震將此地摧毀，如今剩下一片空曠地。辛格韋勒國家公園是

冰島第一座國家公園，可看到北美、歐亞兩大板塊交界形成的阿曼納喬斷層(Almannagjá)峽谷，整個區域的景色蒼茫而開闊。

阿曼納喬斷層Almannagjá

北美、歐亞兩大板塊交界之處位於此區，是觀察大西洋中脊(Mid-Atlantic Ridge)的最佳地點，因兩大板塊之間的大陸飄移，形成了特有的岩層裂縫與斷層峽谷景觀，橫跨整個地區，其中最大的

一個就是阿曼納喬斷層。阿曼納喬斷層有著一整片崖壁上的玄武岩柱，十分壯觀，遊客可在裂縫斷層中行走。地質學家研究指出，這裡的歐美板塊斷層裂縫每年約以2公分的拓寬速度把這片土地慢慢撕開。

©Visit South Iceland

阿克塞瀑布 Öxarárfoss

上游的阿克塞河(Öxará)蜿蜒流經熔岩區，到了斷層懸崖邊傾瀉而下，形成了一連串的阿克塞瀑布，「Öxará」原意為「斧頭」，因此也有人稱之為「斧頭瀑布」。瀑布位於議會遺址的北邊，底部充滿岩石，旁邊有木板搭建的步道可近距離觀賞，若由停車場P2出發，步行距離約400公尺。

法律石 Lögberg (The Law Rock)

沿著峽谷前行，就可以看到插著冰島國旗的旗桿，這裡標示著冰島議會的遺址。西元800年時，逃離挪威的維京人漂洋過海來到冰島，希望藉由民主的方式共商大事，因此到了930年，世界第一個民主議會在此誕生。每當議會召開時，就以隆起的法律石作為會議期間的主席台，由酋長們選出的法律代言人(Lawspeaker)在法律石上宣讀法令、仲裁糾紛，而後方的石壁能產生天然的擴音效果，使聲音傳遞得更遠，但如今因地殼變動，原先的法律石已沉沒，現以一根掛有冰島國旗的旗桿標示出遺址。冰島最重要的歷史大事件如西元1000年決定皈依基督教、1262年宣誓向挪威國王效忠等都發生在此。

溺水潭 Drekkingarhylur

國家公園內有著寧靜美麗的景觀，但也有著十分黑暗的歷史。在被丹麥統治的16世紀至17世紀兩百年間，這個小型的深潭是個被用來執行死刑的地點，男人通常被判絞刑、火刑，而女人們則被套上袋子沉入潭中淹死，大部分是因犯下當時認為不道德罪刑如通姦等被定罪。

þingvallabaer農舍

位於河岸邊的一整排建築物由白色的農舍與一座教堂所構成，農舍最古老的部分建於1930年，由建築師Guthjon Samuelsson為了紀念議會(Alþing)成立1000週年所設計，而今農舍作為公園管理人員的辦公室及總理暑假渡假之地。

辛格韋勒教堂 Þingvallakirkja

在西元1000年的冰島議會中宣布皈依基督教後，冰島的第一座教堂建於此地，而現今的木造教堂則追朔於1859年重建於原先的舊址上，十分具有歷史意義。1939年，教堂後方成為了國家公墓，是冰島獨立時代兩位詩人Jonas Hallgrimsson和Einar Benediktsson的安息地。

絲浮拉裂縫 Silfra Fissure

在辛格韋勒湖水底的兩大板塊因地殼運動形成的裂縫，辛格韋勒湖湖水清澈且能見度高，站在岸邊即可看到許多潛水客在水底探險，絲浮拉是相當熱門的潛水地點，也被評選為世界最佳的淡水潛水地點之一。辛格韋勒湖另一處的Davidsgjá裂縫也能潛水，但位置較複雜，須跟團才能抵達，國家公園也開放申請潛水許可證(至少兩人一組)，但參加有專業教練的跟團活動更輕鬆安全。

MOOK Choice

蓋席爾間歇泉

Geysir

眾人驚呼的噴發直衝雲霄

⊙位於35號公路主幹道旁

英文裡的間歇噴泉「Geyser」，其字源就是來自於冰島的這座蓋席爾間歇泉(Geysir)，它是世界文獻中最早被提到的間歇泉，很早就聞名於歐洲。

根據研究，蓋席爾已經活躍了一萬年，最早的紀錄可以溯及1294年，至於第一次提到蓋席爾則在18世紀；根據1845年的記載，它噴發的高度甚至達到170公尺。

近代之後，蓋席爾的噴發狀態時好時壞，2000年地震之後，有達到122公尺的紀錄，但近年噴發頻率已緩和下來，平均高度可達70公尺，目前已呈休眠的狀態，要看到它噴發得碰運氣。

幸好位於蓋席爾附近的史托克間歇泉(Strokkur)忠實多了，幾乎只要等上5~10分鐘就可以見到它噴發，平均高度也有15~30公尺，因此取代蓋席爾成為熱門拍照攝影的景點，不少人誤以為它就是蓋席爾。

除了蓋席爾和史托克，同一個間歇噴泉區大約還有三十座小間歇泉，但都引不起遊客興趣。

©Visit Iceland

黃金圈The Golden Circle

MAP ▶ P.131C1

黃金瀑布

Gullfoss

氣勢磅薄的瀑布奇景

🚗 在35號公路主幹道上，距離蓋席爾間歇泉東邊約10公里處，景點區有上坡與下坡兩處停車場。

　　黃金瀑布是冰島第2大瀑布，呈階梯狀的32公尺斷層落差，加上胡維塔河(Hvítá)澎湃的水量，形成兩道(分別為11公尺和21公尺)約90°夾角的壯觀瀑布，然後直下70公尺高的斷層裂隙。

　　夏季瀑布平均的流量為每秒140立方公尺，最高紀錄甚至達到200立方公尺，冬天因河水結冰的關係，降到每秒80立方公尺，這些河水都靠冰島第二大冰河Langjökull挹注豐沛水量。

　　瀑布區設置了步道，可通行至瀑布旁，遊客能直接感受濺起的水氣與磅礴氣勢，天氣好的時

MOOK Choice

編輯筆記 🖌

以性命守護瀑布的女人

　20世紀初期，許多外國投資者有意在此建造水力發電廠，其中一位英國人對擁有瀑布的農民提出了購買的請求，農民最後將瀑布租給了他。

　當農夫的女兒西格里德(SigriðurTómasdóttir)長大後，為了阻止施工保全瀑布，利用自己的儲蓄打官司，甚至威脅如果施工開始，她就要跳入瀑布中。審判歷時數年，最後因為對方沒有依約支付瀑布租金，西格里德成功地捍衛了瀑布，讓人意識到保護自然的重要，她也被稱為是冰島第一位環保人士。1940年後，西格里德的養子收購了瀑布，並賣給冰島政府，成了自然保護區。

候，由於太陽照射，彩虹時而可見。冬天時，結冰的瀑布被太陽照得金光閃閃，是冰島明信片中常出現的人氣地點。

黃金圈The Golden Circle

MAP ▶ P.131B1

勒加爾湖──豐塔納溫泉水療中心

Laugarvatn-Fontana geothermal Baths

湖畔小鎮的療養溫泉

🚗 距離雷克雅未克東北方約80公里處，由365號公路駛入37號公路的不遠處。 🏠 Hverabraut 1, 840 Laugarvatn ☎ 486-1400 🕙 11:00~21:00，逢國定假日或特殊活動期間會調整營業時間，詳細時間請於官網確認。 💲 全票4,990ISK、優待票2,990ISK、9歲以下免費，租借毛巾1,000ISK 🌐 www.fontana.is

勒加爾湖(Laugarvatn)又稱為「溫泉湖」(冰島文Laugar為「水池」之意，vatn為「湖」之意)，自古維京人在冰島定居以來，這裡的地熱溫泉就是聞名的洗浴場所之一。

傳說在議會結束後，人們會騎馬到此地洗浴泡溫泉，因而給了湖泊和湖畔小鎮「溫泉湖」(Laugarvatn)的名字，而此地一處名為Vígðalaug溫泉池，也成了不想在冰冷的辛格韋勒湖中受洗的酋長們最佳受洗地點。

背山面湖的勒加爾小鎮人口不到兩百人，就在辛格韋勒國家公園與間歇泉中間必經的路上，鎮上最著名的就是湖畔的豐塔納溫泉水療中心。豐塔納內部規劃具有設計感，是個現代風格的溫泉

就在豐塔納附近的Lindin被稱為小鎮最佳餐廳當之無愧，老闆是個熱愛美食的廚師，使用冰島當地食材烹飪出特色料理如馴鹿漢堡、紅點鮭等都是招牌菜。

菜單與座位分為兩種，左半部為餐廳(Restaurant)，價格較高，以套餐為主，右半部為小酒館(Café Bistro)，氣氛較輕鬆隨性，可做單點選擇，兩處都有靠窗座位，能一邊欣賞湖岸風景、一邊用餐。

🏠 Lindarbraut 2, 840 Laugarvatn ☎ 898-9599 🕙 12:00~16:00 18:00~20:30 💲 約2,500~6,000ISK 🌐 www.laugarvatn.is

中心，共設有三座水池、蒸氣室、桑拿等，特色是能一邊泡溫泉一邊欣賞湖面風景，十分愜意，附設餐廳則提供自助式午餐、晚餐。

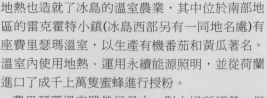

MAP ▶ P.131B2

雷克霍特─費里瑟瑪溫室

Reykholt-Friðheimar greenhouse

地熱造就的有機溫室

🚗 由黃金瀑布沿著35號公路南下會經過雷克霍特 🏠 Fridheimar, Bláskógabyggð, 801 Selfoss ☎486-8894 🕐12:00~16:00 🌐www.fridheimar.is/en

在黃金圈上有不少的地熱溫泉區，取之不竭的

地熱也造就了冰島的溫室農業，其中位於南部地區的雷克霍特小鎮(冰島西部另有一同地名處)有座費里瑟瑪溫室，以生產有機番茄和黃瓜著名。溫室內使用地熱、運用永續能源照明，並從荷蘭進口了成千上萬隻蜜蜂進行授粉。

費里瑟瑪溫室雖然只是由一對夫婦所經營，但年產番茄300噸，產量占全冰島15%，同時有不少罐頭、果汁等副產品，溫室另一端是餐館，提供以新鮮番茄為主的各項料理，也成為金圈上延伸的旅遊景點。

MAP ▶ P.131B2

史卡哈特教堂

Skálholt Cathedral

冰島的宗教聖地

🚗 位於31公路旁 ☎486-8801 🕐9:00~18:00 🌐www.skalholt.is

在11~18世紀，史卡哈特是冰島二大主教區之一(另一處位於北部的Hólar)，因此對冰島而言，它是一處具有歷史意義的地方。直到1797年路德教派傳入，主教中心才移轉至雷克雅未克。不幸的是，在18世紀的一場大地震中，大教堂被摧毀殆盡，如今的史卡哈特只剩下建於

1956~1963年的現代化教堂，以及小型地下室博物館。

史卡哈特教堂每年仍有許多遊客造訪，並且接受住房預約，夏季時更不時有音樂家會在教堂內演奏。

MAP ▶ P.131B2

凱瑞斯火山口湖

kerið

隨光線變幻的藍綠色湖水

🚗 位於勒加爾湖南方，塞爾福斯以北的35號公路上。　💲全票450ISK　🌐 kerid.is

©Visit South Iceland

　　巨型火山口約55公尺深、170公尺寬，是冰島聞名的火山口湖之一，據說形成於6,500年前的火山爆發。由雨水累積而成、現今如鬼魅般的綠色湖水，根據研究指出，如今的池水水位與地下水位是一致的；雖然大部分的火山口地勢陡峭，但凱瑞斯有一部分地形較為和緩之處，可讓遊客深入火山口內貼近湖水。

MAP ▶ P.131C2

秘密溫泉

MOOK Choice

Secret Lagoon

純淨又原始的溫泉泳池

🚗 位於蓋席爾間歇泉南方，沿30號公路可經過小村莊弗盧希(Flúðir)。　🏠 Hvammsvegur, 845 Flúðir　☎555-3351　🕐6~9月10:00~20:00、10~5月10:00~19:00、平安夜與除夕10:00~18:00　💲全票3,300ISK、優待票2,300ISK、14歲以下免費、毛巾租借900ISK、泳衣租借900ISK，未免向隅，需提前線上預訂門票　🌐 www.secretlagoon.is

　　秘密溫泉位於名為弗盧希(Flúðir)的小村莊，位在黃金圈範圍內。建立於1891年，這裡是冰島第一座的溫泉游泳池，到了1947年冰島各地興建各種設施的溫泉泳池時，這裡就逐漸荒廢，漸漸被人遺忘，直到了2005 年，現在的老闆重新整頓泳池，一開始僅供朋友與私人使用，保持了幾年的秘密，成為了名字的由來。

　　水溫約36~40℃間，泳池位於被岩石圍繞、充滿白色蒸氣與噴泉的地熱區，走在溫泉旁的步道還能聽到滋滋作響滾沸的地熱池。

MAP ▶ P.131A2

惠拉蓋爾濟

MOOK Choice

Hveragerði

溫泉小鎮體驗野溪溫泉

🚗 距離雷克雅未克東北方約80公里處，由365號公路駛入37號公路的不遠處。 🌐 www.hveragerdi.is 遊客訊息中心upplýsingamiðstöð suðurlands 🏠 Sunnumörk 2-4, 810 Hveragerði ☎ 483-4601 🕐 6~8月週一～週六8:30~17:00；9~5月週一～週五8:30~16:30、週五8:30~16:00，詳細時間請於官網確認。 🌐 www.hveragerdi.is/is/mannlif/hvad-er-i-hvergerdi/upplysingamidstod

惠拉蓋爾濟位於雷克雅未克東方45公里，瓦瑪河(Varmá)流經整個村落，地熱活動頻繁，從遠處就可看到繚繞在空中的白色蒸氣，村落最有名的就是利用地熱蓋的溫室，而被稱為「溫室村」。

村民們克服冰島先天天然條件的限制，引溫泉水、蓋溫室、架燈光、用地熱發電，讓一年有一半以上是黑夜和冰天雪地的冰島，可以種出品質絕佳的農產品。除了溫室以外，這裡的蒸氣山谷也是值得造訪的亮點。

雷克達魯蒸氣山谷Reykjadalur

蒸氣山谷顧名思義，因著地熱與溫泉河使得山谷中煙霧繚繞，也有人稱作「溫泉河山谷」，除了在山谷中健行外，在其中一處免費的天然溫泉河(也叫野溪溫泉)中泡澡更是受到遊客歡迎。從入口停車場處往上步行約3公里左右即可抵達，這裡有規劃好的木橋、階梯以及有簡單的遮蔽物，「野」味十足，建議穿著防水的登山鞋或運動鞋。

地熱公園Geothermal Park

🏠 Hveramörk 13, 810 Hveragerði ☎ 483-5062 🕐 週一～週四9:00~16:30、週五9:00~16:00、週六10:00~16:00 🌐 geothermalparkhveragerdi.business.site/?m=true#details

地熱公園位於惠拉蓋爾濟鎮中心，雖然規模不大，沿著規劃步道很容易就逛完整區，但公園內提供了遊客在地熱泥池中泡腳，以及在溫泉中煮雞蛋的特殊體驗。內部附設一家咖啡廳，提供地熱麵包。

MAP ▶ P.119D2

蘭德曼勞卡

MOOK Choice

Landmannalaugar

季節限定的徒步天堂

📍位於內陸高地，由雷克雅未克出發車程約3~4小時左右，開車自駕者可由32號公路駛入F26、F208、F224公路，駛入F級公路需四輪驅動車輛；也可參加當地旅行團進行一日遊；或者搭乘定期往返的長途巴士展開自由行(6月中~9月)，主要營運此路線的三家長途巴士公司是Trex、Iceland by Bus、Reykjavik Excusion ▽前往高地的公路僅在夏季開放，約6月中~9月左右，取決於天氣與路況，出發前請於官網確認

冰島南部旅遊局

🔗www.south.is/en/what-to-see-do/the-highlands/

蘭德曼納勞卡是內陸高地南方的一個區域，屬於弗亞拉巴克(Fjallabak)自然保護區的一部分，區域內有廣大的地熱區、清澈的藍色湖泊、廣闊的熔岩區域、色彩斑斕的流紋岩山脈，岩石因火山活動而呈現粉紅、棕、綠、黃、藍、紫、黑等等豐富色彩，因此又被稱為「彩色火山」。

令人讚嘆的絕世的美景使這裡成為了健行勝地，也是最受歡迎的登山路線「溫泉之路」的起點。蘭德曼勞卡也提供了遊客許多不同距離的健行路線選擇，包含一日徒步路線。

©Visit Iceland

蘭德曼勞卡溫泉Landmannalaugar

蘭德曼勞卡在冰島文原意為「人民的泳池」(The People's Pool/Bath of The Land's Man)，這裡的天然溫水泉融合了湧自地底的地熱溫泉與冷水泉，兩者混合後在池中成為了最適合泡澡的理想溫度，即使在寒冷的冬季，溫度也在36~40℃左右，離蘭德曼勞卡露營地沿著步道200公尺處即可找到這條天然溫水池。

©張螢瑄攝

醜水坑Ljótipollur(Ugly Puddle)

❗接近火山湖口小心強風避免失足

醜水坑是高地南邊的一座火山口湖，位於蘭德曼勞卡露營地東北方約6公里處，雖然取名為醜水坑，但富含礦物質的紅色火山岩，配上藍色的湖水與綠色的山坡，

©Visit South Icelan

有種令人難以言喻的美。火山湖在1477年因火山噴發而形成，面積約0.43平方公里，湖內到處都是鱒魚。在尚未抵達蘭德曼勞的路上有條往東的小路通往醜水坑，道路顛簸崎嶇不平，需四輪驅動車輛，也可選擇從蘭德曼勞卡徒步前往，沿途的風景將令你驚嘆。

©Visit South Iceland

藍山Bláhnjúkur

藍山與硫磺山是附近兩座最受歡迎的山脈，顧名思義，登上高達9,430尺的這座藍色山峰俯瞰大地，可遠眺色彩層次豐富金黃色山峰，火山熔岩地形，流紋岩山脈等壯麗美景，此處是攝影與徒步者的天堂，所花時間約1~2小時。

徒步者的天堂「溫泉之路」Laugavegurinn Trail

蘭德曼勞卡是著名健行路線溫泉之路的起點，所謂的溫泉之路是指由蘭德曼勞卡徒步前往索斯莫克(Þórsmörk)全長約55公里的健行路線，費時約4~5日，曾被國家地理雜誌評選為全球最美健行路線之一。

此區沿途有露營地、小木屋，6~9月夏季時登山客蜂擁而入，期待展開一場遺世的冒險，途中會穿越火山平原，彩色的山丘、冰川、峽谷、沙地、積雪的高原等地貌。健行路線上的露營地與小木屋由冰島旅遊協會管理，必需提前於官網上預訂付費，官網上也提供該區域各種徒步路線的規劃與說明。

冰島旅遊協會Ferðafélag Íslands

☎568-2533 🌐www.fi.is

©Visit Iceland

硫磺山Brennisteinsalda

©Eren Hayashi

硫磺山名字來自於山坡上硫磺的沉積物，除此之外，還有綠色的苔蘚，黑色和藍色的熔岩與火山灰，由氧化鐵而來的紅色土壤，它可能是冰島最多姿多彩的山峰，照片也常出現在書籍和日曆中。硫磺山側面仍冒著蒸汽，前方則有一塊黑曜石熔岩場，高約855公尺，由蘭德曼勞卡露營地沿著Laugavegur路線步行登頂約6.5公里(往返)，耗時1~2小時。

©Visit South Icelan

南區The South

MAP ▶ P.131D2

哈帕瀑布

Hjálparfoss

小巧可愛的雙子瀑布

🚗 位於32號公路路上，當看到景點標示時轉入叉路約1公里即抵達Hjálparfoss停車場 🌐 www.south.is/en/moya/toy/index/place/hjalparfoss-waterfall

哈帕瀑布位於索爾薩山谷內，屬於容易抵達的

瀑布之一。

　　早期冰島人從北部高地地區旅行到南部時，必須找到一塊沿途可供放牧馬匹的休憩之地，經過兩三天旅途後，這裡的瀑布區成為了他們發現的第一處草地，這對餵養疲憊的馬匹來說非常有幫助，因此有了Hjálparfoss「幫助瀑布」(Help Waterfall)的名字，下方有冰島第二大水力發電廠Búrfellsstöð。

南區The South

MAP ▶ P.131D2

維京村落博物館

Þjóðveldisbærinn

重現維京村落的生活型態

🚗 位於32號公路路上 ⏰ 6~8月10:00~17:00 💲 全票1,000ISK、16歲以下免費 🌐 www.thjodveldisbaer.is/en

若覺得真正的維京遺址Stöng不易抵達，不妨可選擇前往較容易造訪的維京村落博物館。

此處為依照Stöng遺跡重建的復刻版維京農莊，在1974年為了紀念冰島先民移居而成立，

©Visit Iceland

園區內可看到冰島傳統草屋建築、教堂、墓園，以及農莊內的生活空間如起居室、廁所、廚房，及早期維京人生活的用具與文化簡介，遊客可藉此更了解當時維京人的生活樣貌。

南區The South

南區The South

MAP ▶ P.119B2

塞爾福斯

Selfoss

南部最大的商業中心

🚗 位於雷克雅未克東南部約57公里處，環形1號公路上

人口近八千人的塞爾福斯是冰島南部最大的城鎮與商業中心，這裡是長途巴士的轉運站，由雷克雅未克往返維克鎮、赫本鎮的長途巴士都在這裡停車，人們通常在此作短暫停留，或前往超市Bónus、króna採買食物補給品。

城鎮本身景點不多，但周邊有多樣的食宿選擇、KFC、自助洗車店等等，許多遊客將此地做為南部海岸之旅的一個休息停留點。

南區The South

MAP ▶ P.119C3

塞里雅蘭瀑布&秘密瀑布

Seljalandsfoss & Gljúfrabúi

繞行瀑布後方的奇妙體驗

🚗 開車走 1號環形公路，駛入249號公路即可抵達收費停車場
⚠ 進入瀑布後方的小路溼滑，建議穿著防滑防水鞋

塞里雅蘭瀑布高約60公尺，在1號環形公路上遠遠地就能看到這座經典的小瀑布。獨特之處在於瀑布後方有一條濕滑的小路，可以攀爬步行進入瀑布的後方，欣賞水流整片由上直撲而下的震撼，因此又被稱為「水濂洞瀑布」。

此外，塞里雅蘭瀑布附近還有一座隱藏的Gljúfrabúi瀑布，沿著塞里雅蘭瀑布右方的小徑步行約10~15分鐘，即可抵達一條小溪，由小溪流出的山壁間走進去，就可發現這座隱藏在峽谷中的秘密瀑布。

MAP ▶ P.119D4

史可加瀑布

Skógafoss

集天時地利於一身的彩虹瀑布

🚗開車走1號環形公路可達　ⓦwww.south.is/en/moya/toy/
index/place/skogafoss-waterfall

位於維克鎮西北方約25公里處的史可加瀑布是
冰島的大瀑布之一，其寬約25公尺、高約60公
尺，由於瀑布的方位特殊，只要有陽光的時候，
幾乎都能看得到彩虹，因此又被稱為「彩虹瀑
布」。

根據傳說，第一位到達此地的維京人將寶藏埋
藏於瀑布後的岩洞中，並且在數年後被當地的小
男孩發現。

瀑布旁架設木頭步道讓遊客登上高處與它近距
離接觸，並可俯瞰遼闊的原野與成群放牧的牛
羊。

MAP ▶ P.119D3

索爾黑馬冰川

Sólheimajökull

冰島第四大冰川分支

由1號環形公路駛入221號公路約4.5公里左右即可抵達停車場，由停車場步行約800公尺即可抵達冰川邊緣。

冰島文中「jökull」就是「冰川」的意思，索爾黑馬冰川是冰島第四大冰川米達爾斯冰川(Mýrdalsjökull)的分支，面積不是非常大，位於在米達爾斯冰川的西南出口。

由於全球暖化的關係，索爾黑馬每年正以25公尺的速度融化，至今已經向後退了8公里，而且極可能在未來的120年後完全消失。

別錯過
在冰川上健行的機會

由冰川邊緣可遠眺黑白相間起伏的地形，它是冰島受歡迎的冰川健行地點之一，若想探索需參加當地的冰川健行團，千萬別在沒有裝備與導遊的狀況下獨自攀爬冰川。

MAP ▶ P.119C3

秘境溫泉泳池

Seljavallalaug swimming pool

隱身山谷間的秘密泳池

位於塞里雅蘭瀑布與斯科加瀑布的中間，由1號環形公路駛入242號公路，2公里即可抵達停車處(Seljavallalaug Parking)，由停車處步行約15~20分鐘即達。

隱身於山谷間的秘密溫泉游泳池建立於1923年，最初建造的原因是為了讓當地的孩子們能安全地學習游泳，然而之後因火山爆發，池水中被火山灰汙染而漸漸荒廢，目前靠著志工的清潔維持，免費開放給大眾使用。

游泳池長25公尺、寬10公尺，綠水池來自天然泉水，水溫並不高，約25~35℃，周遭山壁環繞的景色絕美，泳池後方有更衣室，更衣室後面則有隱藏的圓形池。

冰島…西 南部與黃金圈The Southwest & The Golden Circle

MAP ▶ P.119D4

黑沙灘

Reynisfjara

全球十大最美沙灘

🚗開車行駛1號環形公路,轉入215號公路約5公里即可抵達黑沙灘停車場 ⚠️不要離海浪太近,尤其背對著海浪,黑沙灘曾發生了多起遊客被海浪捲走的意外

冰島有很多黑沙灘,但位於維克鎮附近的黑沙灘最有名,不容錯過。

黑沙灘是由於火山噴發後,高溫岩漿遇海水迅速冷卻後生成黑色砂礫,再經海水不斷沖刷堆積而形成。Reynisfjara黑沙灘位於雷尼斯加爾山崖(Reynisfjall)西側,旁邊伴隨著排列整齊的巨大玄武岩石柱,形成一整片懸崖與洞穴,看起來就像天然的管風琴,常可看到很多新人拍攝婚紗照。

黑沙灘與白浪在陽光下閃閃發亮,沿著海岸還有各種奇岩怪石,崖壁上則是成千上萬海鳥的家,景色奇特又美麗。曾被評選為全球十大最美麗沙灘之一。

©Visit South Iceland

©Visit South Icelan

南區 The South

`MAP ▶ P.119D4`

維克鎮

Vik

熱鬧蓬勃的環島中繼站

🚗開車走環島公路(1號公路)可達 🌐www.visitvik.is
維克遊客服務中心 Kötlusetur Information Center
📍Víkurbraut 28, 870 Vík ☎487-1395 🌐www.kotlusetur.is/

　　人口數約五百人的維克小鎮位於冰島南端海岸線旁，曾在1991年被美國的《島嶼雜誌》(Islands Magazine)列為世界10大美麗海灘之一，連綿的玄武岩沙灘令人印象深刻，這裡也是全冰島最潮濕的地方。

　　方圓70公里內，維克鎮算是最大的居住地，因此常常是遊客環島時的中繼站之一；2010年在維克附近的艾雅法拉冰河(Eyjafjallajökull)的火山兩次噴發，當時大量的火山灰造成歐洲航空大亂，也對維克鎮造成了影響。

維克鎮

圖例 ⊙景點 🏛博物館 ✝教堂

雷尼斯加爾山崖
Reynisfjall

維克教堂
Vikurkirkja

維克鎮 *Vik*

黑沙灘
Reynisfjara

維克遊客服務中心
Kötlusetur
Information Centre

迪霍拉里海蝕洞
Dyrhólaey

迪霍拉里燈塔
Dyrhólaey lighthouse

雷尼斯岩
Reynisdrangar

維克教堂 Vikurkirkja(The Vik Church)
📍Hátún, 870 Vík

　　紅白相間的維克教堂建於1934年，位於維克鎮東邊的一座小山上，大部分時間都是開放的，教堂外可俯瞰整個維克鎮、海岸線與遠方佇立於海浪中的玄武岩小精靈，是欣賞此處壯觀全景的絕佳地點。沿著山頂繼續往高處走會經過一座寧靜的墓園，繼續往上則是前往Hatta山的健行路線，沿途也是欣賞岸邊風光與拍照的好地點。

©Visit South Icelan

雷尼斯岩 Reynisdrangar
🚗開車行駛1號環形公路，轉入215號公路即可抵達黑沙灘停車場
　　轟立在黑沙灘旁的幾座玄武岩海蝕柱是維克最具代表性的景點之一，最高處海拔66公尺。傳說以前有兩個巨魔精靈試圖將一艘三桅桿的船拖到岸上，但還來不及完成，太陽就升起了，被陽光照射到後的他們變成了石頭，永遠站在沙灘外，又被稱為「海上小精靈」。

MAP ▶ P.119D4

史可加民俗博物館

Skógafoss Museum

露天傳統草屋一窺早期生活

🏠Skogasafn 1, 861 Skogar ⬤開車走1號環形公路,離史可加瀑布距離1.7公里,約5分鐘車程 ☎487-8845 ⬤6月~8月9:00~18:00、9月~5月10:00~17:00 💲全票2,500ISK、優待票1,500~1,800ISK、12歲以下免費 🌐www.skogasafn.is

成立於1949年,冰島最好的民俗博物館之一,周圍被美麗自然環境環繞,像極了童話裡的場景。

此地集民俗博物館、露天草屋博物館與交通博物館三座博物館於一處。最具特色的是可參觀冰島傳統草屋(Turf house)的露天博物館,讓人體驗過去幾世紀來先民用玄武岩、漂流木與草皮搭

建的傳統房舍。而室內的民俗博物館則收藏了六千多件文物,包括追溯至維京時代的捕魚和耕作工具。

MAP ▶ P.149A2

迪霍拉里燈塔

Dyrhólaey lighthouse

壯闊美景盡收眼底

🚗位於維克鎮以西10公里處,開車行駛1號環形公路,轉入218號公路開上土石斜坡即可抵達 🌐www.south.is/en/moya/toy/index/place/dyrholaey

白色城堡形狀的迪霍拉里燈塔建於1910年,燈塔高約13公尺,白牆配以紅色的裝飾位居在海崖的最高點。

在此處可以不同角度欣賞海岸風光,一邊是海蝕門與遠處的玄武岩岩壁,另一邊則是綿延無

盡的黑沙灘海岸線,另一面則是米達爾斯冰原(Mýrdalsjökull),將所有令人沉醉的美景盡收眼底。

南區 The South

MAP ▶ P.149A2

迪霍拉里海蝕洞

Dyrhólaey

鬼斧神工的自然奇景

📍 位於維克鎮以西10公里處，開車行駛1號環形公路，轉入218號公路開上土石斜坡即可抵達　🌐 www.south.is/en/moya/toy/index/place/dyrholaey

迪霍拉里是個高達120公尺高的海崖，海岬延伸至海中，因海蝕作用形成了一座巨大的天然拱門，正如其名「海崖的門洞」(The Hill Island with a Hole in the Door)之意，是冰島南部海岸必訪景點之一。當海面平靜時，船隻能穿越航行，甚至有小型飛機曾挑戰飛過海蝕門！

此處被認為是八萬年前由海底火山噴發而形成的，在海崖頂端可看到一望無際的海岸美景，包括外海上孤立的玄武岩小島、14公尺高的鷹岩(Arnardrangur)，以及遠方有名的為「海上小精靈」(Reynisdrangar)。

這裡和和附近的懸崖自1978年以來一直是自然保護區，也是各種海鳥的避風港，在5月~6月鳥類築巢季節，部分區域會關閉。

健行賞鳥

©Visit South Icelan

維克鎮海邊的峭壁孕育了許多海鳥，因此遊客喜歡由小鎮出發健行至崖上賞鳥，一路上可俯瞰維克鎮，並多次與冰島羊近距離接觸，走至峭壁旁，甚可觀賞美麗的海岸線，若在5月至9月初期間前往，可看到長相奇特、只在高緯度地區出現的海鸚(Puffin)。

🏠 雷尼斯加爾山崖(Reynisfjall)或迪霍爾拉里海蝕洞　📍 由維克鎮西邊出發，步行可達Reynisfjall山脊，或者可開車進入218號公路前往玄武岩海蝕洞（Dyrhólaey）

©Visit Iceland

維斯特曼群島 Vestmannaeyjar

`MAP ▶ P.119C2`

赫馬島

Heimaey

北方的龐貝古城

🚢由冰島南岸Landeyjahofn 碼頭搭乘渡輪搭約35分鐘可抵達赫馬島，旺季5月中~9月中船班較多；夏季時也可選擇搭飛機由雷克雅未克飛往維斯特曼群島，飛行時間約25分鐘。🌐維斯特曼群島旅遊網址www.visitvestmannaeyjar.is、渡輪票預定herjolfur.is、機票預定www.eagleair.is 💲渡輪2,200ISK，機票為浮動票價 ❗若欲駕車上渡輪需提早訂票，以免車位賣光

Eldheimar火山博物館

🏠Gerdisbraut 10, 900 Vestmannaeyjar ☎488-2700 ⏰13:15~17:00，每月開放時間會變動，請去電或上網查詢 💲全票2,900 ISK、優待票1,500~2,500ISK 🌐eldheimar.is

Ribsafari Round Boat Tour遊船環遊維斯特曼群島

🏠Tangagata 7, Vestmannaeyjar ☎661-1810 ⏰5~9月，每趟航程1.5小時 💲10,900ISK 🌐ribsafari.is

　　維斯特曼群島又稱為「西人島」(The Westman Islands)，離冰島南岸約10公里遠，由15座黑色小島嶼突出海面的礁岩而組成，以世界上最年輕的島嶼和火山、原始的自然風光與海鸚棲息地聞名。其中最大的赫馬島(Heimaey /Home Island)僅16.3平方公里，是唯一有人居住的島嶼，也

是世上最大的海鸚棲息地，變化無常的大自然和孤立的地理位置，使赫馬島民彼此互助、親切友善。每年夏天人口僅四千人的島上，會因音樂節而湧入兩萬多的遊客，熱鬧非凡。

　　赫馬島以漁業為主要產業，漁獲出口量佔冰島整體的15%，然而赫馬島在歷史上卻是多災多難。1973年，埃爾德(Eldfell)火山爆發，幾乎毀掉了整個市區與港口，當時約有四百棟房屋被摧毀，五千多居民被迫撤離小島。居民們在冰島南岸等待火山持續六個月停止噴發後，才再回到島上重建家園，過程艱辛感人，整個災難的發生與經過都被記錄在鎮中心的Eldheimar火山博物館。

　　若停留時間較長，建議可選擇健行路線認識這座島嶼，其中一條熱門的路線就是爬上高度約221公尺的埃爾德火山，可欣賞整座島與市區的全景，也可選擇搭乘快艇出海環繞附近小島，夏季時更可在海鸚回巢的傍晚期間，前往最南端的Stórhöfði(Great Cape)觀賞海鸚，在Stórhöfði半山腰的海鸚觀賞站(Puffin Lookout)是絕佳地點，此地以強風著名，並建有冰島最大的風力發電廠，前往時必須做好全副武裝。

赫馬島

A | B

1	渡輪港口 Ferry Terminal 赫馬島 Heimaey Skansinn
Ribsafari Viking Tours	
Saeheimar水族館 與自然博物館	北方龐貝城 Pompei of the North

Heiðarvegur

Strembugata

2 | Eldheimar
火山博物館
Eldfell火山
Helgafell火山

3 | 維斯特曼群島機場
Vestmannaeyjar Airport

5 | 海鸚觀賞站
Puffin Lookout
Stórhöfði

N

圖例 | ⊙景點 血博物館 ☆旅行社
❶遊客服務中心 ✈機場 ⚓碼頭

A | B

編輯筆記 ✎

流放奴隸之島

　　為什麼維斯特曼納群島會被稱為「西人島」(Westman Island)？由於這些島嶼既孤立又沒有任何可製作逃生船隻的木材，對古代挪威人(Norseman)來說，是流放奴隸的最佳場所，而當時許多奴隸來自於西邊的愛爾蘭，加上島嶼位置處於西邊，因此，這些奴隸在古挪威語就被稱為西人(Vestmenn/Westman)，群島也就理所當然地被命名為「西人島」。

©Visit South Icelan

©Kamika Smith

©Kamika Smith

敍爾特塞島Surtsey

　　敍爾特塞島位於冰島的極南點，1963~1967年期間由於海底130公尺深的火山爆發所形成的新島嶼，科學家根據北歐神話裡灶火神的名字命名。1963年敍爾特塞島開始突出海平面，其後歷經火山連續三年半噴發的堆積，最終形成一座遺世獨立的迷你島嶼，島嶼的面積最大值曾達2.7平方公里，約為一個迪士尼樂園的面積大小，但由於風和海的侵蝕，導致島嶼逐漸變小，到了2002年，島嶼面積為1.4平方公里。

　　敍爾特塞島目前為自然保護區，是一座最佳的原生態自然實驗室，生物學家和植物學家不但能長期觀察到生物型態在新陸地的生長過程，也能觀察到由洋流攜帶種子到

來。隨著時間過去，如今這座島嶼已經出現了約莫七十種以上的苔蘚、維管束和地衣植物，以及近百種的鳥類和三百多種的無脊椎動物。

　　目前島上僅限科學家登陸研究，一般遊客無法進入，若想了解更多島上的資訊，可參觀赫馬島鎮中心的Eldheimar火山博物館，或者選擇搭船出海親眼目睹這新誕生的島嶼。

©Visit South Iceland

東南部

The Southeast

文●墨刻編輯部
攝影●墨刻攝影組

冰島東南部的範圍從南端維克鎮(Vik)到霍芬鎮(Höfn)，距離總長兩百七十多公里，人口大多集中在霍芬鎮，這裡可說是充斥著小矮人及雪巨人的童話王國，沿途景色可用「冰與火之歌」形容，越往東走，情節越劇力萬鈞。

冰島最大的瓦特納冰原(Vatnajökull)盤據此區，它的下游成了夢幻絕美的傑古沙龍冰河湖、史卡夫塔山自然保護區及數座冰川，冰川健行絕對是必體驗活動之一。此區的拉基火山曾造成人類歷史上的大災難，如今熔岩層上長滿了抹茶綠的苔癬，黑沙灘則是冰與火碰撞後的產物，海岸之間的平原則多為荒蕪之地。

冰島東南部一年四季都適合遊客前往，冬季時，由首都雷克雅未克開車自駕遊，多半於霍芬鎮止步。這裡熱門的旅遊方式是登上冰川健行、冰洞探險、在冰原騎雪上摩托車、到傑古沙龍冰河湖乘坐水陸兩用船，或者到史卡夫塔國家公園登山健行。

東南部之最The Highlight of Southeast of Iceland

傑古沙龍冰河湖 Jökulsárlón
冰川融化後緩緩流入冰河湖，大量色彩美麗的藍色浮冰載浮載沉，風和水將浮冰雕刻成各種形狀，形成了讓人屏息的美景。(P.165)

瓦特納冰原
Vatnajökull
冰島與歐洲最大的冰原，盤據著整個東南部，邊緣的眾多冰川分支是最熱門的冰川活動場所，無論是健行或冰洞探險都令人畢生難忘。(P.162)

鑽石冰沙灘
Diamond Beach
黑沙灘上堆滿了冰塊，像撒落一地，透過陽光的照射，閃爍的光芒更顯得夢幻，冰與火的碰撞以最浪漫的方式呈現。(P.166)

羽毛河峽谷
Fjaðrárgljúfur
冰島最美麗的峽谷之一，大自然將峽谷雕刻得陡峭險峻，綠色植被爬滿了峭壁，冰川澄淨河水蜿蜒流下，登上小徑俯瞰深淵，美不勝收。(P.170)

霍芬鎮Höfn
前往小鎮上最知名的龍蝦餐廳，品嘗剛由漁船捕捉回港鮮甜軟嫩的冰島海螯蝦，無論是海螯蝦披薩、焗烤海螯蝦都讓人回味無窮。(P.171)

INFO

如何前往
航班
　　由首都雷克雅未克可搭乘國內航班飛往霍芬機場，機場位於霍芬鎮西北方約6.5公里處，Eagle Air航空公司全年都有提供往返雷克雅未克之間的航班。疫情期間，航空公司班次和班表變動幅度較大，相關資訊請洽航空公司或上網查詢。

* **霍芬國內機場 Hornafjörður Airport**
🌐www.isavia.is/en/hornafjordur-airport
* **Eagle Air**
🌐www.eagleair.is/destinations/hofn

巴士
　　夏季旅遊旺季期間，可搭乘由雷克雅未克出發的長途巴士抵達霍芬鎮。非夏季期間班次減少，若要搭乘巴士旅遊，務必要查詢巴士在中轉站停留的時間，以及轉車時與下班車發車時間是否能夠銜接。Strætó、Reykjavik Excursions、Sterna提供由雷克雅未克往返教堂鎮(Kirkjubæjarklaustur)、傑古沙龍冰河湖(Jökulsárlón)、霍芬鎮的巴士路線。疫情期間，各家公司班次和班表變動幅度較大，相關資訊請洽各大公司或上網查詢。

* **Reykjavik Excursions**
🌐www.re.is
* **Strætó**
🌐straeto.is
* **Sterna**
🌐icelandbybus.is

開車
　　東南區的路況與西南部雷同，屬於冰島全島公路品質最完善的地區。
　　從雷克雅未克出發，沿著1號環狀公路行駛可前往東南部，大部分路段皆為容易行駛的柏油路。若是在冬

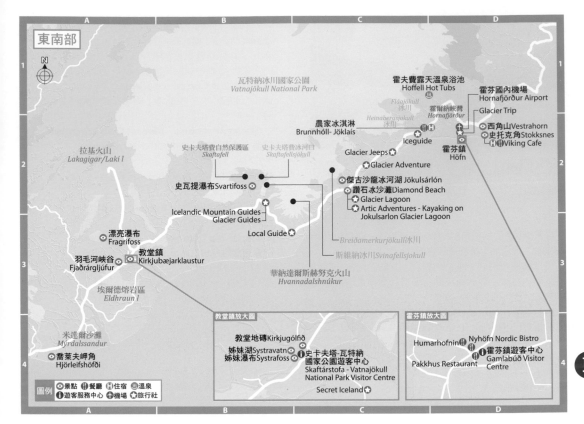

東南部

瓦特納冰川國家公園
Vatnajökull National Park

拉基火山
Lakagigar/Laki I

史卡夫塔費自然保護區
Skaftafell

史卡夫塔費冰河口
Skaftafellsjökull

霍夫費露天溫泉浴池
Hoffell Hot Tubs

Flúajökull
冰川

霍芬國內機場
Hornafjörður Airport

Heinabergsjökull
冰川

霍爾納峽灣
Hornafjörður

Glacier Trip

農家冰淇淋
Brunnhóll - Jöklaís

西角山 Vestrahorn
史托克角 Stokksnes
Viking Cafe

Iceguide

Glacier Jeeps

霍芬鎮
Höfn

史瓦提瀑布 Svartifoss

Glacier Adventure

傑古沙龍冰河湖 Jökulsárlón
鑽石冰沙灘 Diamond Beach
Glacier Lagoon
Artic Adventures - Kayaking on
Jokulsarlon Glacier Lagoon

Icelandic Mountain Guides
Glacier Guides

漂亮瀑布
Fragrifoss

羽毛河峽谷
Fjaðrárgljúfur

Local Guide

教堂鎮
Kirkjubæjarklaustur

Breiðamerkurjökull冰川

斯維納冰川 Svinafellsjokull

埃爾德熔岩區
Eldhraun I

華納達爾斯赫努克山
Hvannadalshnúkur

米達爾沙灘
Mýrdalssandur

喬萊夫岬角
Hjörleifshöfði

教堂鎮放大圖

教堂地磚 Kirkjugólfið
姊妹湖 Systravatn
姊妹瀑布 Systrafoss

史卡夫塔-瓦特納
國家公園遊客中心
Skaftárstofa - Vatnajökull
National Park Visitor Centre

Secret Iceland

霍芬鎮放大圖

Humarhofnin
Nyhöfn Nordic Bistro
Pakkhus Restaurant
霍芬鎮遊客中心
Gamlabúð Visitor
Centre

圖例 ●景點 ●餐廳 ●住宿 ●溫泉
●遊客服務中心 ●機場 ●旅行社

冰島…東 南部 The Southeast

季期間造訪，建議選擇性能更好的4WD車輛，較無後顧之憂。冰島天氣瞬息萬變，建議出發前，先查詢該日的天氣與路況再上路。

・冰島天氣
Vedur.is

・冰島路況
Road.is

觀光行程

冰島東南部地形主體為瓦特納冰原，因此，觀光重點與活動以冰川、冰河湖為主，包括冰川健行、攀冰、藍冰洞、冰洞探險、雪地摩托車、乘坐水陸兩用船遊冰河湖等等。除此，拉基火山區也包括在瓦特納國家公園範圍內，由於開車需4WD，且有涉水的可能，最好的方式是參加當地旅遊團。若是開車自駕遊，只需前往活動地點集合即可。

若無開車，可參加巴士觀光旅行團，選擇由雷克雅未克出發的一日觀光行程，或者南岸2~3日觀光行程。

以下為冰島一些主要營運南岸巴士觀光行程的旅遊公司與預訂平台。唯時間表可能時有異動，下述各行程的正確時間請隨時上網查詢。

・Gatway to Iceland
www.gtice.is

・Gary Line
grayline.is

・Reykjavik Sightseeing
reykjaviksightseeing.is

・Reykjavik Excursions
www.re.is

・Guide to Iceland
Cn.guidetoiceland.is/book-trips-holiday

冰川健行Glacier Walks

冰川健行是此區最熱門的活動，瓦特納冰原(Vatnajökull)是冰島與歐洲最大的冰原，其分支史卡夫塔的斯維納冰川(Svinafellsjokull)則是著名的冰川健行地點之一，冰川健行依依時間長短與困難度分類，

157

有從2.5小時的初級至5小時中級等不同，有些包含冰洞探險，有些則含挑戰度較高的攀冰活動。

　若自駕開車前往，集合地點多為瓦特納國家公園的停車場，幾家主要的冰川健行旅行社在停車場內都有小木屋，提供諮詢服務。

・Icelandic Mountain Guides─Blue Ice Experience
🔘Sales Lodge next to Skaftafell National Park Visitor Center
☎587-9999
🔽全年，行程約3.5小時
💲11,300ISK起
🌐www.mountainguides.is

・Glacier Guides─Glacier Wonders
🔘集合處在Skaftafell 的Glacier Guides Office
☎562-7000
🔽全年，行程約4小時
💲14,490ISK起
🌐www.glacierguides.is/
glaciertripsfromskaftafell/glacierwonders

・Local Guide─Glacier Encounter
☎894-1317
🔽夏季出發，行程約3小時
💲11,900ISK起
🌐localguide.is

冰洞、藍冰洞探險Ice Cave、Blue Ice Cave Tours

　冰島的冰洞與藍冰洞探訪僅在每年11月~3月開團，因為夏季時氣溫升高，冰洞易融化崩塌，因此僅能在冬季造訪。

　冰洞的形成其實是因為夏季時冰川融化時的水順著冰川的隙縫流下，自然而然形成了一個通道，等到冬天時又結冰凝固，因而形成了各種大小、顏色與形狀的洞穴，每年都不一樣。

　瓦特納冰原的南部每年除了會形成許多冰洞，探訪冰洞耗時約3小時，有些行程會加上冰川健行，屬於適合大眾的容易等級。在更深入冰原之處還有透光度更高，較無參雜雜質的美麗藍冰洞，最常見的是傑古沙龍冰河附近的Crystal Ice Cave，想要親眼見識，通常需步行1~2小時才能抵達，整個探訪活動花費約6個小時。

・Glacier Adventure─Blue Ice Cave Adventure
🔘集合地點在Hali 的Glacier Adventure
☎571-4577
🔽11~4月9:00、9:30出發，行程約5~6小時
💲29,900ISK起
🌐glacieradventure.is/tour/blue-ice-cave-adventure/

・Glacier Trip─Ice cave Adventures dream
🔘集合地點在Jökulsárlón停車場
☎779-2919
🔽11~3月10:30出發，全程約5~6小時
💲29,900ISK起

©Visit South Icelan

glaciertrips.is
- **Local Guide—Ice Cave Tour**
- 集合地點在Jökulsárlón停車場
- 894-1317
- 11~4月每日出發時間不同，請見網站，全程約3~4小時
- 19,900ISK
- localguide.is

冰河湖遊船、划獨木舟Jökulsárlón Boat Tours/ Kayaking Tours

　　搭船航行於漂浮著巨大冰山與形狀不一冰塊的傑古沙龍冰河湖中，還可以在船上品嘗千年歲月的冰塊，若搭乘Zodiac船則可以接近冰川的邊緣，還可以選擇在冰河湖上划行獨木舟(Kayaking)。幸運的話，甚至可以看到一些海豹，行程時間約40~90分鐘。集合地點多在傑古沙龍冰河湖停車場附近。

- **Glacier Lagoon—Amphibious Boat Tours**
- Jökulsárlón ehf停車場附近
- 478-2222
- 行程約約35分鐘
- 6,300ISK
- icelagoon.is/amphibian-boat-tours
- **Glacier Lagoon—Zodiac Boat Tours**
- Jökulsárlón ehf停車場附近
- 478-2222
- 行程約1小時15分
- 13,900ISK
- icelagoon.is/zodiac-tours/
- **Artic Adventures—Jokulsarlon Glacier Lagoon Kayak Tour**
- Jökulsárlón停車場附近
- 562-7000
- 5~9月，行程約1.5小時
- 12,900ISK
- adventures.is/iceland/day-tours/kayaking/kayaking-on-jokulsarlon-glacier-lagoon

©Visit South Iceland

MAP ▶ P.157B2

瓦特納冰川國家公園
Vatnajökull National Park
歐洲與冰島最大的國家公園

🚗 開車走1號環形公路，可抵達史卡夫塔費遊客中心和傑古沙龍冰河湖等景點 🕸 www.vatnajokulsthjodgardur.is/en

瓦特納冰川國家公園成立於2008年6月，面積廣大的保護區由瓦特納冰原(Vatnajökull)與廣泛的周邊地區組成。

瓦特納冰原是冰島與歐洲最大的冰川，位於冰島東南方，面積為8,100平方公里，覆蓋了冰島約8%的面積。國家公園的範圍包括了南邊的史卡夫塔費(Skaftafell)、北邊的冰川河峽谷(Jökulsárgljúfur)、西邊的拉基火山口群、傑古沙龍冰河湖及東邊的霍芬(Höfn)等區域，總面積逾一百四十萬公頃，占了整個國家的14%，是歐洲最大的國家公園，可看到冰川、火山、冰河湖、瀑布、地熱活動作用的獨特景觀，以及火山爆發後遺留下來的痕跡。

冰島的最高峰，也就是高達2,110公尺的華納達爾斯赫努克火山(Hvannadalshnúkur)，也位在瓦特納冰川國家公園內。瓦特納冰原在近年開始融化，其分支冰川也漸漸後退，這可能全球暖化和火山活動有關。

©Visit Iceland

MAP ▶ P.157B2

史瓦提瀑布

MOOK Choice

Svartifoss

最搶鏡黑色玄武岩瀑布

🚗 開車走1號環形公路，可抵達史卡夫塔費停車場與遊客中心，或從霍芬鎮搭巴士51號於Skaftafell站下車即達 🌐 www.south.is/en/inspiration/images/nature/skaftafell-svartifoss-go

冰島明信片上的最常見的明星之一就是史瓦提瀑布，辨識度極高，像堡壘般的黑色玄武岩柱包圍住瀑布，也被稱為「黑瀑」，水流落下後的潭面清澈見底。

從史卡夫塔費遊客中心出發步行，單程1.9公里，來回約1.5~2小時，是一段須爬坡的徒步路線，建議穿著適合步行且防水的鞋子，也可帶食物來此享用美食與美景，瀑布稍遠處有冰川觀景台Sjonarsker，可以一覽冰川與其周圍的絕美風景。

冰原、冰川、冰帽、冰蓋小百科

「冰原」(Ice field)通常在盆地或者高原上形成，由於大量降雪的累積，加上受重力的壓縮、結冰，一層一層堆疊擠壓最終形成了冰原。

冰原的邊緣形成了「冰川」(Glacier)，並在重力推動下流出，與冰原上持續的降雪產生的重力形成了巧妙的平衡。由於冰原分布於廣大陸地上，較不容易像冰川般因為重力影響而流出。

「冰帽」(Ice Cap)則顧名思義，冰川形狀呈現如帽子般的圓頂，且覆蓋少於五萬平方公里的陸地面積，若超過了五萬平方公里以上就稱為「冰蓋」(Ice Sheet)，也稱作大陸冰川。

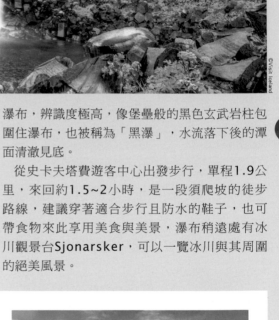

©Visit South Iceland

MAP ▶ P.157B2

史卡夫塔費自然保護區

Skaftafell

國家公園皇冠上的寶石

🚗 開車走1號環形公路，可抵達史卡夫塔費停車場與遊客中心，或從霍芬鎮搭巴士51號於Skaftafell站下即達 🏠 Skaftafellsstofa, 785 Öraefi 🌐 www.visitvatnajokull.is

史卡夫塔費自然保護區位於瓦特納冰川國家公園的南方，屬於國家公園的一部分，也是較易抵達且資訊豐富的景點。

史卡夫塔費有令人驚奇的連綿山峰與冰川，是冰島最受歡迎的荒野之地之一，每年約有十六萬遊客來此造訪令人驚嘆的玄武岩瀑布、樺樹森林以及色彩明亮的瓦特納冰川。

史卡夫塔費於1967年成為國家公園，但在2008年合併成為瓦特納冰川國家公園的一部分，區域內有多條徒步路線，有的通往史卡夫塔費冰河口，有的通往周圍大大小小瀑布與景點，其中最受遊客歡迎的就是充滿黑色玄武岩的史瓦提瀑布。

史卡夫塔費遊客中心的停車場也是熱門冰川活動的集合地點，許多大型的冰川活動旅行社在此都設有小木屋諮詢處。

史卡夫塔費冰河口Skaftafellsjökull

從服務中心輕鬆步行約1~1.5小時的徒步路線(3.7公里)，即可到達史卡夫塔冰河口，像是整條冰河傾倒於平原，夏季時，融化的冰河水夾雜泥沙形成和緩流水，遊客雖可近距離靠近冰河口，但因末端隨時都有可能崩塌，因此若無專業人員帶領攀登冰原，是禁止遊客攀爬的。

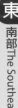

MAP ▶ P.157C2

傑古沙龍冰河湖

MOOK
Choice

Jökulsárlón

飄著浮冰的夢幻湖泊

🚌 從霍芬鎮搭巴士19號於Jökulsárlón站下，或開車走1號
公路 🌐 www.south.is/en/what-to-see-do/nature/
jokulsarlon-glacier-lagoon ❗千萬不要踏上浮冰上，每年
都有遊客因此發生意外

　　傑古沙龍冰河湖屬冰河潟湖，位於冰島東南部
環島公路邊，介於霍芬鎮與史卡夫塔之間。

　　大量而色彩美麗的藍色浮冰，源自布雷莎莫克
冰川融化後(Breiðamerkurjökull)，緩緩流經傑
古沙龍冰河湖，在這25平方公里的冰河湖中緩緩
漂浮5年，最後再進入海洋。

　　之所以會形成這樣特殊的美景，是因為在
1932年時，接近環島公路的冰河口融化快速而
積成湖泊，因此，它的年齡約僅有八十餘年，然
而由於全球暖化導致冰川後退，冰河湖面積也持
續在擴大中。

　　湖口入海處由於有大量的魚類，因此可看到成
群的海鳥及海豹在此聚集出沒，除了拍照賞浮冰
外，還可付費搭乘船隻聽解說員的介紹。

　　傑古沙龍冰河湖曾是許多電影的拍攝地，如
007系列電影《雷霆殺機》、《誰與爭鋒》及
《古墓奇兵》等，受歡迎的程度由此可知。

165

霍夫費露天溫泉浴池

Hoffell Hot Tubs

在巨石與曠野中泡湯

🏠 Hoffelli 2B, 781 Hornafjordur ☎ 478-1514 💲 2,000ISK 🌐 glacierworld.is

2014年Hoffell Guesthouse旅社新開張，包括戶外的露天溫泉浴池。就算你不打算在此住宿，也可以前往泡湯。

露天溫泉浴池共有五個獨立的地熱熱水浴缸，一切都採取自助式，更衣室與淋浴都在後方，連入場費都只是設置一個簡便的箱子，請客人自行投錢進去。樸實簡單的溫泉浴池，可以減輕些開車趕路的疲勞。選定了適合溫度的浴池，你可以一邊泡湯，一邊欣賞遠方的山景，營業時間到很晚，傍晚時刻還可以在其中享受日落。

鑽石冰沙灘

MOOK Choice

Diamond Beach

撒落一地的晶瑩剔透

🚗 開車走1號環狀公路，或者從霍芬鎮搭巴士19號於Jökulsárlón站下車，靠海的一側有停車場　備註：拍照時須留意腳步與不時襲來巨浪

冰島最浪漫夢幻的風景之一，鑽石冰沙灘位於傑古沙龍冰河湖的入海口處，黑色的沙灘上推滿了被大海海浪沖回的巨大冰塊，像極了大大小小撒落在黑沙上的巨鑽與碎鑽，透過陽光的照射，閃爍的光芒更顯得夢幻浪漫。

從布雷莎莫克冰川上融化且墜落的冰山與冰塊，歷經漫長的旅程最終緩緩地飄入入海口，這裡是前往大西洋旅程的最後一站，也是最夢幻的拍照地點之一。

農家冰淇淋
Brunnhóll-Jöklaís

在傑古沙龍冰河湖與霍芬鎮的公路上，有家網路人氣名店Brunnhóll。這家已由家族第二代經營的Brunnhóll同時經營農場、旅館與餐廳，其中最受好評的就是使用自家牛奶製作的冰淇淋。這裡的冰淇淋稱為冰川冰淇淋Jöklaís(Glacier Ice Cream)，使用一早擠出的牛奶當日製作出不含化學添加的冰淇淋。

🚗 從傑古沙龍冰河湖沿1號公路繼續往霍芬鎮方向行駛，約35分鐘就會到達 🏠 Brunnholl, 781 Hornafjorour ☎ 478-1029 🌐 旅館brunnholl.is、冰淇淋joklais.is

拉基火山
Lakagigar/Laki

歷史上單次最大規模的噴發

🚗 開車自駕於F206號公路進入行駛約50公里崎嶇難行的路徑即可抵達停車場，F206道路僅限6~9月夏季期間開通，此路段沿途會經過多條河流，僅限底盤較高的4WD車輛通行。建議參加當地專業的超級吉普旅行團。 🌐www.vatnajokulsthjodgardur.is/en/areas/laki-eldgja-langisjor 　備註：只有在瓦特納冰川國家公園出版的地圖上所標註的道路上才允許駕駛，越野駕駛是完全被法律所禁止的。

©Secret Iceland

拉基火山一整排的火山口群，實際上是火山裂縫爆發的產物。1783年6月拉基火山130個火山口發生大規模的噴發，整個噴發持續了8個月，總共噴出了多達20立方公里的熔岩和大量火山灰，一億兩千萬噸的二氧化硫，有毒氣體蔓延至歐洲和北非上空，導致1/4的冰島人因為中毒和饑荒而喪命，據說火山造成的饑荒與貧困，甚至導致了1789年的法國大革命，是歷史上最災難的火山爆發之一。

熔岩覆蓋了教堂鎮(Kirkjubæjarklaustur)以西約565平方公里的區域稱之為埃爾德熔岩區(Eldhraun)，目前則遍布抹茶綠的柔軟苔蘚。若參加當地旅行團進入此區，還會在美麗的漂亮瀑布(Fragrifoss)停留。

冰島‧‧‧**東** 南部The Southeast

喬萊夫岬角
Hjörleifshöfði/ Headland

最佳歷史地理課教材

🚗 沿著1號環狀公路行駛轉入Hjörleifshöfði行駛約3公里即可抵達岩石佇的停車場 🌐www.south.is/en/what-to-see-do/nature/hjorleifshofdi ❗附近有碎石路面，若行駛於沙灘上容易卡輪。

©Visit South Iceland

距離維克鎮以東約15公里處，有一塊巨大的岩石佇立於米達爾沙灘(Mýrdalssandur)的海岸線上，高約221公尺，估計是在冰河時期後期由冰川下火山噴發所形成的一座島嶼。

根據冰島《殖民之書》(Landnámabók)紀載，西元874年離開了挪威的英格爾弗‧阿納森與他的兄弟喬萊夫(HjörleifurHróðmarsson)來到了冰島，他們在中途分道揚鑣，喬萊夫最初抵達的地點就是這裡，然而當時這座島嶼已與陸地連結，海岸線正位於Hjöleifshöfði的懸崖邊，而不是現在更南邊的位置。之後卡特拉火山(Katla)數度爆發，噴發物使此地被沙子和礫石填滿，以至於岬角現在不在海岸邊，而是被陸地所環繞。

這座崛起的岬角附近設有徒步路線，可發現奇異的洞穴(Hjörleifshöfði Cave)。此外，2016年的電影《星際大戰外傳：俠盜一號》(Rogue One: A Star Wars Story)也曾在此取景拍攝。

©Visit South Iceland

MAP ▶ P.157A3

教堂鎮

Kirkjubæjarklaustur

城鎮間的中繼站

史卡夫塔遊客中心
Skaftárstofa - Vatnajökull National Park Visitor Centre
⌂Klausturvegur 10, 880 Kirkjubaejarklaustur ☎487–
4620 ⓦwww.visitklaustur.is

　教堂鎮位於維克鎮以東約74公里處，
「Kirkjubæjarklaustur」冰島文的意思可拆成
三段，Kirkju為「教堂」之意，bæjar為「農
場」，Klaustur則為「修女院」，早期是因為
愛爾蘭修士在此居住而取名「Kirkjubæjar」，
後來又加了一座修女院，因此地名便成了
「Kirkjubæjarklaustur」，由於唸起來十分繞
口，很多人直接稱呼為「教堂鎮」，或者簡稱為
「克勞斯特」(Klaustur)。

　教堂鎮極小，但其中有提供實用旅遊資訊的遊
客中心，周遭的景點包括西邊的姊妹瀑布與姊妹
湖(Systrafoss and Systravatn)、面積廣大長滿

沒有教堂的教堂地磚

　占地約八十平方公尺的柱狀玄武岩整齊地排列
在地上，乍看宛如教堂的地面石磚，因而給了此
處Kirkjugólfið(The Church Floor)的名稱。事實上
這裡從來沒有教堂，奇妙的地面石磚出自於大自
然的巧奪天工，地面上六角形的排列是來自於冰
川和海浪長期的侵蝕所塑造。

🚗由1號環形公路駛入203號公路即可抵達景點停
車場 ⓦwww.visitklaustur.is/en/to-see/natures-
wonders/kirkjugolf-1

©Secret Iceland

苔原的埃爾德熔岩(Eldhraun)，以及東邊由柱狀
玄武岩形成的奇妙教堂地磚(Kirkjugólfið)。

MAP ▶ P.157D2

西角山&史托克角
Vestrahorn & Stokksnes

冰島的天空之鏡

Viking Café

由赫本往東沿1號環形公路行駛，往南轉入標示著史托克角的公路約4.5公里即達 Horni, 781 Höfn. 478-2577 900ISK vikingcafe.is

　　位於霍芬東邊約7公里處，有座高約450公尺的西角山，山脈最大的特徵就是尖聳的山峰上宛如長角般有形有款，若遇到天氣晴朗，無風無雨，而且水面未結冰的日子，就能在水面上看見山脈的倒影，宛如天空之鏡，因此，吸引許多攝影愛好者前往。

　　要注意的是，前往此處需行經私人領土，因此，必須先前往史托克角的Viking Café付費後才能進入。

　　Viking Café的老闆除了提供咖啡、鬆餅外，還在此處經營旅館、馬匹出租等生意，這裡還有以前拍攝電影而留下的維京農村(Viking Village)布景供遊客拍照。

冰島…**東** 南部The Southeast

©Visit Iceland

©張智瑞攝

MAP ▶ P.157A3

羽毛河峽谷

MOOK Choice

Fjaðrárgljúfur

大自然雕刻的絕世美景

🚗 行駛1號環形公路轉入206號公路，行駛約3公里崎嶇難行的碎石路即可抵達停車場

©張智瑞攝

　　羽毛河峽谷(Feather River Canyon)名稱來自於流經其中、侵蝕切割出壯觀絕美峽谷的羽毛河(Fjaðrá)。

　　峽谷深約100公尺、長約2公里，峽谷岩床(Bedrock)的形成可以追溯到大約兩百萬年前的冰河時期，而約九千年前冰河時期結束時，冰川逐漸後退，冰川邊緣的河流沖下侵蝕切割岩石裂縫，漸漸形成今天看到的模樣。

　　峽谷內有陡峭的岩壁和蜿蜒流經的河流，綠色植被爬滿了峭壁，冰川澄淨河水蜿蜒流下，沿著峽谷邊緣上的步道行走，俯瞰大自然雕刻的曲折峭壁與深淵，美不勝收，讓人有種遺世獨立之感，難怪被許多人封為「世界最美麗峽谷」。

©Visit South Iceland

MAP ▶ P.157D2

霍芬鎮

Höfn

海港與龍蝦小鎮

霍芬鎮遊客服務中心

🚌 從雷克亞未克搭巴士51號於Höfn下,或開車走1號環形公路 🏠Heppuvegur 1, 780 Höfn ☎470-8330 🌐www.visitvatnajokull.is

霍芬鎮是冰島東南部第二大城鎮,「Höfn」冰島語意指「海港」,為了避免搞混,許多人稱之為霍爾納峽灣裡(Hornafjörður)的霍芬(Höfn)。

霍芬以漁業及觀光為主要收入;位於瓦特納冰原(Vatnajökull)附近,在鎮上即可看到這個歐洲體積最大的冰帽美景。

熱門的觀光路線是到傑古沙龍冰河湖搭乘水陸兩用船欣賞美麗冰貌,或是到冰原騎雪上摩托車;若想在鎮內觀光,可至位於歷史建築物裡的霍芬鎮遊客服務中心參觀冰川展覽與導覽影片。

龍蝦小鎮大啖美食

小漁村霍芬鎮被譽為北方的龍蝦之都,大部分的遊客來到這裡都會品嚐冰島的新鮮小龍蝦(Humar)鮮甜軟嫩的滋味。事實上俗稱的小龍蝦(Humar)指的是海螯蝦(Langustine),海螯蝦僅有野生的,遍布在大西洋東北海域,橘紅的外殼顏色,長著兩隻長鉗,但肉質比蝦子更細緻軟甜。

鎮上有幾家有名的龍蝦餐廳皆提供各式海螯蝦料理,如海螯蝦披薩、焗烤海螯蝦等等,使用在地新鮮生猛的海鮮食材,呈現出海螯蝦最精美滋味。除了螯蝦以外,菜單上也提供各式菜色如紅點鮭、羊肉及北歐風格料理。

Pakkhus Restaurant

🏠Krosseyjarvegur 3, 780 Höfn ☎478-2280 🕐17:00~21:00 💲主菜3,300~7,900ISK 🌐www.pakkhus.is

東部

The East

文●墨刻編輯部
攝影●墨刻攝影組

冰島東部的邊緣與雷克雅未克相距甚遠，仍保留了自然蠻荒的野性，有著賞心悅目的美景。

來到此處，一切看起來和感覺起來都加大：峽灣更陡峭、山脈更高聳，土地上幾乎沒有人或建築物，甚至在夏日旅遊旺季時，都很難發現人潮，因此很容易有遺世獨立之感，但也能讓人真正體驗到何謂與自然融為一體。這正是擁有無敵美景、深邃狹長的東峽灣最大的吸引力。

東峽灣是遊覽東部的重點，這裡是維京人離開挪威後，航行至冰島第一個抵達的地方。一千年前，維京人就對此地杳無人煙且無盡壯闊的高聳山峰為之驚艷，而如今壯闊的景觀依舊不變，必訪亮點包括被譽為最美峽灣小鎮的塞濟斯菲厄澤(Seyðisfjörður)，電影《白日夢冒險王》裡主角班史提勒的滑板公路就在此處。開車沿著1號環狀公路彎彎曲曲的路徑前進，就可通往深邃的山谷、峽灣裡的小漁村。

東部之最The Highlight of East of Iceland

塞濟斯菲厄澤Seyðisfjörður
東部最美峽灣小鎮，白雪皚皚的高聳山脈前排列著一棟棟粉彩色的小木屋，波光粼粼的峽灣水面倒印著山影，真正的世外桃源。(P.180)

埃伊爾斯塔濟Egilsstaðir
冰島東部的第一大城，不僅是東部公路、巴士的交通樞紐，也是環島自駕遊的中途停靠站。許多一日遊觀光團皆由此出發。(P.179)

福斯克魯斯菲厄澤Fáskrúðsfjörður
這裡的街道名標示的語竟是法文！洋溢著法國風情的峽灣小鎮，除了美麗的風景外，還遺留著早期法國漁工移居的歷史。(P.182)

布蘭斯峰Búlandstindur
比例完美的金字塔聖山，使附近的都皮沃古爾小鎮也被稱為聖山小鎮，據說夏至時對著聖山許願，願望就能成真。(P.183)

INFO

如何前往
航空
　　由首都雷克雅未克可搭乘國內航班飛往埃伊爾斯塔濟機場,機場位於市中心北邊約1公里處,可搭乘Air Iceland往返首都雷克雅未克之間,全年皆有航班,由於冬季航班十分搶手,務必提早預訂。

　　也可由雷克雅未克搭乘國內航班飛抵東北部的沃普納菲厄澤機場,然而整段航程並無直飛班機,必須先經由北部大城阿庫瑞里(Akureyri)和北部的索爾斯港(Þórshöfn)轉機1~2次。

　　疫情期間,各家航空公司班次和班表變動幅度較大,相關資訊請洽各大航空公司或上網查詢。
- **埃伊爾斯塔濟國內機場 Egilsstaðir Airport**
www.isavia.is/en/egilsstadir-airport
- **沃普納菲厄澤國內機場Vopnafjordur airport**
www.isavia.is/en/vopnafjordur-airport
- **Air Iceland**

www.airiceland.is

巴士
　　埃伊爾斯塔濟是冰島東部1號環形公路上主要的大站,由Strætó營運的巴士提供從北部大城阿庫瑞里(Akureyri)經過雷克利茲(Reykjahlíð)往返埃伊爾斯塔濟的巴士,車程約3小時半,全年營運。
Strætó
straeto.is/

開車
　　無論從首都雷克雅未克或由北部大城阿庫瑞里出發,開車沿1號環狀公路即可前往東部,冬季由於氣候與降雪的原因,路面常有積雪結冰的狀況,務必租用適用的4WD車輛,小心慢行。

　　由於公路可能封閉,出發前務必上網查詢天氣與路況。若是搭乘飛機前往埃伊爾斯塔濟,許多知名租車公司如Hertz、Avis、Budget在埃伊爾斯塔濟機場都設有租車櫃台。
冰島天氣
Vedur.is

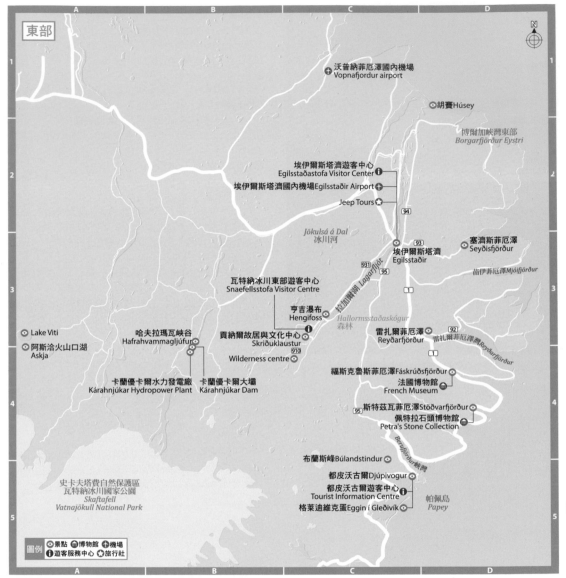

東部

沃普納菲厄澤國內機場
Vopnafjordur airport

胡賽Húsey

博爾加峽灣東部
Borgarfjörður Eystri

埃伊爾斯塔濟遊客中心
Egilsstaðastofa Visitor Center

埃伊爾斯塔濟國內機場Egilsstaðir Airport

Jeep Tours

94

93

塞濟斯菲厄澤
Seyðisfjörður

埃伊爾斯塔濟
Egilsstaðir

苗伊菲厄澤Mjóifjörður

Jökulsá á Dal
冰川河

931

拉加爾湖 Lagarfljot

95

1

瓦特納冰川東部遊客中心
Snaefellsstofa Visitor Centre

亨吉瀑布
Hengifoss

Hallormsstaðaskógur
森林

雷扎爾菲厄澤
Reyðarfjörður

92

雷扎爾菲厄澤灣Reyðarfjörður

Lake Viti

阿斯洽火山口湖
Askja

哈夫拉瑪瓦峽谷
Hafrahvammagljúfur

貢納爾故居與文化中心
Skriðuklaustur

Wilderness centre

910

福斯克魯斯菲厄澤Fáskrúðsfjörður

法國博物館
French Museum

卡蘭優卡爾水力發電廠
Kárahnjúkar Hydropower Plant

卡蘭優卡爾大壩
Kárahnjúkar Dam

95

斯特茲瓦菲厄澤Stöðvarfjörður

佩特拉石頭博物館
Petra's Stone Collection

1

布蘭斯峰Búlandstindur

Berufjörður峽灣

都皮沃古爾Djúpivogur

史卡夫塔費自然保護區
瓦特納冰川國家公園
Skaftafell
Vatnajökull National Park

都皮沃古爾遊客中心
Tourist Information Centre

格萊迪維克蛋Eggin í Gleðivík

帕佩島
Papey

圖例 ⦿景點 🏛博物館 ✈機場
ⓘ遊客服務中心 ✪旅行社

冰島路況
🔗Road.is
租車
・Hertz Iceland
☎522-4400
🔗www.hertz.is
・Avis
☎591-4000

🔗www.avis.is
・Europcar Iceland
☎568-6915
🔗www.holdur.is
・Budget Car& Van Rental
☎562-6060
🔗www.budget.is

©Secret Iceland

渡輪

由丹麥 Hirtshals港口往返冰島東峽灣小鎮塞濟斯菲厄澤(Seyðisfjörður)的渡輪，航行路線會經過中途的法羅群島，夏季時航班每周1～2班，11月～翌年3月無航班，實際發船航班及時間請上網或去電查詢，渡輪上可付費攜帶自己的車輛進入冰島。

‧Smyril Line

☎+45 96 55 85 00 (丹麥公司客服專線)

💲價格依艙房等級、淡旺季彈性調整，請上網或去電查詢。

🌐www.smyril-line.com/

觀光行程

冰島東部除了險峻的東峽灣美景，還包括瓦特納冰川國家公園裡的高地地區：火山口、峽谷、湖泊、熔岩區。在瓦特納冰川範圍內，高地植被更綠、冰川更白、熔岩更黑，景觀呈現出非凡的色彩。

東部的觀光行程包含了各種陸上與水上活動，可以選擇由埃伊爾斯塔濟出發的各種一日團體遊。唯時間表可能時有異動，下述各行程的正確時間請隨時上網查詢。

高地、阿斯洽火山熔岩區一日遊

　　搭乘配有特殊裝備的4WD車由埃伊爾斯塔濟出發，進入遙不可及的高地地區，探索冰島東部最壯觀的景點。行程將穿越冰島最大的卡蘭優卡爾大壩(Karahnjukar)及壯觀的哈夫拉瑪瓦峽谷(Hafrahvammagljúfur)，經過瓦特納冰川國家公園的貧瘠荒野，前往阿斯洽火山口(Askja)。

　　行程中包括一段2.4公里的步行前往火山口湖Vit和阿斯洽火山口湖的徒步，之後前往坐落在冰川與火山口附近的Holuhraun新熔岩區，體驗何謂真正冰與火的國度。Jeep Tours也提供其他不同主題的一日遊，如探尋野生馴鹿與溫泉一日遊等。

・Jeep Tours—Wild Reindeer and Warm Nature Bath
🏠可至Egilsstaðir區域內的飯店接客
☎867-0528
🕐行程約7~8小時
🌐www.jeeptours.is

・Jeep Tours—The Tiniest Town in Iceland
🏠從 Seyðisfjörður、Eskifjörður 或 Egilsstaðir 機場出發
☎867-0528
🕐行程約4~5小時
🌐www.jeeptours.is

・Jeep Tours—Highland Circle
🏠可至Egilsstaðir區域內的飯店接客
☎867-0528
🕐行程約8小時
🌐www.jeeptours.is

・Jeep Tours—Dettifoss and Mývatn Warm Nature Bath
🏠可至Egilsstaðir區域內的飯店接客
☎867-0528
🕐行程約10小時
🌐www.jeeptours.is

旅遊諮詢
埃伊爾斯塔濟遊客中心
Egilsstaðastofa Visitor Center
🏠Kaupvangur 17, 700 Egilsstaðir
☎470-0750　🌐www.visitegilsstadir.is/en

瓦特納冰川東部遊客中心
Snæfellsstofa Visitor Centre
⌂Snæfellsstofa Visitor Centre, Skriðuklaustur,
701 Egilsstaðir
☎470-0840
🌐www.east.is/en/travel-info/tourist-
information-centres/snaefellsstofa-visitor-
centre-skriduklaustur

塞濟斯菲厄澤遊客中心
Seyðisfjörður Visitor Centre
⌂Ferjuleira 1, 710 Seyðisfjörður
☎472-1551
🌐www.visitseydisfjordur.com

區域概略

　　東部地區過去因為漁業蓬勃發展，受到北歐影響，因此，在建築與文化上帶有北歐的特色。

　　埃伊爾斯塔濟是東部主要的大城，不僅有國內機場，也是公路的交通樞紐。它的西南方有冰島最長的湖泊「拉加爾湖」，湖泊除了以水怪傳說聞名，旁邊還有著冰島最大的森林圍繞，若往西更深入內陸地區，則有爭議不斷的卡蘭優卡爾大壩，是歐洲與冰島最大的水力發電廠。

　　然而東部地區最大的亮點，在於東邊曲折的海岸線與壯觀狹長的峽灣，還有峽灣內一座座被群山與壯麗美景環繞的小村莊，必訪亮點包括被譽為最美峽灣小鎮的塞濟斯菲厄澤。

　　1號環形公路由南往北沿著海岸線蜿蜒繞行峽灣，沿途會經過都皮沃古爾、福斯克魯斯菲厄澤，直到接近雷扎爾菲厄澤(Reyðarfjörður)前方的92號公路，直轉而上內陸一段35公里的道路通往埃伊爾斯塔濟。

東部行程建議
Itineraries in East of Iceland

　　沿著峽灣上的公路行駛，光是欣賞路上沿途的風景，就是一種極大滿足的享受，尤其是讓人驚心動魄的93號公路。

　　必訪的景點包括最美峽灣小鎮塞濟斯菲厄澤、金字塔聖山布蘭斯峰、福斯克魯斯菲厄澤等等，遊覽此區最少需安排1~2天。

　　最佳的遊覽季節為6~8月，若在非夏季前往此區，行程規劃則需多考慮天候、路況與天黑時間等變數，因此點與點之間的銜接時間可安排的更充裕些，才不會有趕行程的壓力。

如果你有1天

　　若以逆時針環島由霍芬鎮北上，沿途造訪金字塔聖山布蘭斯峰、聖山小鎮都皮沃古爾、福斯克魯斯菲厄澤，接著抵達東部最大城埃伊爾斯塔濟，以及其東灣的塞濟斯菲厄澤。

如果你有2天

　　延伸行程建議可探訪拉加爾湖周邊景點，繞行湖畔一周，兩邊的風景各不相同。

　　或者可參加高地與阿斯洽火山熔岩區一日遊，探索內陸高地上的火山地貌，或者在峽灣小鎮的獨木舟遊峽灣活動。

MAP ▶ P.175C3

埃伊爾斯塔濟
Egilsstaðir
東部內陸第一大城

🚗 開車於1號環狀公路可達，或可搭乘由雷克雅未克機場啟程的國內航班
埃伊爾斯塔濟遊客中心
Egilsstaðir Campsite Travel Information Center
📍Kaupvangur 17, Egilsstaðir ☎470-0750 🌐www.visitegilsstadir.is/en

埃伊爾斯塔濟是冰島東部的第一大城，人口數約兩千三百多人，也是東部公路、巴士路線的交通樞紐，往北可前往北部大城阿克瑞里，往南可通往東南的霍芬鎮，往東27公里處的塞濟斯菲厄澤則有開往丹麥的渡輪，雖然與冰島首都距離遙遠，但有一座國內機場就在市中心北方1公里處，有往返雷克雅未克的國內航班。

市區內有大型超市、餐廳、旅館住宿，因此成為許多環島自駕遊的中途停靠站。這裡有埃伊爾斯塔濟遊客中心，提供城鎮周邊的情報與服務，包括報名由此出發的一日遊與購買巴士車票等等。

MAP ▶ P.175C3

拉加爾湖
Lagarfljót
傳說水怪出沒地

🚗 由埃伊爾斯塔濟出發，駛入931號公路可環繞拉加爾湖一周 🌐www.visitegilsstadir.is/en/about-egilsstadir/the-lagarfljot-wyrm

位於埃伊爾斯塔濟西南方10公里處的拉加爾湖是冰島最長的湖泊，湖泊旁有著冰島最大的

附加行程精彩無限

行駛931公路路線可繞拉加爾湖一周，總長約70公里路程，除了可欣賞湖泊、森林風景，還會經過冰島知名作家貢納爾貢納爾松(Gunnar Gunnarsson)故居與文化中心，若時間充裕，還能選擇爬上一段2.5公里的徒步路線前往冰島第二大瀑布亨吉瀑布(Hengifoss)。

Hallormsstaðaskógur森林圍繞，拉加爾湖最有名的是自14世紀以來傳說出沒的拉加爾湖水怪(lagarfljot sormur)，水怪體型就如拉加爾湖的形狀般狹長，2012年一位67歲的當地農民還拍攝到了水怪在湖裡移動的影像，引起不小騷動，在埃伊爾斯塔濟官方網站上還可以瞧見這段Youtube 影片，雖然之後美日等國均派攝影團隊前來捕捉影像，可惜無功而返，可幸的是這隻水怪似乎對人畜無害。

冰島…**東**部The East

MAP ▶ P.175D3

塞濟斯菲厄澤

MOOK Choice

Seyðisfjörður

最美峽灣小鎮

🚗由埃伊爾斯塔濟開車往東走93號公路,約27公里左右 ❗夏季充滿搭乘渡輪前往北歐的人潮,務必提早預訂住宿

塞濟斯菲厄澤遊客中心Seyðisfjörður Travel Informaion Centre
🏠Ferjuleira 1, 710 Seyðisfjörður ☎472-1551/861-7789 🕐6~8月週一~週五8:00~16:00,其他月份週二和週三提供服務 🌐www.visitseydisfjordur.com

塞濟斯菲厄澤

聲音雕塑
Tvisongur Sound Sculpture

Brimberg Fish Factory停車場

雪崩紀念碑
Avalanche Monument

渡輪碼頭
塞濟斯菲厄澤遊客中心
Seyðisfjörður Visitor Centre

藍教堂
Blue Church

Aldan
咖啡廳 Ⓗ Ⓒ Samkaup Strax超市

93

圖例 ✚景點 ✚教堂 Ⓗ住宿 ⚓碼頭
ⓘ遊客服務中心 ☕咖啡廳

N

東部的峽灣險峻又狹長,峽灣內藏著許多獨具風情的小鎮,若時間有限,只能遊覽一處的話,那就選有著最美峽灣小鎮美譽的塞濟斯菲厄澤。

小鎮位於積著白雪皚皚的高聳山脈前,被瀑布與深深切割出來狹窄細長的峽灣所包圍,鎮上有著夢幻多彩的木屋,包括夢幻的粉藍色教堂,這些木屋大都是19世紀從挪威運來的木材所建,一棟棟像極了玩具小屋般排列在巨大群山面前,水面印著山景的倒影,走在安詳與寧靜小鎮裡,宛如進入了世外桃源。

人口僅約八百人的塞濟斯菲厄澤,最早由挪威漁業公司所建立,正如其他的峽灣小鎮一樣,19世紀時興盛的鯡魚捕撈漁業,促使了塞濟斯菲厄澤港口的誕生,且迅速地成為東部最繁榮的鯡魚港口,直到了50年代鯡漁突然消失,漁業沒落,如今這裡的港口反而成了「冰島後門」,是來往北歐渡輪的停靠碼頭。

夏季的小鎮會湧入欲搭乘一早渡輪前往北歐的遊客們,因此住宿可說炙手可熱,若計畫在此待上一晚,務必提早預訂。

藍教堂Blue Church

🏠 Seyðisfjarðarkirkja Bjólfsgötu 10，710 Seydisfjordur 📞472-1182 🕐6~8月週一～週五10:00~16:00 🌐visitseydisfjordur.com/activity/blaa-kirkjan/

　明信片上冰島東部最常出現的主角，也是冰島最知名的地標之一。粉藍色的教堂佇立在積著白雪的高聳群山前方，畫面美得太夢幻。19世紀建造的教堂曾被暴風吹毀，後來到了1922年才重新使用當初搶救下來的木材在此地重建翻新。藍教堂內部有一座史坦威演奏鋼琴，以及可容納300人的座位，每年夏天7、8月週三的晚間會舉辦各種爵士、藍調、民謠、古典等不同的音樂會，舉辦日期及詳細曲目請上網查詢。

93號公路

　　還記得電影《白日夢冒險王》的預告片裡，男主角班史提勒在群山間滑著滑板的那條無人公路？開車由埃伊爾斯塔濟前往塞濟斯菲厄澤，就一定會駛入這條著名的93號公路。沿著公路首先會爬上山口，接著在沿著蜿蜒的路徑下山，全長約24公里，天氣晴朗時，整條公路的風景賞心悅目。

雪崩紀念碑 Avalanche Monument

　　就在藍教堂旁邊，雪崩紀念碑詳述著此地陡峭的山峰所帶來的雪崩災難。

　　小鎮西邊的Bjólfur高達1,085公尺，東邊的Strandartindur高達1,010公尺，使其容易發生雪崩。1885年Bjólfur的雪崩造成24人喪生，並將幾棟房屋直接推入峽灣。最近的一次雪崩在1996年，所幸無人喪生，但把當地的一家工廠夷為平地。

福斯克魯斯菲厄澤

MOOK Choice

Fáskrúðsfjörður

標示法文路標的小鎮

🚗 開車走1號環形公路，再轉數955號公路　🌐
en.visitfjardabyggd.is

在這裡，「海港路」不僅叫Hafnargata(冰島文)，還被稱為Rue du Port(法文)。有趣的是，這個冰島東部的小鎮，不是只有這條路被標示著法文，許多街道都有法文名稱，原因在於歷史上福斯克魯斯菲厄澤與法國有段緊密的連結。

19世紀中葉，來自法國北部敦刻爾克、布列塔尼地區的船員，為了滿足當時國內對海鮮巨量的需求，進而尋找新的漁場而來到了冰島。法國人的出現對此地產生了影響，當地人為船員編織手套、帽子衣物等換取物資。由於航程十分危險，

許多漁船根本沒機會重回祖國，對許多船員、家庭來說是十分痛苦的煎熬。

根據估計，在19~20世紀初期間，有超過四千名法國船員在冰島離開人世。法國海軍曾派出醫療船，治療因討海而受傷或生病的漁民們，甚至在當時統治冰島的丹麥政府批准下，法國在鎮上還建造了一所醫院、一座天主教教堂、領事館、醫生之家與墓地等等。

法國博物館 French Museum

🏠 Hafnargata 12　🕙 5~9月10:00~18:00　🌐 en.visitfjardabyggd.is/things-to-do/museums/details/the-french-museum

博物館位於前醫生之家和前法國醫院兩棟建築物之間，可以從Fosshotel Estfjords飯店的大廳進入，大廳就在前醫生之家裡面，展示區位於地下室，連接兩棟建築物間的長廊裡，展示著當時法國水手在船艙裡的起居、歷史及與峽灣的關係。法國醫院建於1903年，曾有許多鬧鬼的傳聞，而城外的法國墓地則是49名法國水手的葬身之地。

都皮沃古爾
Djúpivogur
遠眺聖山的古老小鎮

🚗 沿著1號環狀公路行駛即達。
都皮沃古爾遊客中心Tourist Information Centre
🏠 Bakki 3, Djúpivogur ⏰ 6月~9月週一～週五
9:00~17:00、週末12:00~16:00 🌐 djupivogur.is

　　都皮沃古爾冰島文的意思為「深海灣」(Deep Bay)，人口不到五百人的小鎮是東部古老的漁村之一，16世紀時就有德國人來此進行交易的紀錄，漁業是其重要的產業，鎮上也有許多手工工藝品店。

　　小鎮位於冰島東部Berufjörður峽灣旁的半島上，從小鎮往西北邊遠眺即可看見當地人稱為「金字塔聖山」的布蘭斯峰(Búlandstindur)。每年夏天港口將有往返東部最大的島嶼「帕佩島」(Papey)的渡輪，雖無證據顯示，但許多人相信帕佩島曾是當初愛爾蘭僧侶居住之地(Papar)，若天氣允許，此行程多為下午出發。

MOOK Choice

布蘭斯峰
Búlandstindur
比例完美的金字塔聖山

🚗 沿著1號環狀公路行駛至都皮沃古爾附近 🌐 djupivogur.is/Djupivogur/Nattura/Bulandstindur

　　被當地人稱為「金字塔聖山」的布蘭斯峰是座1069公尺高的玄武岩山峰，估計約有八百萬年的歷史，比例完美的金字塔形狀，是沿著1號環狀公路行駛時最美麗的風景之一。

　　雄偉的山峰讓當地人相信此山具有神奇的超自然力量，也是能量的中心，傳說夏至時對著聖山許願，願望就能成真。

冰島⋯⋯**東** 部The East

北部

The North

文●墨刻編輯部
攝影●墨刻攝影組

冰島北部景色壯闊且多變，最著名的旅遊路線莫過於由地熱區米湖、賞鯨小鎮胡沙維克以及傑古沙格魯夫爾國家公園(Jökulsárgljúfur National Park)內景點圍繞起來的「鑽石圈」(Diamond Circle)，國家公園內有氣勢磅薄的黛提瀑布和眾神瀑布、鬼斧神工熔岩區、偽火山口群等火山地貌，是北部必訪亮點之一。

北部最大城阿庫瑞里坐落在埃亞峽灣(Eyjafjörður)內，由阿庫瑞里往東部峽灣之間的這片土地，是擁有山丘、沼澤、溼地等的荒涼之地，幾條通向峽灣的F級公路崎嶇顛簸，不易抵達，因此給人天涯海角之感。

北部的西邊由數座半島構成，由於交通的因素，造成人口分布不均，其中阿庫瑞里因穩定的氣候與交通樞紐的地位，成為旅人停留的重要城市。其他幾座分布於半島各處的小漁村也讓人驚喜不斷：胡沙維克附近的峽灣有成群的鯨魚出沒，是最好的出海賞鯨地點；曾經繁榮的「鯡魚之都」錫格呂菲厄澤雖已沒落，但風景依舊令人沉醉；而位於西邊半島的霍夫索斯無邊際游泳池也讓人大開眼界。冰島最長的峽灣也位於北部，埃亞峽灣有豐富的鳥類在此棲息，位於峽灣出口處的達維克(Dalvík)有前往位處北極圈上的格林姆賽島(Grímsey)的渡輪港口，可讓人一圓北極圈之夢。

北部之最 The Highlight of North of Iceland

米湖溫泉 Mývatn Nature Baths
白色的霧氣由湖面升起，繚繞瀰漫在冷冽的空氣中，高低起伏的山脈圍繞，風景如詩如畫，在「北部的藍湖」泡湯，身心都能獲得滿滿的能量。(P.195)

©Visit Iceland

黛提瀑布 Dettifoss
氣勢磅薄、震撼人心的黛提瀑布以驚人的水流量奪得歐洲第一的寶座，是電影《普羅米修斯》裡外星人一躍而下的知名場景拍攝地。(P.201)

阿庫瑞里 Akureyri
北部第一大城，有著北極圈花園城市的美譽，漫步在植物園、大教堂周圍，並品嘗當地最受歡迎的冰淇淋，體驗北部獨特的都市生活。(P.210)

眾神瀑布 Goðafoss
美麗非凡的眾神瀑布，象徵著冰島人宗教轉折的重要歷史，位於1號環形公路旁，是十分容易抵達的熱門景點。(P.198)

象形岩 Hvitserkur
巨魔石化的傳說成了海岸旁最吸引人的景點，位於海豹出沒的保護區，也是最適合拍攝美照的地點之一。(P.220)

©Visit Iceland

INFO

如何前往

　　想前往冰島北部可以選擇開車、搭飛機、參加旅行團或搭乘長途巴士(班次較少)幾種方式。其中開車自駕當然是最自由的遊覽方式，由雷克雅未克出發，沿著1號環形公路，可順時鐘或逆時鐘環島進入北部，若選擇順時鐘方向行駛，雷克雅未克距離北部大城阿庫瑞里約389公里。或者，也可選擇由雷克雅未克機場搭乘國內航班飛抵阿庫瑞里國內機場。

航空

　　阿庫瑞里機場位於市中心南方3公里處，每日皆有往返首都雷克雅未克機場的航班，飛行時間約45分鐘，Air Iceland、Icelandair 皆有航班，唯於疫情期間，各家航空公司班次和班表變動幅度較大，相關資訊請洽各大航空公司或上網查詢。

　・阿庫瑞里國內機場 Akureyri Airport Airport
　🌐www.isavia.is/en/akureyri-airport
　・Air Iceland
　🌐www.icelandair.com/

巴士

　　Strætó營運由雷克雅未克往返北部大城阿庫瑞里，以及由東部的埃伊爾斯塔濟往返阿庫瑞里的巴士路線，夏季旅遊旺季期間SBA-Norðurleið、Reykjavik Excursions提供雷克雅未克往返阿庫瑞里的巴士路線，Reykjavik Excursions另提供南部史卡夫塔費往返北部米湖的巴士路線。

　　要注意的是，由於前往北部的巴士時常有變動，出發前務必前往官網查詢詳細路線與時刻表。

　・Strætó
　🌐straeto.is/
　・SBA-Norðurleið
　🌐www.sba.is/en
　・Reykjavik Excursions
　🌐www.re.is

開車

　　北部地區除1號環狀公路路況較好外，許多通往景點的公路皆為顛簸的碎石路，選擇駕駛4WD車輛較無後顧之憂。此外，冰島天氣瞬息萬變且時有強風，冬季許多路段皆因積雪封閉，路況與視線不佳，若需雪地駕駛，必須小心慢行，建議出發前，先查詢該日的天

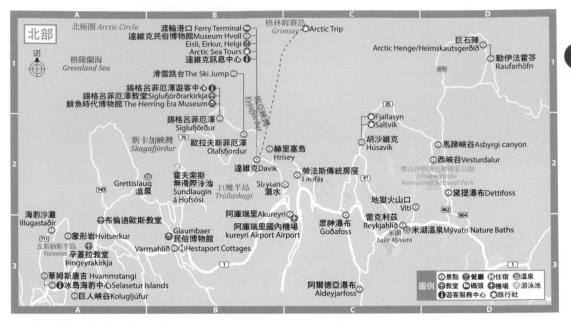

北部

在阿庫瑞里停車

　　在阿庫瑞里市中心停車免費，然而免費停車的時間每個區域不同，從15分鐘到無限制都有。

　　停車時需要使用一張「時鐘卡」（Clock-Card）來表明抵達的時間，使用方法是將時鐘卡的指針轉到停車的時間，放在擋風玻璃內明顯看得　到的地方。卡片可在飯店、加油站、遊客中心和許多商店免費索取。

　　如果沒有時鐘卡，也可以在紙上寫上停車時間，並擺放在明顯處即可。

氣與路況再上路。若搭飛機抵達阿庫瑞里機場，可在機場直接租車。

冰島天氣
Vedur.is

冰島路況
Road.is

租車
· **Hertz Iceland**
522-4400
www.hertz.is
· **Avis**
591-4000
www.avis.is

· **Europcar Iceland**
568-6915
www.holdur.is
· **Budget Car& Van Rental**
562-6060
www.budget.is

©Visit Iceland

觀光行程

冰島北部的觀光行程多采多姿,從鑽石圈、賞鯨、騎馬、健行,還可搭乘超級吉普車進入冰川國家公園北部高地,以及僅有極北地區才有的「北極圈之旅」。由於北部積雪時間較南部來得長,因此參加各式旅行團不失為安全又能盡興的選擇。

鑽石圈Diamond Circle Day Tour

冰島北部的鑽石圈(Diamond Circle)觀光行程包括由漁村胡沙維克(Húsavík)、傑古沙格魯夫爾國家公園(Jökulsárgljúfur National Park)到米湖周圍連成一圈,狀似鑽石形狀的行程路線,其中包含馬蹄峽谷、黛提瀑布、地熱區等經典觀光景點。

大部分一日遊光團皆由阿庫瑞里出發,也可選擇由雷克利茲、胡沙維克、雷克雅未克(搭機往返)等地出發的觀光團。

除了一日遊,也有三日以上的多日團可選擇,由雷克雅未克出發的多日觀光團通常包含西部與北部地區其他景點。

・**Saga Travel—Lake Mývatn and Dettifoss Waterfall Tour米湖及黛提瀑布之旅**
⊕Torfunefsbryggja, 600 Akureyri, Iceland,由阿庫瑞里出發
☎558-8888
🕐全年,全程約9小時
💲全票29,900ISK起
🕸sagatravel.is

・**Saga Travel—Lake Mývatn Snowmobile Tour 米湖雪地摩托車之旅**
⊕Torfunefsbryggja, 600 Akureyri, Iceland,由阿庫瑞里出發
☎558-8888
🕐11月~翌年5月,全程約2小時
💲全票19,900ISK起
🕸sagatravel.is

・**Traveling Viking—the Diamond Circle鑽石圈**
⊕集合地點在Hof Culture Center Akureyri

📞896-3569
▼夏季期間每日9:00出發，行程約9小時
💲全票26,000ISK起
🌐www.ttv.is/

・Fjallasýn─Diamond Circle Tour鑽石圈
🏠Smiðjuteigur 7 Reykjahverfi 641 Húsavík
📞464-3940
▼全年，預訂前須先發信確認
💲依季節不同，需洽詢商家報價
🌐fjallasyn.is/

©Visit Iceland

騎馬 Horse Riding Tour

　　北部的峽灣旁有許多牧場，隨處可見可愛的冰島馬群聚，遊客們可以騎著五短身材的冰島馬，沿著峽灣觀光，由海岸進入群山中，欣賞北部許多迷人的自然景觀。

　　除了阿庫瑞里外、米湖周邊，峽灣內各區幾乎都有提供短至1小時，長至7日(鑽石圈、子夜太陽等主題)的騎馬活動。

・Safarihestar─Private Riding Tour私人騎乘行程
🏠Álftagerði 3, 660 Mývatn

📞864-1121
▼1月~10月
💲1小時18,000ISK、2小時27,000ISK
🌐safarihorserental.com

・Safarihestar─Riding on Ice(Lake Mývatn) 米湖冰上騎乘
🏠Álftagerði 3, 660 Mývatn
📞864-1121

◔2月~3月，騎乘1小時
$12,000ISK
ⓣsafarihorserental.com
  ・**Saga Travel─Akureyri Horseback Riding**
阿庫瑞里騎馬
ⓐTorfunefsbryggja, 600 Akureyri, Iceland，由阿庫瑞里出發
☎558-8888
◔5月~10月，騎乘1小時
$11,900ISK起
ⓣsagatravel.is
  ・**Saltvik─Seaside Riding Tour**海濱騎乘
ⓐHestamiðstöðin Saltvík,641 Húsavík
☎847-9515
◔4月中至10月，騎乘1.5~2小時
$12,500ISK
ⓣsaltvik.is/horse-riding/

  ・**Saltvik─Diamond Circle Riding Tour**鑽石圈騎乘
ⓐHestamiðstöðin Saltvík,641 Húsavík
☎847-9515
◔7月
$€2,490ISK
ⓣsaltvik.is/horse-riding/

賞鯨
　　北部的鯨魚種類與數量之多，使得胡沙維克和埃亞峽灣(Eyjafjörður)成為最知名的賞鯨之地之一。
　　夏季6~8月是最適合搭船賞鯨的季節，乘船出海能見到鯨魚的機率最高，包括海豚、小鬚鯨、座頭鯨甚至藍鯨，以及各類海鳥所形成的海上風景。胡沙維克港口出發的賞鯨行程約為3~4 小時，並提供熱飲與小點心。
  ・**North Sailing─Original Whale Watching**
胡沙維克經典賞鯨

📞464-7272
🕐3月~11月，約3小時
💲全票11,300ISK、優待票5,000ISK、7歲以下免費
🌐www.northsailing.is

·North Sailing—Whale Watching and Puffins Watching賞鯨及賞海鸚

📞464-7272
🕐4月中~11月中，約3.5小時
💲全票13,300ISK、優待票6,500ISK、7歲以下免費
🌐www.northsailing.is

·Gentle Giants—Big Whale Safari & Puffins 胡沙維克賞鯨及賞海鸚

📍Hafnarsvæði(Harbour Side) , 640 HÚSAVÍK
📞464-1500
🕐賞鯨季節為4月~10月，賞海鸚季節為4月中~8月中，約2~2.5小時
💲全票19,990ISK、優待票13,990ISK，8歲以下不宜

©Visit Iceland

🌐www.gentlegiants.is

·Gentle Giants—Whale & Horses賞鯨及騎馬

📍Hafnarsvæði(Harbour Side) , 640 HÚSAVÍK
📞464-1500
🕐5月~10月，賞鯨約3小時、騎馬約1.5小時
💲全票22,990ISK、優待票14,990ISK，10歲以下不宜
🌐www.gentlegiants.is

·Húsavík Adventure—Midnight Sun Whale Watching 午夜太陽賞鯨

📍Húsavík harbour
📞853-4205
🕐6~7月出發，約2小時
💲全票19,700ISK，優待票13,500ISK
🌐husavikadventures.is/tours/midnight-sun-whale-watching

·Saga Travel—Classic Akureyri Whale Watching 經典賞鯨之旅

📍Torfunefsbryggja, 600 Akureyri, Iceland，由阿庫瑞里出發
📞558-8888
🕐全年，全程約3小時
💲全票12,990ISK起
🌐sagatravel.is

·Whale Watching Akureyri—Classic Whale Watching 阿庫瑞里埃亞峽灣賞鯨

📍Oddeyrarbót 2, Akureyri
📞497-1000
🕐行程約2.5~3.5小時
💲全票12,990ISK、優待票6,495ISK
🌐www.whalewatchingakureyri.is

·Arctic Sea Tours—Whale Watching北極海賞鯨之旅

📍Hafnarbraut 22-24, 620 Dalvik
📞771-7600
🕐9:00~15:00，行程約3小時
💲全票10,900ISK

www.arcticseatours.is/
❶由達維克(Dalvik)出發5~11月期間看鯨魚機率較高

埃亞峽灣海底煙囪潛水Strýtan Divecenter

北部的埃亞峽灣海底下藏著令人驚訝的奇景，距離海面僅15公尺處有著由地熱噴泉形成的海底煙囪Strýtan及較小型的Arnarnesstrytan。冰島北部冰冷的海水中冒著源源不斷噴出的地熱噴泉，冷熱相遇後使得水中的礦物凝結，漸漸地成了海底煙囪的奇景。

想來此處潛水，須參加由Strýtan Dive Center潛水學校安排的潛水行程，且須具備潛水執照(Advanced Diver Certification)才行。Strýtan Dive Center位於阿庫雷里以北22公里處的小漁村Hjalteyri。

·Strýtan Dive Center—The Strýtan Day Tour海底煙囪一日潛

📍Hjalteyri, 601 Akureyri
☎862-2949
💲55,000ISK起
🌐www.strytan.is
❶1.須具備的資格請見官網。2.行程視每日天候與海流狀況而彈性變更。

北極圈一日遊——格林姆賽島
Arctic Circle Day Trip—Grímsey Island

冰島北部的格林姆賽島距離北部陸地約40公里處，是冰島唯一位於北極圈以內的領地，可由達維克(Dalvik)搭乘遊艇或由阿庫瑞里搭乘飛機前往，並獲得一張北極圈證書。

島上居民約百人左右，但鳥類數量卻是居民數量的一萬倍，尤其到了夏季更是觀賞海鸚的天堂，若選擇搭乘渡輪Sæfari前往，單程航行時間約3小時，沿途中還有可能看見座頭鯨、藍鯨或海豚，而搭乘飛機單程飛行時間則約30分鐘左右，行程中均將於島上停留數小時，徒步至鳥崖，並穿越北極圈以及小村莊，除了能觀賞海鸚，並能與當地人接觸，進一步了解島上居民的生活。

·Arctic Trip—Grímsey Summer Tour on the Arctic Circle北極圈格林姆賽島夏季之旅

📍Arctic Trip ehf. 611 Grímsey
☎848-1696
🕐夏季5月中~9月
💲13,200ISK
🌐www.arctictrip.is

·Circle Air—Arctic Circle Express Air Tour 北極圈空中之旅

📍Akureyri Airport(Icelandic Aviation Museum旁)
☎588-4000

🕐4月~10月中，單程飛行時間約30分，全程共約3~3.5小時
💲全票68,000ISK
🌐www.circleair.is/

·Nonni Travel—Day Tour Grimsey Arctic Circle Flight 北極圈格林姆賽島飛行之旅

📍Brekkugata 5, 600 Akureyri
☎461-1841
🕐單程飛行時間約30分鐘，出發時間依天候調整，全程共約1.5小時
💲19,900ISK起，確切價格請上網查詢
🌐www.nonnitravel.is

影集「權力遊戲」主題之旅
The Game of Thrones Themed Tour

「冰與火之歌—權力遊戲」主題之旅是近年最受遊客歡迎的觀光行程之一，行程將遊覽影集第三季中幾個主要的拍攝景點，包括城牆外野人軍隊紮營處、劇中Jon Snow與戀人纏綿的岩洞溫泉(Grjotagja)等，以眾神瀑布為起點，包含米湖周圍的各個著名景點，最後以在CP值極高的藍色米湖溫泉裡泡湯，畫下完美句點。

·Traveling Viking—Myvatn Mystery & Magic/Game of Thrones「權力遊戲」主題之旅

📍Skíðarútan ehf. Bárulundi, 604 Akureyri
☎896-3569
集合地點：Hof Culture Center Akureyri
🕐9:00出發，行程約7小時
💲25,000ISK，包含米湖溫泉門票
🌐ttv.is/tours/myvatn-mystery-magic-game-of-thrones/

·Circle Air—Diamond Circle Tour/Game of Thrones Filming Locations北極圈「權力遊戲」拍攝地點

📍Akureyri Airport(Icelandic Aviation Museum旁)
☎588-4000
🕐3月~11月中，約1.5小時
💲全票49,900ISK
🌐www.circleair.is/

超級吉普北部瀑布一日遊The Fantastic Falls

搭乘超級吉普車進入冰島北部的高地，飽覽一般遊客難以抵達的秘境以及冰川河Skjálfandafljót上的三座瀑布，由阿庫瑞里出發，第一站由北部必訪的眾神瀑布拉開序幕，接著沿著Bárðardalur山谷進入蠻荒的高地，抵達阿爾德亞瀑布(Aldeyjarfoss)，以及很少遊客見過其真面目的Hrafnabjargafoss瀑布，最後前往壯觀的的懸崖壁Kaldakinn。

· IceAk─The Fantastic falls
🏠Mýrarvegur 113, 600 Akureyri
📞779-7809
🕐行程約8~9小時
💲全票35,000ISK起
🌐www.iceak.is/iceak-w10

旅遊諮詢
阿庫瑞里遊客中心
The Official Travel Guide to Akureyri
🏠Akureyri City Hall, Geislagata 9, 600 Akureyri
📞450-1050
🌐www.visitakureyri.is
達維克訊息中心Offices of Dalvíkurbyggðar
🏠City Hall, 620 Dalvik
📞460-4900
🌐www.dalvikurbyggd.is
冰島海豹與遊客中心Icelandic Seal Center
🏠Strandgata 1, 530 Hvammstangi
📞451-2345
🌐selasetur.is
**錫格呂菲厄澤遊客中心Fjallabyggð District
Information Office-Siglufjörður**

🏠Gránugata 24, Ráðhús, 580 Siglufjörður
📞464-9120
🌐www.northiceland.is

區域概況

　　冰島北部面積遼闊，重要景點大多集中在東北部的鑽
石圈：米湖周圍、傑古沙格魯夫爾國家公園、胡沙維克
等景點。
　　最大城阿庫瑞里位於北部中間地區的埃亞峽灣
(Eyjafjörður)內，西側則是擁有險峻高山的巨魔半島，
由阿庫瑞里往西，雖然景點較少，若時間充裕，幾個半
島周圍的風景也十分值得探索。

冰島北部行程建議
Itineraries in North of Iceland

　　若要把北部最重要的景點精華全都遊覽一遍，最少需
停留3~4天才不至走馬看花。
　　夏季日照長，路況佳，通常能暢行無礙，而冬季時由

於日照短，道路封閉與積雪導致路況不佳，許多景點如馬蹄峽谷、西峽谷，甚至黛提瀑布皆有可能關閉，比較不建議冬季時前往。

若停留5天以上，則能探索每個半島上的小漁村，或者較偏遠的北極巨石陣等景點，還可前往格林姆賽島來一趟北極圈之旅。

如果你有3~4天

假設以逆時針的方向計畫行程，建議第一天可留給傑古沙格魯夫爾國家公園(Jökulsárgljúfur National Park)，造訪胡沙維克、馬蹄峽谷、西峽谷以及黛提瀑布等景點。

第2天可將米湖周圍的火山地貌如哈維爾地熱區、岩洞溫泉、黑暗城堡、偽火山口等一網打盡。

第3日可前往米湖溫泉泡湯，享受大自然療癒的美，接著前往眾神瀑布，最後抵達北部大城阿庫瑞里，體驗其獨特的都會風情。

第4天開往西部的路上，則可依個人喜好與天候路況計畫行程。可以選擇繞行巨魔半島展開冒險，體會鯡魚之都的孤寂之美，或者繞行距離較短的瓦斯納斯半島，在象形岩拍攝美照，親眼目睹海豹曬日光浴的慵懶模樣。

最後，若因路況因素無緣造訪馬蹄峽谷的旅人，或許可瞧瞧離1號環形公路不遠處的巨人峽谷。

如果你有5天以上

停留時間越久，越有充裕的時間深度探索北部的美，也不會有趕行程的壓力。

你可以選擇前往東北部最荒涼地區，感受北極巨石陣神祕的儀式氛圍；或者在霍夫索斯的無邊際泳池消磨一下午。還可以選擇參加北部地區限定的活動與旅行團，前往觀鯨小鎮胡沙維克，出海展開一趟觀鯨之旅。

搭船亦或飛機前往北邊的格林姆賽島，領取一張「北極圈證書」，了解與堅毅的島民如何以西洋棋棋弈遠近馳名。

或者搭乘吉普車前往蠻荒的高地，獨享極少人見過的阿爾德亞瀑布美景。

MAP ▶ P.187C3

米湖天然溫泉

MOOK Choice

Mývatn Nature Baths

風景優美的北部藍湖

🚗 位於位於雷克利茲東側3公里處，開車行駛1號環形公路即達 🏠 Jarðbaðshólar, 660 Myvatn ☎ 464-4411 ⏰ 12:00~22:00，💲 全票6,200ISK、優待票3.050~4,100ISK、12歲以下免費 🌐 www.myvatnnaturebaths.is ❗ 泡溫泉前請取下銀、銅飾品以免變色

　水色呈現夢幻粉藍色的米湖溫泉被譽為「北部的藍湖」，雖然名氣與規模沒藍湖那麼大，但周圍的風景與溫泉品質卻一點也不遜色。

　湖內泉水由附近的克拉夫拉發電站(Krafla)所提供，水質富含矽酸鹽(Silcates)、硫等礦物質，呈鹼性且不含鹽分，成分的組成本身就能有效控制

細菌孳生，也使得水色呈現美麗的淡藍色。據說這裡的水質能舒緩皮膚與呼吸系統疾病，尤其是哮喘患者。

　溫泉池本身是人造的建築，底部覆蓋著沙子和礫石，池內可容納三百五十萬公升的泉水，中間區隔分為兩座大池，溫度約在36~40°C之間，在這裡泡湯可以完全放鬆，享受不用人擠人的舒適空間，同時眺望層層疊疊的遠山與白雲，十分療癒，是米湖溫泉的一大優點。

💡 **多樣設施一次滿足**
　此外，溫泉設施還包含兩間天然蒸氣浴室、一個兒童淺水區、一間提供按摩和美容護理的小型水療中心、餐廳與小型販賣部。

©Visit Iceland

MAP ▶ P.187C2

胡沙維克

MOOK Choice

Húsavík

冰島第一賞鯨勝地

🚗 胡沙維克位於85號公路上,距阿庫瑞里約90公里,距米湖約60公里,由1號環形公路駛入85號公路即達。若欲搭乘巴士,可從阿庫瑞里搭Strætó巴士,約1小時15分。若欲搭乘飛機,可由雷克雅未克國內機場搭乘Eagle Air航班抵達胡沙・維克機場 ⓘ www.visithusavik.com
Strætó巴士 ⓘ www.straeto.is
Eagle Air航空 ⓘ www.eagleair.is

　胡沙維克是冰島賞鯨勝地,也是遊客旅遊計畫中的必訪之處。小鎮上有多彩的房屋,獨特的鯨魚博物館,以及可瞭望連綿積雪蓋頂的山峰景色,無疑是冰島東北部最美的海港之一。

　Húsavík冰島文原意為「房屋灣」(House Bay),是冰島最早的定居點之一,西元9世紀下半葉時來自北歐的維京探險家曾短暫停留此地,在斯喬爾萬迪灣(Skjálfandi Bay)建造了第一座房屋,並停留了一個冬天才離去,因此在冰島歷史上也是個極重要之地。

　胡沙維克之所以成為冰島的觀鯨勝地,歸功於其地理位置,充滿浮游生物的斯喬爾萬迪海灣,每到夏季便吸引成群的鯨魚海豚前來覓食,包括座頭鯨、小鬚鯨、藍鯨、抹香鯨、殺人鯨等等,歷史上紀錄曾有24種不同鯨魚出沒在附近的海域。

　市鎮中心不大,成為知名的觀光小鎮後仍保有迷人的魅力,當地人熱心友善,遊客可至鯨魚博物館參觀,亦可參觀建於1907年利用從挪威運來原木所蓋的胡沙維克教堂(Húsavíkurkirja)。胡沙維克也有國內機場,就在小鎮以南12公里處。

胡沙維克

- 探索博物館 The Exploration Museum
- N1加油站
- 胡沙維克博物館/文化之家 Húsavík Museum/Culture House
- 鯨魚博物館 The Húsavík Whale Museum
- Gentle Giants North Sailing Husavik Adventures
- 胡沙維克教堂 Húsavík Church
- 港口 Húsavík Port
- Naustið 海鮮餐廳
- 往 胡沙維克機場 Húsavík Airport ↓

圖例 ◉景點 ✚教堂 ⚓碼頭 ✈機場 ⬛博物館 🍴餐廳 ⛽加油站

N

賞鯨之旅 Whale Watching

在胡沙維克受歡迎的活動就是賞鯨之旅，是冰島最早賞鯨之旅的地點，每年夏季約有11種鯨魚會聚集迴遊覓食，最佳的賞鯨時間是6~8月，這裡有3~4家賞鯨公司可供選擇，行程大同小異，其中North Sailing與Gentle Giants兩家的服務都不錯，唯一的差別在於所提供的點心有所不同。

胡沙維克教堂 Húsavík Church

🏠 Garðarsbraut, Húsavík

進入胡沙維克後，最吸睛的建築物莫過於漂亮的木製教堂，紅白相間的外觀，為城鎮增添了一份獨特的典雅感。胡沙維克教堂建於1907年，由國家建築師Rognvaldur Olafsson設計，採用挪威進口的原木建造，教堂最高處約26公尺，可俯瞰整個海港，而內部祭壇上有幅「拉撒路」聖經故事的畫作，畫中的人物皆是小鎮市民，夏日旅遊旺季時教堂內部才開放參觀。

鯨魚博物館 Whale Museum

🏠 Hafnarstétt 1, Húsavík ☎414-2800 🕐4月~10月9:00~18:00，開放時間每年會變動，請上網查詢 💲全票2,200ISK 🌐www.whalemuseum.is

鯨魚博物館成立於1997年，位於一座早期廢棄的屠宰場，現在搖身一變成為最多遊客造訪的地方之一。鯨魚博物館前身為鯨魚中心(Whale Center)，一開始僅是帶有實驗性質的小型鯨魚主題展，後來受到歡迎而轉型成博物館。博物館內占地約1,600平方公尺，提供了各種有關鯨魚及其棲息地詳細而有趣的資訊，展示著吸引人的各種巨型鯨魚骨架。

MAP ▶ P.187A1

眾神瀑布

Goðafoss

MOOK Choice

冰島人信仰的見證

🚗 開車走1號環島公路；或搭SBA巴士641號前往（僅6月中~8月運行）🌐 www.northiceland.is/en/other/place/godafoss-waterfall

　　眾神瀑布介於阿庫瑞里與米湖之間，就在1號環島公路旁，是容易抵達又美麗超凡的瀑布，冰島語是「眾神的瀑布」之意，它在冰島的歷史上具有特別的意義，是冰島北部的重點行程之一。

　　約在西元1000年冰島議會(Alþing)時代，一位地位舉足輕重的法律報告人下決心追隨基督教，他將所擁有的古諾斯神像全丟入眾神瀑布，後人因而以此命名，代表著冰島人信仰的轉折。

　　雖然眾神瀑布水力不如磅礡的黛提瀑布，但它的美麗不容置疑，瀑布寬30公尺、高12公尺，位於Skjalfandafljot冰川河上傾瀉而出，眾神瀑布的兩側皆有停車場，可開車或步行往返兩岸之間，從不同面向觀賞瀑布的美，要注意的是，眾神瀑布懸崖邊並沒有設置護欄，因此在濕滑積雪的傾斜路上行走要特別留意。

鑽石圈之旅The Diamond Circle

　　冰島南部有熱門的黃金圈(Golden Circle)旅遊路線，北部則有鑽石圈(Diamond Circle)，將北部的精華旅遊亮點一一串起。由於環線形狀類似鑽石，因此這條路線被旅遊業者統稱為鑽石圈。鑽石圈內景點環線總長約260公里，將東北部的胡沙維克(Húsavík)、馬蹄峽谷(Ásbyrgi)、黛提瀑布(Dettifoss i)、眾神瀑布(Goðafoss)、米湖(Mývatn)與其周邊等重要景點連成一圈，其中還包括傑古沙格魯夫爾國家公園(Jökulsárgljúfur National Park)內許多令人震撼的自然景觀。

　　若想參加旅遊團展開一日遊，出發點通常為大城阿庫瑞里，也可選擇由米湖附近的小鎮雷洽利茲，或賞鯨小鎮胡沙維克出發。沿途景點壯闊且震憾人心，若想體驗史詩般的難忘冒險，千萬別錯過這條經典路線。

🚗 自行開車前往，或參加巴士團以及旅行社套裝行程 💲 依照提供服務項目，各家套裝行程價錢不一 🕐 旅遊團提供一日或多日行程，一日團行程時間約10~14小時 🌐 www.northiceland.is/diamondcircle

鑽石圈

胡沙維克 Húsavík
馬蹄峽谷 Ásbyrgi canyon
黛提瀑布 Dettifoss
阿庫瑞里 Akureyri
眾神瀑布 Goðafoss
米湖 Lake Mývatn
哈維爾地熱區 Hverir

圖例 ◉景點

樹、雲杉松樹等組成整片林地，由於石壁阻擋了強風，雨水在此集結為小湖，成了動植物的棲息地，也有傳說是小精靈的出沒地，因此，又被稱為「眾神的庇護所」(The Shelter of Gods)。

南北長約3.5公里的馬蹄峽谷其實個冰川峽谷，根據北歐神話的傳說是因為天神奧丁Óðinn的八足神駒Sleipnir不慎失足，因而在這裡留下了巨大的馬蹄印。事實上是因為八千至一萬年前，以及三千年前的兩次冰川融冰所切割侵蝕，之後河水又改道東移而漸漸形成。

峽谷中央有一座25公尺高的獨特岩層Eyjan(冰島文意思為「島嶼」)佇立其中，有多條登山小徑可以爬上這座「島嶼」，欣賞廣闊的峽谷廣全景，但往返需4.5公里路程。

峽谷底部也有其他不同步行路線，包括徒步至有著小鴨划水的Botnstjörn湖，詳細步行路線圖可前往於遊客中心索取。此區也設有露營地。

MAP ▶ P.187D2

MOOK Choice

馬蹄峽谷
Asbyrgi canyon
眾神的庇護所

距離胡沙維克約63公里，從北方行駛85號公路即達；若由南方的黛提瀑布駕車北上，則可行駛862或864 號公路，但路況顛簸且有碎石坑洞，864號公路冬季通常為封路的狀態。

馬蹄峽谷遊客中心Ásbyrgi Visitor Centre
Gljúfrastofa, Ásbyrgi National Park 470-7100 8月9:00~18:00、9~10月10:00~16:00、11~12/16週一~週五11:00~15:00，開放時間時有變動，請上網查詢 www.vatnajokulsthjodgardur.is/en/areas/jokulsargljufur/plan-your-visit/asbyrgi-visitor-centre

馬蹄峽谷是傑古沙格魯夫爾國家公園內的自然奇觀之一，峽谷內的岩壁陡峭垂直，從高處往下看像是一個馬蹄狀的凹陷而得此名，峽谷中森林茂密，由樺樹、柳

MAP ▶ P.187D2

傑古沙格魯夫爾
國家公園

Jökulsárgljúfur National Park

峽谷、瀑布奇景齊聚之地

🚗 開車沿著85號公路行駛可抵達北區的北部入口馬蹄峽谷(Ásbyrgi)

　　傑古沙格魯夫爾(Jökulsárgljúfur)位於瓦特納冰川國家公園(Vatnajökull)的最北端，2008年時與南部的斯卡夫塔費德國家公園(Skaftafell)合併為瓦特納冰川國家公園的一部分，成為歐洲最大的自然保護區之一。

　　「Jökulsárgljúfur」冰島文原意為「冰川河峽谷」(Glacial River Canyon)，由冰島第二長的冰川河流(Jökulsa a Fjollum)、一條總長25公里的峽谷，以及冰川下方的火山所組成。

　　冰川河源頭來自瓦特納冰川，萬年前由於冰川下的火山爆發，使得冰川融冰進而長期侵蝕，塑造了冰島最深，最令人嘆為觀止的峽谷之一，峽谷寬約500公尺，平均深度約100公尺，包括位在公園北區的馬蹄峽谷(Ásbyrgi)、中區的西峽谷(Vesturdalur)以及南區的黛提瀑布(Dettifoss)、塞爾瀑布(Selfoss)等聞名的瀑布系列。

傑古沙格魯夫爾國家公園

往 胡沙維克
Húsavík 85

Eyjan
馬蹄峽谷 Ásbyrgi

Botnstjörn湖

冰川河流 Jökulsa a Fjollum

紅峰 Rauðhólar
回音岩 Hljóðaklettar
教堂洞穴 Kirkjan
Tröllid

西峽谷 Vesturdalur

Karl og Kerling

864

Ytra Thorunnarfjall火山
荷馬河口盆地 Hólmatungur
直角瀑布 Rettarfoss

862

Hafragilsfoss瀑布

黛提瀑布 Dettifoss
塞爾瀑布 Sellfoss

圖例 ◉景點 ❶遊客服務中心

MAP ▶ P.187D2

黛提瀑布

MOOK Choice

Dettifoss

歐洲流量最大的瀑布

🚗由1號環形公路轉入862號公路,沿著鋪有柏油路的24公里路段行駛即可抵達停車場,之後沿著標示步行約15分鐘 🕐
www.northiceland.is/en/destinations/nature/waterfalls/dettifoss-waterfall

冰島最大,也是歐洲最大的瀑布,所謂的最大並不是它的尺寸,而是指其邊緣流出的水量與充沛的能量。

黛提瀑布源頭來自冰川河流,水流夾帶著灰色的砂石,因此看起來灰濛濛的,濺起的水花霧氣遠遠就看得到,從震耳欲聾的水瀉聲與腳下震動的岩石,更能感受它的洶湧氣勢,枯水期約有每秒200立方公尺的水量流過邊緣,夏季融冰時使得河水增加,流量則可達到驚人的500立方公尺,因此又有「魔鬼瀑布」之稱。2012年的科幻電影《普羅米修斯》(Prometheus)就是看中了它壯觀又荒涼的異境感而在此取景。

黛提瀑布高45公尺、寬100公尺,標示著傑

862號公路與864號公路

若由1號環形公路開車北上前往黛提瀑布(Dettifoss)共有862、864兩條公路可選擇,862號公路路況較佳,尤其是通往黛提瀑布的24公里路段還鋪設了柏油路,雖然冬季時可能會因為積雪而封路,但基本上可行駛的日期較長,許多旅遊巴士也選擇此路段。要注意的是,862號公路過了黛提瀑布後前往馬蹄峽谷40公里的路段是碎石路,較為顛簸,開放時間約為6~10月,出發前上網查詢詳細路況。

而864號公路則為充滿碎石與坑洞的路段,優點是可前往黛提瀑布東側的停車場,觀賞更廣闊的瀑布角度,然而864路在冬季關閉,直到初夏(5月底)才開放,通車時間大致為6~10月,詳細路況請查詢www.road.is。

古沙格魯夫爾國家公園的南部邊界。其西側與東側都各有停車場,有人偏愛東側的攝影角度,然而通往西側的862號路況較佳。從西側的停車場可徒步至高約10公里的塞爾瀑布(Sellfoss),而從東側的停車場則可前往位於黛提瀑布下游的Hafragilsfoss瀑布(高度約27公尺)。

MAP ▶ P.200A3

西峽谷

Vesturdalur

季節限定的國家寶藏

©Michal Klajban

🚗 由馬蹄峽谷出發往南行駛862號公路，約14公里處，或者由黛提瀑布出發往北行駛862號公路，大約24公里處。建議駕駛四輪驅動車4WD 🔗 www.vatnajokulsthjodgardur.is/en/areas/jokulsargljufur/plan-your-visit/hiking-trails/vesturdalur-1

西峽谷介於馬蹄峽谷與黛提瀑布之間，相較之下遊客較少，然而卻展示著國家公園內最驚人的地理奇觀，深受健行者的喜愛。

由於火山活動形成了奇妙的火山地貌，區內亮點包括回音岩(Hljóðaklettar)、紅峰(Rauðhólar)、荷馬河口盆地(Hólmatungur)等等。若想從馬蹄峽谷徒步到西峽谷，耗時約6小時，若選擇開車行駛862號公路僅需20分鐘，沿途會穿過樺樹與灌木叢平原，然後進入停車場，停車場的南面有著另一個突起的高原懸崖Eyjan和池塘，附近也設有西峽谷露營地，也是此區多條環形健行小徑的起點，適合露營、地質學愛好者。

回音岩Hljóðaklettar

🚗 開車行駛862號公路抵達回音岩停車場(Parking area at Hljóðaklettar)；由回音岩石群停車場徒步有兩條步道，較短的一條來回距離約1公里，難度屬容易級；另一條環形步道總長為3公里，耗時約1~2小時，難度屬挑戰級 🔗 www.northiceland.is/en/places/nature/hljodaklettar

回音岩(Sound Rocks)絕對是西峽谷內不可錯過的亮點之一，位於整片螺旋柱狀玄武岩區。早期由於火山從冰川河下爆發，劇烈的爆炸與蒸氣因快速冷卻而形成了各種奇岩，之後又經河水沖刷侵蝕，殘留下此區各種壯觀的玄武岩柱群與洞穴：螺旋、波紋、巨大塊狀、蜂巢、扭曲的各種奇形怪狀皆有。

回音岩由於特殊的形狀與紋路，使得聲音在此產生迴聲與共鳴，因此雖然旁邊有湍急的河流聲也無法聽聲辨位。其中著名的教堂洞穴(Kirkjan)是一空心的皺褶狀玄武岩洞穴，一波波宛如石頭形成的波浪，洞穴的入口是對稱的拱門，若想測試個人歌唱技巧，這裡是最佳地點。

©Visit Iceland

©Visit Iceland

MAP ▶ P.205B1

哈維爾地熱谷

MOOK Choice

Hverir(Hverarönd)

煙霧繚繞的橙色月世界

開車行駛1號環形公路，依照路標轉入小路即可抵達哈維爾地熱區停車場

　　哈維爾地熱谷位在拿馬活火山(Námafjall，482公尺)附近，就在克拉夫拉地熱區(Krafla)與米湖北部的雷克利茲的中間，行駛在1號公路上，遠遠地就能瞧見這個冒著白色蒸氣的大型地熱谷區域。

　　這裡有規畫良好的步道，讓遊客能穿梭在沸騰的泥漿池、嘶嘶作響的地熱噴氣孔之間近距離體驗，大部分泥池的溫度介於80~100℃之間，所以務必當心，勿跨越界線拉繩。

　　腳下踩的是粘稠的紅色土壤，空氣中聞到的是

©Visit Iceland

濃濃的硫磺味，完全沒有任何綠色植被，從地表不斷排放的高溫煙霧、使帶酸性的土壤徹底無菌，或許也不適合任何植物的生存，然而這裡的景色一點也不單調，礦物質的沉積將大地染得五彩華麗，使得此地荒涼又魔幻，絕對是北部必訪的亮點之一。

米湖與其周邊

Lake Mývatn and around

月世界地景

從阿庫瑞里搭巴士56號於Reykjahlí站下，或開車走1號公路
米湖遊客服務中心

⌂Skútustaðir, 660 Mývatn ☎464-4460 ◑夏季
8:00~18:00 ◐www.visitmyvatn.is

「Mývatn」冰島文原意為「蚊子湖」，到了夏天，這裡以數量驚人的蚊子(Midge)而聞名。

米湖的面積約37平方公里，有許多濕地地形，雖然深度不到3公尺，但湖區的水鳥生態特別豐富，也吸引了許多愛鳥人士駐足。

研究指出，在一萬多年前的最後一次冰河期時，米湖這一帶原為冰帽區，某次火山爆發形成現今的湖泊。

由於這裡是歐亞板塊與北美洲板塊交界處，地表活動頻繁，附近的地形充斥著泥盆、火山口、礫石、熔岩、火山噴氣孔等景觀，據說阿姆斯壯登陸月球前曾被美國太空總署安排來此地受訓，因為這裡的地形與月球極為相像，所以吸引許多觀光客來此地旅遊。

米湖周遭充滿許多神奇又迷人的自然景觀，北邊的景點包括拿馬山—哈維爾地熱谷(Námafjall Hverir)、岩洞溫泉(Grjótagjá)、惠爾火山口(Hverfell)、克拉夫地熱區(Krafla)、地獄火山口，以及絕對不能錯過的米湖溫泉；東側景點有巨大熔岩構成的黑色城堡(Dimmuborgir)；南邊則有偽火山口群(Skútustaðagígar)；西側有席古爾格爾鳥類博物館(The Sigurgeir's Bird Museum)。

若時間充裕的話，建議在此區可停留約2~3天，從米湖東北側的小鎮雷克利茲(Reykjahlíð)開始，沿湖繞一圈遊覽所有景點。

編輯筆記 ✎

米湖環湖公路

米湖環湖公路由1號公路與848號公路組成，總長約36公里。若由黛提瀑布862號公路與1號公路交接處前往米湖，首先會經過863號公路的出口，往北駛入即可前往克拉夫拉地熱區、Viti火山口湖。

若繼續沿著1號公路由東往西繼續行駛，則會先經過哈維爾地熱區、岩洞溫泉，然後抵達米湖東北側的小鎮雷克利茲(Reykjahlíð)，小鎮設有遊客中心與加油站。接著若沿著米湖東岸的848號公路行駛至南岸，會經過黑色城堡(Dimmuborgir)、偽火山口群(Skútustaðagígar)等著名景點。

米湖的蚊子不叮人？

米湖的「蚊子」事實上是一種名為「蚊蠓」(Midges)的昆蟲，和蚊子十分相像，但大多時間牠們不叮人，只是會成群的圍繞在左右。這種現象衍伸出了個笑話：在夏季的米湖附近，若你看到有人在揮手，對方不是在打招呼，而是在揮趕蚊蠓。

雖然蚊蠓讓人不堪其擾，但牠們的幼蟲是湖中鱒魚的食物來源。若覺得實在太擾人，可以穿戴防蚊頭罩，雷克利茲上的超市就能買得到。

MAP ▶ P.204B1

岩洞溫泉

MOOK Choice

Grjótagjá

權力遊戲浪漫場景

🚗 開車行駛1號環形公路，朝路標指示方向轉進叉路即達
www.northiceland.is/en/other/place/grjotagja

熱門美劇《權力的遊戲》第三季曾在這裡取景，拍攝了該季有名的男女浪漫場景而使得岩洞溫泉聲名大噪。

岩洞溫泉位於米湖北部，共有兩個入口和一條岩石路徑可進入洞內，由於地點隱密，直到1975年前都是極受歡迎的泡湯場所，尤其是洞內藍色清澈的溫泉水。然而，自從1975年~1984年期間的地熱活動導致岩洞內水溫升高後，此處已不再適合泡湯。

岩洞溫泉屬於Vogar的農民私人財產，即使水摸起來不那麼熱，但目前仍禁止進入其中。事實

上，水溫太高也使得該美劇的劇組人員無法拍攝，最後只好複製了一個一模一樣的岩洞溫泉至攝影棚內。若時間充裕，岩洞溫泉上方的裂縫也十分具可看性。

北極巨石陣

Arctic Henge(Heimskautsgerðið)

北極石陣中光與影的遊戲

📍 距離胡沙維克約130公里，車程約1.5小時；沿著胡沙維克東北方的85號公路行駛，經過馬蹄峽谷(Ásbyrgi)，向東轉入874公路即抵小鎮勒伊法霍芬(Raufarhöfn)，由小鎮上通往巨石陣山上的小路行駛3分鐘即達。🌐www.arctichenge.com

　　北極巨石陣位於冰島最北、最偏遠的村莊勒伊法霍芬(Raufarhöfn)山上，由村莊中往北側看，像極了巨人祈禱的手指。巨石陣的排列最終以做為日晷為目的，但目前僅建造了部分，由於規模龐大，負責建造的單位因缺乏資金與設備，自2004年起進度就已停擺，完工日期未知。

　　最早完成的部分據說由是依照古老的北歐神話佈局，將石塊堆疊成尖塔狀，共72塊石塊每塊都代表不同矮人的名字。目前完成的四座塔代表著春夏秋冬四季，而位於中央的主尖塔最大，直徑約50公尺、高約7公尺。從完成的部分仍可觀察太陽劃過天際移動時，地上陰影形成的奇妙線條。

　　此地離北極圈非常近，雖然地處偏僻，仍有不少人會特地前來，尋找在蒼涼與荒蕪中立起的巨石陣，隨著一日時光的流逝，欣賞石陣中光與影的遊戲。

雷克利茲

Reykjahlíð

探索米湖周圍的大本營

📍 開車行駛1號環形公路　🌐www.northiceland.is/en/what-to-see-do/towns/reykjahlid

　　米湖是北部旅遊的亮點之一，然而米湖周圍所有主要旅遊、商業服務中心都在人口僅數百人的小鎮雷克利茲。雷克利茲位於米湖的東北邊，毗鄰克拉夫拉火山，鎮上有遊客中心、加油站、迷你超市、銀行、郵局、醫療中心、學校和游泳池等，周圍也有許多旅館住宿可供選擇。

©Visit North Iceland

MAP ▶ P.187C2

地獄火山口
Viti(Stóra Viti)

沸騰泥漿成綠色火山湖

 行駛863號公路，依路標即可抵達地獄火山口停車場(crater Viti parking lot) 🌐www.northiceland.is/en/other/place/viti ❗冰島另有一處位於阿斯洽火山的地獄火山口(Askja Viti)，這座不可下水游泳

克拉夫拉火山在1975年~1984年間的活躍期共爆發了9次，至今地熱活動的範圍寬達14公里，在這個區域裡可以看到當初混合了水、氣、熔岩所產生的地貌，最聞名的景點之一就是直徑約300公尺的地獄火山口。

「Stóra」的冰島文原意為「大」，「Viti」為「地獄」之意，誕生於1724年，當時發生了大規模且持續的火山爆發，俗稱為「克拉夫拉之火」(Krafla fires)，地獄火山口的泥漿池當時沸騰了將近一世紀才停息。

然而如今地獄火山口中間卻有著由雨水累積，漂亮的翡翠綠池水。火山口上有一條環繞火山口的步行小徑，可以讓人以各個角度欣賞湖水與周邊美景，夏季時來此健行可以感受到升起的陣陣熱能，而冬季時火山口則被白雪覆蓋，呈現一片白茫茫的景觀。

由停車場前往火山口步行約3~5分鐘，步行繞山一圈則約1小時，須小心強風。這裡也有一條通往克拉夫拉火山底部的蜿蜒小徑，沿途會經過沸騰的泥漿池和熱泉區。

MAP ▶ P.204B1

埃爾德熔岩區
Eldhraun

熔岩噴射覆蓋大地

 開車行駛1號環形公路

冰島各處都有長滿綠色青苔的埃爾德熔岩區(Fire Lava)，是典型火山爆發後所產生的地貌，南部有拉基火山爆發後形成的整片青苔熔岩原，北部則位於米湖北部小鎮雷克利茲的北側。

這片奇妙的埃爾德熔岩區，來自於1724年~1729年間泥峰持續性的爆發，使得噴射出的

©Visit Iceland

岩漿由山上沿著Elda河道流入米湖，在小鎮雷克利茲北側成形了這片熔岩區，這場18世紀的爆發又被稱為「米湖之火」(Myvatn Fires)。

黑暗城堡
Dimmuborgir
冰島精靈們的家

🚗 開車行駛1號環形公路，再轉入848號公路可達　🌐www.northiceland.is/en/destinations/hiking/dimmuborgir-myvatnssveit

黑暗城堡位於米湖東岸，佔地廣大，由一大片黑色火山熔岩形成的奇岩怪石所組成，包括如幽靈般形狀的高塔、可穿越的拱門岩洞、像堡壘般的獨立圍欄等等。怪石的形成是因為包覆著岩漿的水遇熱而變成噴發蒸氣，包覆這些噴發蒸氣的岩漿快速冷卻後所造成。

冰島文「Dimmu」有「黑暗」的意思，

難度不一的健行路線任君選擇

園區入口處有著各種難度的健行路線指示，最短的約花10~15分鐘，最長則須3小時，其中前往教堂Kirkjan(Church Circle)的路線最受歡迎，教堂顧名思義就是一處類似教堂入口的熔岩，步行時間約1小時，適合想像力豐富、熱愛健行或地質愛好者造訪。

「borgir」則是「城堡」，這裡傳說是精靈的國度及冰島聖誕老人的家(Yule Lads)，而若在視線不佳的天候下漫步此區，奇異形狀的黑色熔岩的確會散發些許詭異的氣氛。

惠爾偽火山
Hverfjall
完美對稱的雄偉地標

🚗 行駛1號環狀公路，遇路標轉進一段碎石小路即達

惠爾偽火山是米湖周圍最大、保存最完好的偽火山，誕生於2500年前的一次大爆炸，由火山碎屑構成，海拔高度約420公尺，火山口直徑約1公里，深度約140公尺，距離冰島北部第二大城市阿庫瑞里約70公里左右，是冰島美麗、最對稱的偽火山之一。

它看起來低而平坦，是因為噴發之後的熔岩圍繞在它的外部而形成。山的西北側有一條荒涼小

徑可攀爬環繞至山口，能看到米湖與周邊美麗的景緻，實際的步行距離比它看起來要長得多，順著步行小徑可通往南端，可通往至黑暗城堡。

MAP ▶ P.204B2

偽火山口群

MOOK Choice

Skútustaðagígar

氣勢非凡的火山地貌

🚗 開車行駛848公路　🌐 www.northiceland.is/en/places/nature/skutustadagigar

米湖南部的小村落Skútustaðir附近最知名的景點就是一整片大大小小的偽火山口群(pseudocrater)，乍看起來像極了一座座小火山口，但其實是火山活動形成的地貌之一。

偽火山口是以前湖泊遭遇岩漿噴發時所遺留下來的地貌，火山爆發時，這個湖泊被岩漿所蒸發，當熔岩流過水面時，蒸氣從下面爆炸，形成了今天看到的突起與凹陷。

Skútustaðir村對面為停車場與入口處，可以沿著不同步行小徑攀登各個偽火山口，其中最遠的一條小徑可環繞隔壁的Stakholstjorn池塘，步行時間約25分鐘至1小時。

©Visit Iceland

MAP ▶ P.187C2

勞法斯傳統房屋

Laufás

冰島傳統草皮屋

🚗 開車走82號公路可達　⏱ 6~9月開放　🌐 www.visitakureyri.is/en/see-and-do/attractions/laufas-rectory

距離阿庫瑞里北方約19公里處，在路旁會看到好幾間屋頂有草皮的房子，那就是冰島的傳統房屋。

勞法斯傳統房屋是一處被保存下來的私人農莊，農莊內保存多棟典型冰島房屋，並且收集了許多那個時期的農具與家具，屋舍旁邊則有一間小教堂以及餐廳，可在餐廳內品嚐當地野菜製作的麵包與煙燻鱒魚。

MAP ▶ P.187C2

阿庫瑞里
Akureyri

北極圈花園城市

🚗 開車自駕走1號環島公路；或由雷克雅未克搭國內班機Air Iceland前往；或從雷克雅未克搭乘 Strætó巴士57號前往
阿庫瑞里遊客服務中心
☎450-1050 🌐www.visitakureyri.is

阿庫瑞里一直被公認為是冰島的第2大城市，也是冰島北部的農產及畜牧品集散地，地處冰島最長峽灣「埃亞峽灣」(Eyjafjörður)的盡頭，又有海洋暖流環繞，是座天然良港，這裡有冰島最大的漁業公司，醃漬鯡魚是最大產業。

阿庫瑞里坐落在兩側都是皚皚白雪山峰的港灣之間，由山邊延伸出的這一小片土地似乎漂浮在閃閃發光的水面上，因此阿庫瑞里冰島語有「海岸線上的田地」(The Field Upon The Shoreline)的意思。

人口約兩萬左右的阿庫瑞里依山傍水，市區街道兩旁都是高大的樹木，景色十分優美。市區位於港口西邊，在哈福納街(Hafnarstræti)上有紀念品店、遊客中心、餐廳、咖啡廳、博物館等，步行就能輕鬆遊覽。

另外阿庫瑞里大教堂(Akureyrarkirkja)及植物園

(Lystigarðurinn)更是市區觀光重點，若時間充裕，別忘了品嘗當地人最愛的Brynja冰淇淋。

阿庫瑞里大教堂 Akureyri Cathedral

位於市中心的山坡路上,由購物大街哈納福街(Hafnarstræti)步行前往約3分鐘可達 Akureyrakirkja, Eyrarlandsvegur 462-7700 6~8/28週一~週五10:00~16:00、週日禮拜11:00,開放時間每年會變動,請上網查詢 www.visitakureyri.is/en/see-and-do/attractions/akureyri-church

阿庫瑞里教堂是市區的地標,教堂位於市中心的小山坡上,有著長方形造型的雙塔、重複矩形的立面,以冰島特殊的玄武岩地形作為主題,融合為帶有經典裝飾藝術風格(Art Deco)的建築。

教堂建於1940年,由雷克雅未克大教堂的同一位建築師Guðjón Samúelsson所設計。教堂內部除了有一架具有3,200支音管的管風琴,比較特殊的是天花板上懸掛著一艘船,象徵著北歐古老的傳統,用以祈禱保護出海人的安全。旁邊的彩繪玻璃描述著眾神瀑布與基督的歷史,中央則有一片來自英國科芬翠(Coventry)的美麗彩繪玻璃。

植物園 Lystigardurinn

由阿庫瑞里大教堂旁小徑步行前往約15分鐘可達 Eyrarlandsstofa 462-7487 9:00~22:00,10~5月公園仍舊開放但園內咖啡廳等設施將關閉 www.lystigardur.akureyri.is

這座植物園是位處全球最北端的植物園,因而享有「北極圈花園城市」的美名。園內約栽種兩千多種花草樹木,是一個了解冰島本土植物的好地方。夏天時,園內植物生長茂盛,開滿許多鮮花,讓人很難想像這裡靠近北極圈,然而冬季時,只有溫室裡才看得到一絲綠意。所能看到的景象取決於何時前來造訪。公園中心有間漂亮咖啡館,可在此享用咖啡與簡餐。

阿庫瑞里藝術博物館 Akureyri Art Museum

由大教堂步行至對街約2分鐘可達 Kaupvangsstræti 8-12 461-2610 12:00~17:00 票價:全票2,000ISK、優惠票1,000ISK www.listak.is/en

藝術博物館於1993年開館,是冰島歷史最年輕的藝術博物館。帶有包浩斯風格的大門口簡潔、內斂,曾經是乳品工廠,而今為冰島藝術家提供了一個小型的現代展覽空間。

博物館推出的新展覽,從平面、肖像畫到裝置藝術皆有。隔壁是阿庫瑞里藝術學校,建築物外圍的戶外空間也被用作展覽和攝影展。有時會有免費入場的藝術作品展出。

霍夫文化藝術中心 Menningarhúsið Hof

🚶 購物大街哈福納街(Hafnarstræti)步行至街底，與大教堂反方向的出口處右轉往港邊約10分鐘即達 🏠 Strandgötu 12 ☎ 450-1000 🌐 www.mak.is/en

霍夫文化中心位於市區的港邊，現代的圓形建築四面都有出入口，是阿庫瑞里最具標誌性的建築之一，也是城市文化、音樂與藝術中心。

霍夫於2010年8月開幕，計畫起源於1999年冰島政府決定開發雷克雅未克以外地區的文藝中心，建築物內有音樂廳、會議室、餐廳、藝廊、商店等，阿庫瑞里遊客諮詢中心也在其中，建築物南側的入口風景極佳，可以看到美麗的碼頭與帆船。

Brynja冰淇淋

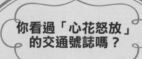

🚶 位於市區的南端，距離市中心有段距離，由購物大街往南步行需約20分鐘可達；若選擇開車，由市中心沿著港邊往南開，轉入Aðalstræti街即達 🏠 Aðalstræti 3, Akureyri ☎ 462-4478 🌐 brynju.is/

冰島人十分熱愛冰淇淋，各處都有美味的冰淇淋店。創立於1939年的Brynja是阿庫瑞里最具人氣的冰淇淋店，無論夏季或冬季，店裡常常擠滿了人。店裡只使用本地新鮮的牛奶製作，冰淇淋口感特別好，許多搭乘國內航班往返雷克雅未克的旅客經常都會將Brynja排進前往機場前的一站，滿足後才出發。

哈福納購物大街Hafnarstræti

🚶 街口一端位於大教堂的對街，由大教堂徒步約3分鐘可達

市中心的哈福納街是阿庫瑞里最主要的購物街，這裡有最密集的咖啡館、餐廳和商店。包括許多販賣冰島羊毛產品的紀念品店、時髦的冰島服飾品牌 Geysir、Eymundsson書店、咖啡廳、餐廳、酒吧、麵包店等等。

若仍覺得意猶未盡，也可開車前往1 公里以外的Glerártorg Mall購物中心(www.glerartorg.is/en)。

你看過「心花怒放」的交通號誌嗎？

遊客們在開車抵達阿庫瑞里後，市區行人通行的紅綠燈以一顆紅通通的愛心紅燈顯示歡迎，讓遠道而來的遊客們不免心花怒放。

這些充滿愛心的交通燈號其實是2007年時一場「微笑活動」(Smile with Your Heart)中所留下來的創作，冰島在那一年遭逢金融危機，面臨破產，創造愛心交通燈號(Heart Traffic Lights)的目的是為了鼓舞人心，重振冰島人對未來的信心。

MAP ▶ P.187B2

巨魔半島

Tröllaskagi

險峻高山遍布冰島馬

由1號環狀公路行駛至76號或82號公路　www.visittrollaskagi.is/en

　　位於斯卡加峽灣(Skagafjörður)峽灣和埃亞峽灣(Eyjafjorður)之間，巨魔半島(Troll Peninsul)有著冰島北部最特別的高山景觀，陡峭且險峻，是北部地形最接近西峽灣的地區。半島上的許多巨大的山峰海拔均超1,200公尺，而山脈間也有在冰河時期被冰川雕刻與河流所切割的深谷，是著名的滑雪勝地。

　　西邊的斯卡加峽灣兩岸以飼養冰島馬聞名，有「馬谷」的美譽。天候狀況良好時，開車繞行半島，一邊是山景一邊是海景，風光美得令人屏息，而位於低地的城鎮和村莊，則是最適合停下腳步、短暫休憩的地方。這些各具特色的小鎮依逆時針方向依次為達維克(Dalvík)、歐拉夫斯菲厄澤(Ólafsfjörður)、錫格呂菲厄澤(Siglufjörður)與霍夫索斯(Hofsós)。

　　由阿庫瑞里出發逆時針環繞整個巨魔半島距離約160公里，當中會經過幾段越嶺公路，而在Öxnadalsheiði山口長達4公里和7公里的隧道，則是開車自駕遊一趟全新體驗的冒險。

MAP ▶ P.P187B2

歐拉夫斯菲厄澤

Ólafsfjörður

寧靜孤寂的峽灣小鎮

行駛82號或76號公路可達　www.northiceland.is/en/destinations/towns/olafsfjordur

　　歐拉夫斯菲厄澤位於達維克的北方，若由達維克驅車北上，會行經一段3公里的隧道，若由北方的錫格呂菲厄澤(Siglufjörður)往南行，則會經過兩段各為4公里與7公里的隧道。曾經因鯡魚繁榮的小鎮依山傍海，寧靜又孤寂，冬季時豐富的雪量使得此地成為滑雪天堂。

編 輯 筆 記

隧道駕駛應注意事項

　　冰島北部歐拉夫斯菲厄澤、錫格呂菲厄澤附近有多段3公里至7公里距離不等的單線道隧道，隧道中每隔一小段就會提供一個避車灣，若看到遠方標示大大的「M」就是代表「避車灣」的意思。而駛出隧道時，因為眼睛可能會存在「白洞效應」，這時切忌勿忙加速，避免追撞緩行的前車。

MAP ▶ P.187B2

達維克
Davik

前往小島的渡輪碼頭

🚗由1號公路往北駛入82號公路約33公里處即達
・達維克遊客中心Dalvik District Information Office
🏠Berg, Menningarhús Dalvik 💬www.dalvikurbyggd.is

　　距離阿庫瑞里北方約43公里，位於埃亞峽灣(Eyjafjörður)的小鎮達維克不大，正如冰島許多峽灣小鎮一樣，以漁業與加工業為主要經濟活動，依山傍海，寧靜又優美。鎮內有博物館、遊客中心、眾多住宿的選擇、一間間色彩繽紛的小屋，以及令人難忘的小鎮咖啡廳。

　　1934年6月2日在埃亞峽灣發生的地震曾造成當地約兩百名居民無家可歸，目前達維克人口僅約一千五百人，大部分前來此地的遊客都是為了搭乘前往格林姆塞島(Grrimsey)的渡輪。

滑雪跳台藏在路邊山丘上的屋子間？

開車進入歐拉夫斯菲厄澤小鎮鎮中心，請留意在路邊山丘上屋子間，有著一座類似溜滑梯的裝置，冬季奧運競賽的愛好者一定對它不陌生，沒錯，它就是滑雪跳台(Ski Jump)。

這座滑雪跳台由一群志願者於1967年合力建造，滑雪道長度約15公尺，目的是方便協助運動員練習，當時跳台的完成，立即使歐拉夫斯菲厄澤及附近的運動員在全國比賽中贏得了佳績。

1995年冰島舉辦了最後一次的跳台滑雪比賽，此後，這座滑雪跳台做為娛樂休閒用途，當地人對這座曾經貢獻過的退役跳台感到自豪，在夏天這座滑雪跳台會變成水滑梯，有勇氣的人可一躍而下，這種體驗與滑雪跳躍一樣具有冒險精神。

🚗行駛82號或76號公路進入歐拉夫斯菲厄澤的市中心 　🏠在Aðalgata 與 Ólafsvegur轉角處

達維克民俗博物館Byggðasafnið Hvoll

🏠Hvoli við Karlsrauðatorg, 620 Dalvik 　☎460-4931 　⏱6~8月 11:00~17:00 　💲全票950ISK、優待票570ISK、18歲以下免費 　🔗 www.dalvikurbyggd.is/hvoll

博物館也同時是這區的自然與歷史博物館，展示北極熊、鳥類，以及一些哺乳類動物的標本。其中比較特別的是介紹了冰島最高的人約翰的奇人奇事(Jóhann Kr Pétursson Svarfdælingar)，約翰高234公分，1913年在達維克出生，曾經一度是世界最高的人，生活起居用品如自行車、傢俱和衣服都必須特別訂製，他年輕時曾在丹麥、德國、美國等地馬戲團表演，還演過幾部電影，有著維京巨人的稱號，晚年他回到了冰島，並葬在家鄉達維克。

最佳小鎮咖啡館
Gísli, Eiríkur, Helgi–kaffihús

若你有機會造訪達維克，一定要造訪這家超高人氣的小鎮咖啡廳。老闆夫妻友善又親切，將咖啡廳經營的有聲有色，受當地人與遊客歡迎。店內常常擠滿了來自世界各地的旅人，氣氛輕鬆又溫馨。店名取自冰島「巴基三兄弟」(The Brothers of Bakki) 的民間故事，兩層樓的店內空間以木頭與老件裝潢，每個小角落都各具創意與特色。店內提供美味魚湯、自家手工麵包及各式蔬菜、五穀豆類、通心粉等組合成的沙拉盤，菜色豐富又均衡，旅途疲累的身心一下子就能一掃而空。

🏠Grundargata 1 , 620 Dalvik 　☎865-8391 　⏱ 12:00~1700，開放時間時有異動，請上網查詢 🔗dalvikhostel.is/our-cafe/ 　📘Gísli, Eiríkur, Helgi–kaffihús

錫格呂菲厄澤

Siglufjörður

極北的鯡魚之都

🚗 行駛76號公路可達　🌐 www.northiceland.is/en/
destinations/towns/siglufjordur
・錫格呂菲厄澤遊客中心Fjallabyggð District Information
Office-Siglufjörður 🏠 Gránugata 24, 580 Siglufjordu(位
於市政廳Ráðhús內)　☎ 464-9120　🌐 www.northiceland.
is/en/service/fjallabyggd-district-information-office-
siglufjordur　⏰ 冬季時公路可能因積雪封閉

錫格呂菲厄澤是巨魔半島最北端的小鎮，離北極圈不到40公里，數百年來，寶貴的自然資源包圍著這個小鎮，附近有著豐富的鱈魚和鯡魚漁場，在1960年代曾是冰島最蓬勃的鯡魚捕撈之地，有「鯡魚之都」的美譽，而附近陡峭的山峰與大量的積雪，使此地成為冰島最好的滑雪場所之一（附近有Skarðsdal滑雪度假村）。

小鎮風景優美，一棟棟糖果色系的小房屋與美麗山光水色，景色醉人。早期前往此地需經過一段曲折的道路，自從2010年開闢了附近與歐拉夫斯菲厄澤之間的隧道，縮短了兩地的距離，吸引更多遊客前往這裡。遊艇碼頭附近有許多餐廳，鎮中心不大很適合漫步，其中鯡魚時代博物館是遊覽的一大亮點。

鯡魚時代博物館 The Herring Era Museum

行駛76號公路可達 Snorragata 10, 580 Siglufjörður 467-1604 6~8月10:00~18:00、5月及9月13:00~17:00 全票2,000ISK、優待票1,200ISK www.sild.is/en

鯡魚時代博物館的展覽區分別位於保留著古老外觀的5棟建築之中，包括一棟早期的鯡魚工廠，總面積達2,500平方公尺，展覽呈現鯡魚在冰島北部的歷史與重要地位，包括早期捕魚及鹽醃過程等加工的方式，船屋內更展示著許多船隻，重現50年代的感覺。夏季時，現場會有音樂與慶典活動，遊客可親眼參與鯡魚醃製的活動。

©Kamika Smith

全鎮放假歡度鯡魚節！

每年8月初的週末是鯡魚節(Herring Festival)舉行的日子，也是錫格呂菲厄澤的年度盛事之一，從節慶開始前一周就可感受到張羅的熱鬧氣氛，音樂、舞蹈等各種活動都有，節慶期間全鎮放假！

©Kamika Smith

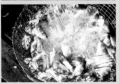
©Kamika Smith

錫格呂菲厄澤教堂 Siglufjarðarkirkja

行駛76號公路可達 Hlíðarvegur, 580 Siglufjörður,

錫格呂菲厄澤教堂可說是鎮上最顯眼的地標，在小漁村中漫步，一眼就能望見建於山坡上教堂的高聳尖塔，這座位於巨魔半島最北端的教堂，自1614年起就已成立，但目前所見的教堂是於1932年重建的建物，塔高約35公尺，同時可容納約400人，教堂內部有座1726年的祭壇桌和一張耶穌顯現在海中的畫作。

©Visit South Icelan

MAP ▶ P.187C1

格林姆賽島
Grimsey
北極圈內的海鳥天堂

🚢 由達維克碼頭搭乘渡輪前往　🌐 www.northiceland.is/en/destinations/towns/grimsey-island

　　遺世獨立且純淨，格林姆賽島距離冰島北部陸地約40公里，再往北就是北極了，站在島上的感覺就像走到了地球的邊緣，格林姆賽島面積非常小，有著巨人的玄武岩懸崖佇立於海洋中，沿著斜坡下降到對岸就是港口、機場、房舍。

　　島上除了百餘位堅毅的島民、幾百萬隻的海鳥，只有岩石、草地、風和海洋。格林姆賽島也是冰島少數幾個可以看到地平線以上「午夜太陽」的地方之一，而在冬季時，北極光會呈現出明亮的藍色、綠色和紅色，十分夢幻。

©Visit North Iceland

編輯筆記 ✎

西洋棋的佼佼者

　　格林姆賽島島民自古就以西洋棋棋藝精湛而聞名，或許是因為小島與世隔絕，或是因為冬季的漫長黑夜讓人專心研究棋路，島民在益智競賽上的表現特別傑出，因而吸引了美國西洋棋學者Daniel Willard Fiske的關注，熱愛西洋棋的Daniel為了支持與鼓勵小島上島民，在生前及遺囑中都捐贈了大量的西洋棋設備與補給品給學校與居民，他從未造訪過格林姆賽島，而為了感謝他的慷慨，格林姆賽島港口邊設立了一座西洋棋盤紀念碑。

MAP ▶ P.187A3

巨人峽谷

MOOK Choice

Kolugljúfur
傳説女巨人的家

🚗 沿著1號環形公路開，再往南轉入715 號公路行駛約6公里處即達　🌐 www.northiceland.is/en/destinations/nature/scenic-nature/kolugjufur　❗地面濕滑，峽谷周圍無安全防護欄

　　巨人峽谷離1號環形公路並不遠，沿著維希山谷(Víðidalur)旁的715號公路行駛就能找到，是個容易抵達又令人驚豔的景點。

　　傳說中女巨人Kolu就住在峽谷中，平日會在峽谷捕抓鮭魚，在巨石凹陷處烤魚，累了就在峽谷邊睡覺或在瀑布旁泡澡。峽谷當中有一座橋連接兩岸，雖然規模比不上羽毛峽谷的壯闊，但狹長的峽谷與從瀑布墜下翻滾的水流層層疊疊，風景仍十分迷人。

MAP ▶ P.187A3

瓦斯納斯半島
Vatnsnes

冰島最大的海豹保護區

🚗 由1號環形公路駛入711號公路即可繞半島一周，再回到1號環形公路　🌐 www.northiceland.is/en/moya/news/vatnsnes-peninsula-spot-the-seals-and-learn-about-icelandic-history　❗711號公路多碎石

瓦斯納斯半島位於冰島的西北部，西鄰米德峽灣(Miðfjörður)東鄰胡納灣(Húnaflói)，半島上的山脈並不高，比起巨魔半島顯得溫和許多，是冰島最大也最容易抵達的海豹保護區。

除了可近距離的觀賞海豹外，位於東北部的象形岩是半島上最大的的亮點，沿著711號公路環繞半島一周約82公里，需有行駛於顛簸碎石路的心理準備。

現代風格的火山教堂

就在巨魔半島與瓦斯納斯半島中間的1號環狀公路旁，會經過一座名為布倫迪歐斯(Blönduós)的小鎮，小鎮上除了加油站、最顯眼的就是這座灰黑色現代風格的布倫迪歐斯教堂(Blonduoskirkja)。現代且前衛的灰黑色混泥土建築建於1993年，由建築師Maggi Jónsson以噴發中的火山為靈感而設計，特別的是從建築物的每個角度看過去都有會看到不同的外觀，有些角度看起來隻鯨魚，因此也有人稱它「鯨魚教堂」。

MAP ▶ P.187A3

象形岩
Hvitserkur
漫步海中的大象奇岩

🚗 行駛711號公路可達 🌐 www.northiceland.is/en/destinations/nature/scenic-nature/hvitserkur ❗需穿著防風衣物，留意潮汐時間

位於瓦斯納斯半島東北方的象形岩，是一座高約15公尺的玄武岩岩層，佇立於黑色沙灘與海中，遠看像極了一隻正在喝水的大象，由於造型特殊，成了拍攝美照的熱門地點之一，就算冒著爆胎的風險，仍吸引了許多遊客造訪。

正如冰島許多古老的石化傳說一樣，象形岩的形成是一隻忍受不了教堂鐘聲的巨魔，在夜間前往摧毀辛蓋拉教堂的路上，被升起的太陽照到，巨魔就變成了岩石，永遠被固定站立在沙灘上。然而象形岩的冰島文名字沒有這麼戲劇化，「Hvitserkur」的冰島文原意為「白襯衫」，來自於岩石上的白色鳥糞與撲打岩石的白色浪花。象形岩附近設有觀景台，旁邊還有一條可沿著陡峭坡道下去黑沙灘的小路，由於此地常有強風吹拂，需多加小心留意腳步，也需留意潮汐時間，

以免受困。此外，在象形岩附近的Ósar海灘能觀賞到成群的海豹在游泳或在沙洲上做日光浴，建議攜帶長鏡頭。

MAP ▶ P.187A3

辛蓋拉教堂
Þingeyrarkirkja
冰島第一座石頭教堂

🚗 沿著721號公路行駛約6公里可達 ☎ 895-4473 ⏱夏季時每日10:00~17:00，開放時間時有異動，請去電或上網查詢 🌐 thingeyraklausturskirkja.is/en

附近杳無人煙、環境寧靜清幽的辛蓋拉教堂是冰島第一座石頭教堂，耗時13年建造，於1877年完成。其實在石頭教堂之前，本來有一座茅草教堂，根據文獻記載，這裡也是區域的集會所，教堂的名稱「Þing」的冰島文就是「集會」的意思。教堂內最古老的收藏是精美的15世紀祭壇，附近有一座被認為是早期仲裁地的圓形遺跡。

MAP ▶ P.187A3

冰島海豹中心
Icelandic Seal Center

海豹知識與旅遊情報站

🚗 沿著 1 號公路行駛，再往北轉入711號公路可達　🏠
Strandgata 1, 530 Hvammstangi　☎451-2345　🕐10~4
月週一～週五12:00~16:00、5~9月每日10:00~117:00
💲展覽館全票1,300ISK、優待票1,000ISK、15歲以下免費
🌐selasetur.is/en

　　冰島海豹中心位於瓦斯納斯半島西南方的華
姆斯唐吉(Hvammstangi)中，是一棟港口邊
的紅色建築，遊客中心也在其內，可索取實用
的資訊。內部還設有海豹展覽區(需購票)，展
區中除了介紹海豹的相關知識、民間故事傳說
等，還有紀念品販賣部，提供獨家的海豹相關
禮品，包括杯子、鑰匙圈、T恤等商品。

編輯筆記 ✐

冰島民間傳說「海豹女」

　　古時候的冰島人相信在海裡溺斃的人會化身
為海豹，他們每年會褪去外層的海豹皮一次，
以人類的模樣在岸上走動。冰島流傳著一個關
於海豹女的民間故事：一位農夫愛上了變成人
類的海豹女，為了不讓她回到海中，農夫偷偷
地把海豹皮藏了起來，海豹女只能留在岸上與
農夫結成連理、生兒育女，但最終海豹女仍發
現了農夫的祕密，她選擇留下了孩子，穿起海
豹皮游回海中。冰島人因此會戲稱善於游泳或
手指頭很短的人，是海豹女的後代子孫。

海豹觀賞最佳時機
　　海豹在瓦斯納斯半島的Ósar與Illugastaðir等區
域游來游去，通常在出太陽且沒有強風吹拂的日
子，海豹會上岸曬太陽，若想提高發現海豹的機
率，請選擇在退潮前後的兩小時前往。

©Visit North Iceland

MAP ▶ P.187A3

海豹沙灘
Illugastaðir

直擊慵懶萌呆的海豹日常

🚗 沿著711號公路行駛即達
🌐selasetur.is/en/tourist-
info/seal-watching-
locations/illugastadir　❗
4~5月鳥類築巢期不開放

©Visit North Iceland

　　Illugastaðir私人農
場是瓦斯納斯半島上規畫最完善的海豹觀賞
區，沿海有大片野生鳥類的田野，遠方則可看
到西峽灣壯麗的山峰與海岸。由停車場徒步10
分鐘即可抵達觀賞海豹的地點，這裡有徒步小
徑、營地、廁所，農場主人在遠處的觀海豹小
屋也有望遠鏡供遊客使用。

西峽灣

The Westfjords

文●墨刻編輯部
攝影●墨刻攝影組

冰島本是個人口稀少的國家，位於西北方的西峽灣，更是個遺世獨立的區域，甚至有遊客認為它是比「世界的盡頭」更為荒涼之地，單是看西峽灣最大城伊薩菲厄澤的常住居民只有不到四千人，就知道了！

長年的冰蝕和風浪蝕刻，讓海岸線成為今日所見無數曲折深長的峽灣，這裡的陸地面積只佔冰島不到1/10，但海岸線卻佔了全島一半的比例。

西峽灣是冰島真正的荒野，有著震撼人心的自然景觀，所有人造建物在這兒都顯得渺小，在這裡旅行，你會以為自己是地球上唯一的人類。

西峽灣冬季嚴寒、厚雪覆蓋，即使夏季氣溫也多在10℃以下。比起冰島其他區域，這兒氣候更寒冷，風更強勁，到了夏天，冰雪也融化得更晚。

很多路面沒有鋪柏油，甚至會一路開上碎石顛簸、塵土飛揚的路面，或無護欄的懸崖邊，建議開4WD四輪傳動車前往，最佳造訪時間則為6~8月。

就算自駕，一般遊客多半走景點集中的1號環狀公路，不在此公路上的西峽灣就很容易被忽略，也因此更造就這兒不受干擾、遠離塵囂的氛圍。

西峽灣之最 The Highlight of the Westfjord

布拉斯萊庫爾Brjánslækur
位於西峽灣南邊，布拉斯萊庫爾是通往蒂基斯霍爾米的渡輪港口，也是西峽灣連接斯奈山半島的捷徑，搭乘渡輪往來兩地是輕鬆又能欣賞海上美景的方式。(P.231)

伊薩菲厄澤 Isafjörður
西峽灣人口最多、最大的城鎮，是交通的樞紐，也是各種旅遊團的出發點，小鎮被高峰環繞，風景迷人。(P.232)

丁堅地瀑布Dynjandi
氣勢恢宏、水勢兇猛，由無數個瀑布串起工整的梯型，宛如白紗裙的裙襬，是寧靜荒野中少數令人震撼之地。(P.231)

©Kamila Smith

北極狐中心
Arctic Fox Centre
可觀賞北極狐，它是冰島唯一的原生哺乳類動物，全身是蓬鬆毛皮、連腳也有毛，體型只有貓咪般大小，但可存活在零下50℃的極低溫北極。(P.233)

◎開車

　雷克雅未克距離西峽灣大城伊薩菲厄澤約450公里的距離，1號環形公路僅「路過」西峽灣區域的東南方，想進入西峽灣有兩條公路可走：68號公路可由北面進入此區，60號公路由南邊進入西峽灣。若選擇順時針環島，可以帶著車輛搭乘渡輪抵達布拉斯萊庫爾，再由布拉斯萊庫爾開始西峽灣之旅，是前往此區的捷徑(逆時針環島亦然)。

　過去西峽灣區的道路以艱險難行聞名，如今大部分的道路都已獲得改善，開通了新的隧道與橋樑，夏季開車自駕已經不再困難，其中61號公路已鋪設柏油，60號公路上也僅有130公里的碎石路段。若要前往拉特拉爾角(Látrabjarg)，紅沙灘(Rauðasandur)等景點，仍需行駛上一些顛簸的碎石路段。若於冬季和早春期間前往，建議駕駛4WD車輛上路比較保險。

冰島天氣
🌐Vedur.is

冰島路況
🌐Road.is

◎租車

Hertz Iceland
☎522-4400
🌐www.hertz.is

Avis
☎591-4000
🌐www.avis.is

Europcar Iceland
☎568-6915
🌐www.holdur.is

Budget Car & Van Rental
☎562-6060
🌐www.budget.is

觀光行程

　西峽灣風光自然原始而壯麗，觀光行程以多以最大城伊薩菲厄澤、帕特雷克斯菲厄澤(Patreksfjörður)、侯爾馬維克(Hólmavík)等地為出發點，除了許多1日遊觀光行程可參加，還有滑雪、騎馬、獨木舟等活動，更可以搭渡輪前往豪斯川迪爾自然保護區。唯時間表可能時有異動，下述各行程的正確時間請隨時上網查詢。

◎巴士一日團

　夏日期間，Westfjords Adventures提供通往各景點的巴士團，須提前預約。

巴士路線A

時間	停靠點
週一、三、四 6月中~8月中 10:45出發	帕特雷克斯菲厄澤(Patreksfjörður)—布拉斯萊庫爾(Brjánslækur)—佛羅卡倫杜爾(Flókalundur)—丁堅地瀑布(Dynjandi)—伊薩菲厄澤(Ísafjörður)—辛蓋里(Þingeyri)—丁堅地瀑布(Dynjandi)—佛羅卡倫杜爾(Flókalundur)—布拉斯萊庫爾(Brjánslækur)—帕特雷克斯菲厄澤(Patreksfjörður)

Shuttle Service

日期	停靠點
6/1~8/31日 8:00~9:00出發	帕特雷克斯菲厄澤(Patreksfjörður)—拉特拉爾角(Látrabjarg)—紅沙灘(Rauðasandur)

Westfjords Adventures
💲Bus A 500ISK~8,400ISK
🌐www.westfjordsadventures.com

◎港口遊船

維京船航海之旅

　從西峽灣 Þingeyri 出發，搭乘西元900年Gaukstad船的真實複製船，像個真正的維京人一樣航行，對於航海愛好者、歷史愛好者和維京迷來說，這是一次獨特的體驗。航行時間約1.5小時，出發時間依天候而調整，請於官網確認。

Viking Adventure—Sail like a Viking
☎842-6660

夏季6月~8月每日9:30、11:30、13:30、15:30

全票125,000 ISK

vikingadventure.is

◎拉特拉爾角鳥崖健行

由帕特雷克斯菲厄澤(Patreksfjörður)出發，在導遊帶領下展開拉特拉爾半島健行，並在鳥崖觀賞數百萬的海鳥，和拍攝呆萌的海鸚(4~8月)，同時參觀文化博物館了解冰島人過去的生活方式，以及當地人如何從陡峭懸崖下救出擱淺船隻裡的水手。旅行社也提供「Bird cliffs and Biking」單車團，遊客可跟著導遊騎自行車前往拉特拉爾角鳥崖。

Westfjords Adventures—The wonder world of Látrabjarg

4/15~9/1每日9:00出發，行程約6小時

30,900ISK

westfjordsadventures.com/tours/the-wonder-world-of-latrabjarg/

◎紅沙灘健行

由帕特雷克斯菲厄澤(Patreksfjörður)出發，跟著導遊在紅沙灘漫步，拾起粉狀扇貝貝殼砂礫，眺望遠方的斯奈山半島與冰川，尋找在沙灘上做日光浴的海豹們，

最後在附近的法國咖啡館欣賞這片寧靜祥和的風景。

Westfjords Adventures—Rauðasandur, Breathtaking Landscape

5/1~10/1每日9:00出發，行程約5小時

20,900ISK

westfjordsadventures.com/tours/raudasandur/

◎獨木舟 Kayating

你可以選擇在被壯麗山脈圍繞著的伊薩菲厄澤鎮，繞著弧形的峽灣划行獨木舟，也可以選擇半天、全天的海上獨木舟之旅，沿著北部的塞濟斯峽灣(Seyðisfjörður)前往維格島(Vigur)，觀賞海灣內海鳥、海豚、鯨魚各種野生動物，欣賞伊薩深峽灣(Ísafjarðardjúp)周圍群山和峽灣的獨特全景。

Borea Adventures—Calm Water Kayating
灣內獨木舟之旅

Skútusiglingar ehf, Aðalstræti 17, 400 Ísafjörður

456-3322

9:30出發，行程約2.5小時，最少兩人成團

14,800ISK

www.boreaadventures.com/day_tours/Calm_Water_Kayaking/

Borea Adventures—Wildlife of Vigur Island
維格島野生動物獨木舟之旅
ⓘSkútusiglingar ehf, Aðalstræti 17, 400 Ísafjörður
☎456-3322
🕐每週一、週三、週五9:00出發，行程約8小時，最少兩人成團
💲37,900ISK起
🌐www.boreaadventures.com/day_tours/Wildlife_of_Vigur_Island/

◎**騎馬 Horse Riding Tour**
　　騎著五短身材的冰島馬，進入山谷、河流、群山間，欣賞西峽灣迷人的自然風景，行程從2小時至全天各種類型都有。

West Tours—Horseback Riding near Ísafjörður Town伊薩菲厄澤地區騎馬遊
ⓘAðalstræti 7, 400 Ísafjörður
☎456-5111
🕐行程約2.5小時
💲20,000ISK
🌐www.westtours.is/en/tours-activities/isafjordur-horseback-riding

◎**豪斯川迪爾旅遊團Hornstrandir Tours**
　　3家位於伊薩菲厄澤的旅行社均提供前往豪斯川迪爾的旅行團，有1~6日不同長度與難度的健行行程，其中以1日遊最為熱門。大部分行程由伊薩菲厄澤搭乘渡輪出發，由專業領隊帶領探索豪斯川迪爾各區，1日遊健行路線有很多種選擇，穿越山谷、河流、花田，在海拔約650公尺的高地一覽峽灣全景，探索Veiðileysufjörður、Lónafjörður峽灣，以及尋找Kvíar農場後方北極狐的巢穴。多日遊的健行行程依照路線規劃從3~6日的長度皆有，需紮營。

Borea Adventures—Wildlife and Arctic Fox
野生動物及北極狐
ⓘSkútusiglingar ehf, Aðalstræti 17, 400 Ísafjörður
☎456-3322
🕐夏季期間9:00出發，行程約11小時，最少兩人成團
💲55,900ISK
🌐www.boreaadventures.com/day_tours/Wildlife_and_Arctic_Foxes/

West Tours—Green Cliffs of Hornstrandir
豪斯川迪爾綠色懸崖
ⓘAðalstræti 7, 400 Ísafjörður
☎456-5111
🕐全程約11小時

💲49,700ISK起
🌐www.westtours.is/en/hornstrandir/day-tours-
in-hornstrandir/green-cliffs
Borea Adventures—Hornstrandir Panorama
豪斯川迪爾全景
📍Skútusiglingar ehf, Aðalstræti 17, 400 Ísafjörður
☎456-3322
🕐夏季期間9:00出發，行程約10小時，最少4人成團
💲55,900ISK起
🌐www.boreaadventures.com/day_tours/
Hornstrandir_Panorama/
Wild Westfjords—Hornstrandir Panorama
豪斯川迪爾全景
📍Pollgata 4, 400 Ísafjörður
☎822-7307
🕐6/1~9/30，行程約13小時，最少2人成團
💲55,900ISK起
🌐www.wildwestfjords.com/day_tours/
categories/Wildlife_Birds

旅遊諮詢
◎西峽灣區域訊息中心Westfjords Regional

Information Centre
📍Neðstikaupstaður, 400 Ísafjörður
☎450-8060
🕐6~8月週一～週五8:00~17:00、週末8:00~14:00，
9月週一～週五8:00~16:00、週末9:00~12:00，
10~5月週一～週四8:00~16:00、週五8:00~12:00
🌐www.westfjords.is/en/travel-info/tourist-
information-centres
◎**Bolungarvík District Information Office**
📍Aðalstræti 21, 415 Bolungarvík
☎450-7000
🌐www.westfjords.is/en/travel-info/tourist-
information-centres/bolungarvik-district-
information-office
◎辛蓋里旅遊局
Þingeyri District Information Office
📍Hafnarstræti 5, 470 Þingeyri
☎623-8258
🌐www.westfjords.is/en/travel-info/tourist-
information-centres/thingeyri-district-
information-office

區域概況

西峽灣區位於冰島西北部，形狀似乎像將巨螯深入格陵蘭海中的龍蝦，西南方的布雷扎灣(Breiðafjörður)將其與南邊的斯奈山半島分開。

由於西峽灣內並沒有1號環形公路通行，加上部分顛簸的碎石路段以及夏日限定的特性，使得大部分遊客與之擦身而過。

此區的峽灣多且蜿蜒，峽灣中還有峽灣，然而近年來道路的修繕與幾條隧道的開通，使點與點的距離縮短了許多。最大城為伊薩菲厄澤，北邊則為無人居住的豪斯川迪爾自然保護區，保護區裡有數百萬隻的海鳥、好奇的北極狐及高聳的懸崖，是徒步者的天堂。

西峽灣行程建議
Itineraries in Westfjords

搭乘飛機、搭乘渡輪都是解決西峽灣交通不便的好方法，不然，就多留一些時間開車自駕，享受西峽灣那極具戲劇化的海岸線與懸崖，沿途的風景絕對讓人難忘。

伊薩菲厄澤、丁堅地瀑布、拉特拉爾角鳥崖、北極狐中心都是必訪重點，許多公路僅於春末或初夏才開放，前往此區旅遊，建議至少需停留3~4天，若預留更多天數，也越能深入探索西峽灣。

◎如果你有3~4天

若以逆時針環島進入西峽灣，可先在侯爾馬維克補充物資，接著沿著崎嶇的峽灣公路前往伊薩菲厄澤，沿途風景令人屏息。造訪完北極狐中心後，可以選擇在伊薩菲厄澤停留一天，漫步市區、享受美食，或者選擇在峽灣內划獨木舟、騎馬。

隔天穿越伊薩菲厄澤附近的9公里隧道，前往西峽灣的第一名勝丁堅地瀑布，享受周遭絕世美景。接著前往拉特拉爾角鳥崖，或者直接前往布拉斯萊庫爾搭乘渡輪繼續下一段行程。

◎如果你有5天以上

放慢腳步，造訪每座峽灣附近的小漁村，在漁村附近的天然地熱泉泡湯，或者選擇在伊薩菲厄澤多留幾天，參加當地豐富且專業的各種旅遊團，或搭乘渡輪前往豪斯川迪爾自然保護區尋找北極狐的蹤跡。

◉ Where to Explore in Westfjord of Iceland
賞遊西峽灣

MAP ▶ P.225B4

布拉斯萊庫爾
Brjánslækur
銜接兩大半島的渡輪港口

🚗 行駛62號公路可達，或由斯蒂基斯霍爾米(Stykkishólmu)搭乘Baldur渡輪可達
🌐 www.seatours.is/excursions/brjanslaeku

Baldur渡輪
🏠 Smiðjustígur 3，340 Stykkishólmur ☎️ 433-2254 💲 旺季單程6,490ISK、淡季單程5,060ISK 🌐 www.seatours.is

Westfjords Adventures
🌐 westfjordsadventures.com/bus-schedule/

位於西峽灣南邊，布拉斯萊庫爾是通往

蒂基斯霍爾米 (Stykkishólmu)的渡輪港口，也是西峽灣連接斯奈山半島(Snaefellsnes Peninsula)的捷徑。搭乘Baldur渡輪往來兩地是較輕鬆又能欣賞海上美景的方式，整段航程約2.5小時，中間還會在弗拉泰島(Flatey)稍作停留。

夏季期間，Westfjords Adventures 營運的巴士路線將配合渡輪時間，由布拉斯萊庫爾(Brjánslækur)出發，在拉特拉爾角鳥崖、紅沙灘等景點停留，最後返回港口。此外，另有前往伊薩菲厄澤、丁堅地瀑布等其他景點的巴士路線。

MAP ▶ P.225B3

丁堅地瀑布
Dynjandi
震撼的婚紗裙擺

🚗 行駛60號公路即達，於停車場步行至瀑布約15分鐘；春夏期間可搭乘Westfjords Adventures 營運的巴士路線前往。 🌐 www.westfjords.is/en/destinations/nature-reserves/dynjandi

Westfjords Adventures
🌐 westfjordsadventures.com/bus-schedule/

丁堅地瀑布是西峽灣知名景點之一，在寧靜的西峽灣，丁堅地瀑布可能是少數令人震耳欲聾的地方，因為它氣勢磅礡有如雷一般的水聲，造就它被命名為「雷」(Dynjandi)的因緣。

前往丁堅地瀑布，汽車無法到達，從停車場往上拾步而行，路上還有6個小瀑布是丁堅地的下游，可以停駐欣賞。

登到主瀑布旁，壯闊的岩壁下，這遠望有如蕾絲一般灑下，近看卻又氣勢恢宏的奔騰流水，被旅客美譽為有如新娘頭紗，頂部約30公尺，底部是頂部的一倍寬，工整的梯型也像古典西式禮服的裙襬，爬上瀑布旁回望峽灣風光，視野寧靜壯闊也叫人懾服。

©Visit Iceland

MAP ▶ P.225B2

伊薩菲厄澤

MOOK Choice

Ísafjörður

西峽灣最大城鎮

🚗 由雷克雅未克搭飛機抵達伊薩菲厄澤機場；若選擇開車自駕，從侯爾馬維克(Hólmavík)前往可行駛61號公路，車程約4小時；或者選擇捷徑，由布拉斯萊庫爾(Brjánslækur)渡輪港口往北走，穿過隧道並行使60號公路可達。🔗www.isafjordur.is

西峽灣區域訊息中心Westfjords Regional Information Centre
🏠Neðstikaupstaður, 400 Ísafjörður ☎450-8060 ⏱6~8月週一～週五8:00~17:00、週末8:00~14:00，9月週一～週五8:00~16:00、週末9:00~12:00，10~5月週一～週四8:00~16:00、週五8:00~12:00 🔗www.westfjords.is/en/moya/toy/index/town/isafjordur

Air Iceland
🔗www.flugfelag.is

西峽灣遺產博物館Westfjord Heritage Museum
🏠Neðstikaupstaður, 400 Ísafjörður ☎456-3297 ⏱6~8月每日10:00~17:00，9/1~9/15每日11:00~15:00 💲全票1,500ISK、優待票1,100ISK 🔗www.nedsti.is

風光明媚。

伊薩菲厄澤是西峽灣最大、人口最多的城市，它位於峽灣裡一個弧型的半島上，巨大的山脈環繞著小鎮，就像護城河旁高牆保衛著城堡一般，

「Ísafjörður」冰島文原意是「冰凍的峽灣」(Ice Fjord)之意，因為以前時有浮冰沿著峽灣漂進來，如今此景已不復見，伊薩菲厄澤仍吸引著許多遊客前往，是冰島最古老的城市之一，鎮上的街道古色古香，港口邊有西峽灣遺產博物館，博物館位於4座18世紀的房屋之一，經過翻修，現已成為該鎮最大的旅遊景點。

伊薩菲厄澤因漁業發展而於1569年建立，博物館展示西峽灣與海洋的發展歷史，有捕鯨工具、釣魚設備、船隻，以及一些珍貴的老照片。

Breiðadals與Botnsheiði隧道

由西南方前往伊薩菲厄澤的60號公路上，會經過一段內部有交叉路口的隧道。隧道總長9公里，完成於1996年，除了通往伊薩菲厄澤，另一個出口則通往北邊的蘇澤瑞里(Suðureyri)。

隧道內光線充足，在單線道隧道中遇到來車，如果避車灣是在自己行駛線道的同一側，駕駛人有義務要開進避車道，讓來車先行。

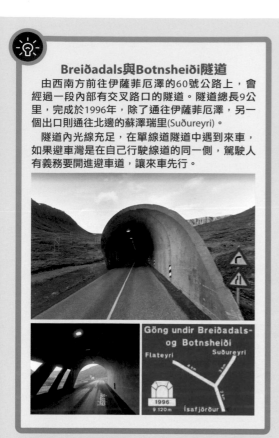

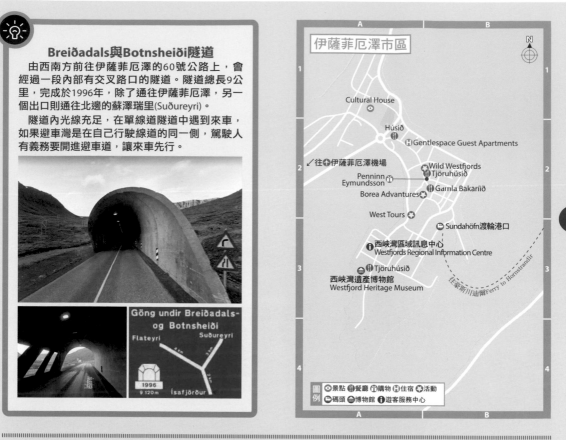

伊薩菲厄澤市區

- Cultural House
- Húsið
- Ⓗ Gentlespace Guest Apartments
- ✈ 往伊薩菲厄澤機場
- Penninn Eymundsson
- Ⓜ Wild Westfjords
- Ⓜ Tjöruhúsið
- Ⓜ Garnla Bakaríið
- Borea Advantures
- West Tours
- Ⓜ Sundahöfn渡輪港口
- ℹ 西峽灣區域訊息中心 Westfjords Regional Information Centre
- Ⓜ Tjöruhúsið
- 西峽灣遺產博物館 Westfjord Heritage Museum
- 往宏斯川迪爾 Ferry to Hornstrandir

圖例 ⦿景點 Ⓜ餐廳 ⓣ購物 Ⓗ住宿 ⦿活動 ⚓碼頭 Ⓜ博物館 ℹ遊客服務中心

MAP ▶ P.225B2

北極狐中心
Arctic Fox Centre
與冰島北極狐相遇

🚗 行駛61號公路可達 ⌂ Eyrardalur, 420 Súðavík 📞 456-4922 🕐 5月和9月9:00~15:30、6~8月9:00~18:00 💲 1,500ISK，門票每年會異動，請上網查詢 🌐 www.arcticfoxcentre.com

北極狐中心是位在蘇澤維克鎮(Súðavík)的一棟木造建築，進入此地需收門票，但門票費用作為保護北極狐的基金。

說是中心，但這裡只有兩隻被圈養的北極狐，這小傢伙穿著蓬鬆毛皮外衣、連腳也有毛，體型只有貓咪般大小，但它可是冰島唯一的原生哺乳類

©Kamila Smith

動物，可以存活在零下50℃的極低溫北極，夏季和冬季的毛皮顏色不同，遊客在野外幾乎見不到它的蹤跡，此外，中心有北極狐標本可以親手摸摸，還有早年獵狐人的歷史和器具展示。

西部

West Iceland

文●墨刻編輯部
攝影●墨刻攝影組

冰島西部(Vesturland)介於首都雷克雅未克與西峽灣之間，素有「冰島縮影」之稱。主要以西邊的斯奈山半島，與內陸地區包含雷克霍特(Rekholt)周圍、朗格冰川等地區組成。

受到遊客歡迎的斯奈山半島是主要觀光景點的所在地，與北方的西峽灣地區只隔著布雷扎灣(Breiðafjörður)，然而卻是兩種不同的風情，無論地形或天候，長長的斯奈山半島都顯得和緩許多。

半島上的斯奈菲爾國家公園(Snæfellsjökull National Park)裡有冰川、火山、熔岩原、地洞、鳥崖、黑沙灘、地熱溫泉等等，還有各式奇形怪狀的玄武岩柱。走一趟斯奈山半島，就等於看遍了冰島各地著名的風景，也有幾分道理。

斯蒂基斯霍爾米(Stykkishólmu)是半島上最大的城鎮，也是搭乘渡輪通往西峽灣以及弗拉泰島(Flatey)的地點，距離首都雷克雅未克約173公里。雖然斯奈山半島內並沒有1號環形公路繞行，但大部分路段皆為鋪設了柏油的公路，駕駛任何車輛都不會有太大的問題。

冰島西部之最The Highlight of West of Iceland

© Visit_West_Iceland

斯奈菲冰川爾國家公園
Snæfellsjökull National Park
冰島三大國家公園之一，冰島火山地貌地形的縮影，而其中斯奈菲爾冰川就是科幻小說中描述通往地心的入口。(P.247)

斯蒂基斯霍爾米
Stykkishólmu
登上港邊小島，360度景觀讓人心曠神怡，一面眺望遠方布雷札灣的美麗海景，一面俯瞰城鎮風光與遠方的教堂。(P.242)

教堂山
無論春夏秋冬，永遠是冰島風景明信片上最常見的主角，完美的金字塔造型配上雪白的瀑布，是大自然最完美的傑作。(P.246)

©Visit_West_Iceland

朗格冰川
探索歐洲第二大冰川內部的神奇世界，進入人工開鑿冰川隧道，見識藍色冰洞的美麗，全年皆可參加。(P.244)

©Visit_Iceland

黑色玄武岩沙灘
穿過奇異造型的黑色玄武岩柱，經過廢棄生鏽的拋錨舊船，眼前突然開闊起來，西部的黑沙灘給人柳暗花明又一村的驚喜。(P.241)

INFO

如何前往

冰島西部地區就在雷克雅未克的北方，前往西部可開車，或是搭乘巴士、渡輪。開車自駕是最自由、自主的方式。

◎開車

冰島西部離雷克雅未克不遠，西部南邊的小鎮博爾加內斯(Borgarnes)距離雷克雅未克僅僅74公里，開車約1小時左右。若由雷克雅未克出發，從1號環形公路駛入54號公路，即可繞行斯奈山半島，抵達北邊的斯蒂基斯霍爾米(Stykkishólmu)，最後再回到1號環形公路上。

除了繞行斯奈山半島上的54號公路，半島上其他3條公路574、55 、56號公路也都各自擁有獨特優美的風景。但非冬季時可能會因積雪而封路。

冰島天氣
🕸Vedur.is

冰島路況
🕸Road.is

租車

Hertz Iceland
☎522-4400
🕸www.hertz.is
Avis
☎591-4000
🕸www.avis.is˙Europcar Iceland
☎568-6915
🕸www.holdur.is
Budget Car & Van Rental
☎562-6060
🕸www.budget.is

◎巴士

搭乘由Strætó營運的巴士57號，可往返雷克雅未克與西部地區的博爾加內斯(Borgarnes)之間，若由北部地區大城阿庫瑞里(Akureyri)前往，也可搭乘巴士57號往返博爾加內斯之間。由博爾加內斯可再轉乘巴士58號前往斯蒂基斯霍爾米(Stykkishólmur)。夏季巴士班次較多，淡季期間則班次減少，出發前請務必事先確認搭乘路線與官方公布時刻表。

Strætó
🕸www.straeto.is

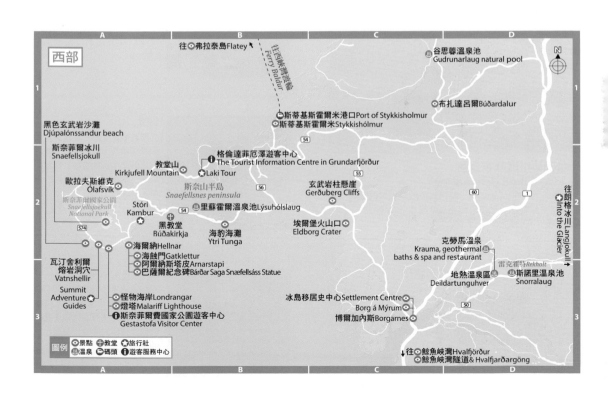

◎渡輪

　由西峽灣的布拉斯萊庫爾(Brjánslækur)可搭乘渡輪往返西部地區斯奈山半島的斯蒂基斯霍爾米(Stykkishólmu)，渡輪上可攜車同行，但須額外付費。渡輪中途會經過弗拉泰島(Flatey)，航行時間約2小時30分左右。

Baldur渡輪

🏠Smiðjustígur 3 , 340 Stykkishólmur

☎433-2254

🕐時刻表見下表，航班時刻時有變動，請上網查詢最新時刻表

💰旺季單程6,490ISK、淡季單程5,060ISK

🌐www.seatours.is

Baldur渡輪9/1~5/31出發時間表

出發點——目的地	週日、週二、週三和週四	週一和週五
斯蒂基斯霍爾米(Stykkishólmur)——布拉斯萊庫爾(Brjánslækur)	15:00	9:00、15:00
布拉斯萊庫爾(Brjánslækur)——斯蒂基斯霍爾米(Stykkishólmur)	18:00	12:00、18:00

Baldur渡輪6/15~8/24出發時間表

出發點——目的地	每日
斯蒂基斯霍爾米(Stykkishólmur)——布拉斯萊庫爾(Brjánslækur)	8:45、15:15
布拉斯萊庫爾(Brjánslækur)——斯蒂基斯霍爾米(Stykkishólmur)	1200、18:30

Baldur渡輪8/25/~8/31出發時間表

出發點——目的地	週日～週五	週六
斯蒂基斯霍爾米(Stykkishólmur)——布拉斯萊庫爾(Brjánslækur)	15:00	9:00
布拉斯萊庫爾(Brjánslækur)——斯蒂基斯霍爾米(Stykkishólmur)	18:00	12:00

註：時間表時有異動，正確日期與時間以官網公布為準

觀光行程

　冰島西部是冰島地形地貌的縮影，也是維京人最早移民生活的地區之一，這裡的觀光行程有地區限定的熔岩地洞探險，還有遊船、騎馬、賞鯨等活動。唯時間表可能時有異動，下述各行程的正確時間請隨時上網查詢。

◎瓦斯利爾熔岩洞穴探險

　　冰川下火山噴發時，通常會在周圍區域形成數百個地下熔岩通道，瓦斯利爾熔岩洞穴正是其中之一，有八千年歷史的洞穴位於地下32公尺，約兩三層樓高，整個地洞探險行程約45分鐘，配備手電筒與保護頭盔，最好穿著可以保護腳底的鞋子。

Summit Adventure Guides—Vatnshellir Cave
📞787-0001
🕓行程45分鐘
💲全票4,500ISK、優待票200 ISK~3,500ISK，5~11歲免費
🌐www.summitguides.is/vatnshellir-cave-op1r6

◎維京壽司遊船

　　夏日期間，可搭乘由斯蒂基斯霍爾米港口出發航行在布雷扎灣(Breiðafjörður)島嶼中的遊船活動，除了賞鳥、一睹峽灣童話般的風景外，最大亮點就是可以現場品嘗各式現撈海鮮，包括扇貝、海膽等等。

Seatour—Viking Sushi Adventure Voyage
🕓6/1~9/30每日11:00出發，6/20~8/20每日15:30另開一團(出團時間每年都會變動，請上網查詢)，行程2小時15分鐘
💲全票8,300ISK、優待票4,150ISK~6,640ISK，15歲以下免費
🌐www.seatours.is/excursions/vikingasushi

◎沙灘騎馬

　　騎馬沿著沙灘漫步，還能遠眺遠方斯奈菲爾冰川的美景，騎馬時間可自行選擇1小時或2小時。由家族經營的旅行團還同時經營民宿。

Stóri Kambur—Horse Riding in the Vicinity of Snæfellsjökull Glacier

⌂Stóri Kambur, 356 Snæfellsbær

☏852-7028

◔6月~9/15，行程約1~2小時

💲1小時成人10,000 ISK，兒童9,000ISK

🌐storikambur.is

❗預約電洽或透過電郵info@storikambur.is

◎斯奈菲爾冰川登頂健行

　　斯奈菲爾火山是世界聞名的地心入口，行程將由著專業領隊帶領下健行登頂，登上山頂後，絕世美景就是最佳的報償。由山頂可俯瞰整個斯奈山半島、西峽灣以及雷克雅未克的風景。登頂難度視當日天氣狀況，為中級至挑戰級難度。

Nordic Green Travel—Snæfellsjökull Glacier Ice Experience

☏837-9700　　◔行程約5小時

💲17,000ISK

🌐nordicgreentravel.is/tours/day-tours-activities/snaefellsjokull-glacier-hike/

❗旅行社將提供冰川裝備，包括冰爪、冰斧

◎賞鯨

　　旅行社提供由格倫達菲厄澤(Grundarfjörður)或歐拉夫斯維克(Olafsvik)出發的賞鯨團，全年都有團可參加，此外，在6~8月海鸚季節會推出賞鸚團，前往Melrakkaey小島賞鳥。

Laki Tours—Whale Watching

⌂Nesvegur 5 , Grundarfjörður 350

☏546-6808

◔全年出團，行程約2~3小時

💲2小時8,900ISK，3小時11,500ISK

🌐lakitours.com

旅遊諮詢

◎格倫達菲厄澤遊客中心Grundarfjörður Tourist Information Center

⌂Grundargata 35, Grundarfjörður

☏438-1881

🌐www.west.is/en/travel-info/practical-information/tourist-information-centres

◎斯奈菲爾國家公園遊客中心 Snæfellsjökull National Park Tourist Information Center

⌂Malarrif, 360 Hellissandur

☏436-6888

🌐www.west.is/en/travel-info/practical-information/tourist-information-centres

◎斯奈山遊客中心 Snæfellsnes Tourist Information Center

⌂Breiðablik, Eyja- og Miklaholtshreppur, 311 Borgarnes

☏436-6680

🌐www.west.is/en/travel-info/practical-information/tourist-information-centres

區域概況

冰島西部位於首都雷克雅未克的北方，主要由西邊的斯奈山半島以及東邊的內陸地區組成。

斯奈山半島是冰島三大國家公園之一的斯奈菲爾國家公園所在地，沿著54號公路即可繞行整個半島，大部分的景點都在公路附近，火山、冰川、黑色玄武岩沙灘、苔原、熔岩洞穴、鳥崖等各種景觀讓整段旅程充滿驚喜。而內陸地區則有著名的地熱溫泉，以及朗格冰川，冰島西部有「冰島縮影」之稱，一點也不假。

冰島西部行程建議
Itineraries in West of Iceland

冰島西部一年四季都適合前往，除了前往斯奈山半島的西部一日旅行團外，開車自駕也十分方便。若是夏季前往，1天即可覽遍重要景點，若是冬季前往，建議至少停留兩天或兩天以上的深度之旅。

如果你有1~2天

若由博爾加內斯(Borgarnes)繞行斯奈山半島抵達北面的斯蒂基斯霍爾米(Stykkishólmur)，總距離約255公里，沿著54號公路行駛，沿途中可瀏覽西部大部分的重要景點，包括教堂山、怪物海灘、黑色玄武岩沙灘、阿爾納斯塔皮、熔岩洞穴、玄武岩壁、里蘇禾溫泉池等等。

若時間充裕，可以選擇參加瓦斯利爾熔岩洞穴探險或在里蘇禾溫泉池泡湯，可體驗富含礦物質的綠色溫泉療效。

如果你有2天以上

若時間充裕，別錯過博爾加內斯鎮上的冰島移居歷史中心，了解維京人移居冰島的過程，以及本地獨特的英雄傳說。

斯奈山半島的旅遊團活動十分多樣，除了可參加瓦斯利爾熔岩洞穴探險、賞鯨或騎馬活動，登山客還可以挪出一天參加斯奈菲爾冰川登頂健行，在征服的山岳清單中再列上一筆。

繞行完半島後，可以選擇在斯蒂基斯霍爾米搭乘渡輪前往弗拉泰島(Flatey)，展開小島一日遊，或者前往西峽灣繼續探險，也可以選擇前往內陸地區的地熱溫泉區，在摩登的克勞馬溫泉中心泡湯，或前往朗格冰川一探冰川內部的奇景，最後返回雷克雅未克。

冰島…西部 West Iceland

MAP ▶ P.236A2

MOOK Choice

黑色玄武岩沙灘

Djúpalónssandur(Black Lava Pearl Beach)

半島尖端的熔岩仙境

🚗 行駛574號公路可達 　🌐 www.west.is/en/place/djupalonssandur-dritvik

「Djúpalónssandur」原意為「深湖沙灘」(Deep Lagoon's Sand)，名字來自於附近叫做「深湖」(Djúpulón, Deep Lagoon)的小潟湖，事實上，深湖經過測量後，其實只有5公尺深而已。

黑色玄武岩沙灘位於斯奈山半島西邊的端點，前往探索的路途上處處充滿柳暗花明又一村的驚喜。沙灘的入口就在停車場不遠處，這裡還有一條徒步小徑可通往懸崖上的觀景台，眺望開闊的海景以及突出海岸的怪石。

順著黑沙灘指標前進的途中，必須手腳並用，由狹窄的入口慢慢往下走，穿過造型奇異的玄武岩後，視野突然開闊起來，就表示抵達了黑沙灘。

整個沙灘由大小不一的黑色鵝卵石組成，沙灘上還放有四顆大石頭，重量分別為23公斤、54公斤、100公斤和154公斤，用來測試成年男子

失事漁船殘骸透露慘痛往事

在沙灘上最令人震撼的景象，就是1948年3月13日晚上，在附近海灣失事的英國拖網漁船The Epine GY7的殘骸，當晚一場暴風雨使船上的19位船員僅有5名生還，其餘船員下落不明。最後罹難的船長阿爾弗雷德(Alfred Loftis)曾對救援隊求援：「只要確保男孩們安全就好，我發生什麼事都沒關係」，之後他也被大浪捲走了。為了紀念這些英國漁民，生鏽殘骸被保留在岸上原地且受到保護，不應隨便觸摸。

是否抬得動，作為有無足夠的能力在船上工作的指標。此外，海灘上還有一座巨大的熔岩石，造型獨特，被稱為「精靈教堂」。

241

MAP ▶ P.236B1

斯蒂基斯霍爾米

MOOK Choice

Stykkisholmur

做自己的白日夢冒險王

🌐 行駛54號公路可達，或者由西峽灣的布拉斯萊庫爾 (Brjánslækur)搭乘渡輪可達 ⓤ visitstykkisholmur.is

Baldur渡輪
🏠 Smiðjustígur 3 , 340 Stykkishólmur ☎ 433-2254 💲 旺季單程6,490ISK、淡季單程5,060ISK ⓤ www.seatours.is

　位於斯奈山半島上的斯蒂基斯霍爾米不僅是半島上最大的城鎮，也是通往西峽灣的渡輪港口。港口前的蘇甘地島形成了天然的防避，鎮上有著一座座19世紀的房屋，風景如詩如畫，或許這是被電影《白日夢冒險王》看中的原因，港口旁的一處交叉路口，正是電影中男主角跳上直升機的場景。

　小鎮上有一座19世紀的挪威木屋、圖書館、博物館，以及眾多的住宿，全鎮並提供免費WiFi供遊客使用。

蘇甘地島 Súgandisey Island

🚗 行駛54號公路，再往北轉入斯蒂基斯霍爾米市區可達蘇甘地島停車場 🏠 Súgandisey Island, Stykkishólmur

　　沿著港口往前走，就可以看見一座長形的玄武岩小島，宛如屏風般保護著港口免受布雷札灣風浪侵襲，建議一定要攀登上去，這裡的風景無懈可擊。

　　在島的制高點有座橘色的小燈塔，由此可遠眺弗拉泰島以及海上美景，回過身來，則可俯瞰斯蒂基斯霍爾城鎮以及遠山。

斯蒂基斯霍爾米

往弗拉泰島渡輪 Ferry Baldur
往布拉斯拉爾霍爾渡輪

🏠 蘇甘地塞島 Sugandisey

⚓ Baldur渡輪

斯蒂基斯霍爾米港口 Port of Stykkisholmur ⚓

Seatour ✪

挪威之家 Norwegian House

水圖書館 Library of water

斯蒂基斯霍爾米教堂 Stykkishólmskirkja ✝

圖例 🏠景點 ✝教堂 ⚓碼頭 🏛博物館 📖圖書館 ✪旅行社

挪威房子 Norwegen House(Norska Husid)

🚗 由斯蒂基斯霍爾渡輪碼頭往市區方向步行約2分鐘可達 🏠 Hafnargata 5, 340 Stykkishólmur ☎433-8114 ⏰週二～週六13:00~16:00，開放時間全年會異動，請上網查詢 💲全票1,550ISK、18歲以下免費 🌐norskahusid.is

　　19世紀上流社會的木製家宅，也是冰島最早的兩層樓住宅。木屋使用從挪威運來的木材建造，並以黑和白色裝飾，是當時商人Árni Thorlacius的家。1樓是當時典型商店空間，閣樓上有展示著當地鳥類的收藏品，屋內並有禮品店販售如蕾絲、布料、印花和傳統的斯堪地納維亞工藝品和設計。

水圖書館 The Library of Water(Vatnasafn)

🚗 行駛54號公路再往北轉入斯蒂基斯霍爾米市區可達，或者由斯蒂基斯霍爾米渡輪港口步行約10分鐘可達 🏠Bókhlöðustígur 19, Stykkishólmur ☎865-4516 ⏰週二～週六13:00~16:00，開放時間全年會異動，請上網查詢 💲全票830ISK、18歲以下免費，門票每年會異動，請上網查詢 📘Vatnasafn-Library of Water

　　位於山丘的頂端，水圖書館內設有24根玻璃柱，裡面裝滿冰島主要冰蓋融化的冰川水。這些儲藏冰川水的透明裝置創建於2007年，玻璃柱折射並將光線反射到地板上，使得空間明亮又奇幻。

　　值得一提的是，由圖書館外可俯瞰布雷札灣與整個城鎮，甚至遠方的教堂，是欣賞城鎮最佳地點之一。

MAP ▶ P.236D2

朗格冰川

Langjökull

歐洲第二大冰川

🚗行駛551號公路可達 🔗www.west.is/en/place/langjokull-glacier
Into the Glacier

🏠Langjökull Glacier ☎578-2550 🕐全年，Classic Tour約3~4小時 💲Classic Tour 22,900ISK起 🔗intotheglacier.is

　　無邊無際雪白大地覆蓋著的朗格冰川，不僅是歐洲第二大冰川，也是世界上唯一一個可以觀賞冰川內部結構的冰川，步入其中，魔幻般的藍色冰川震懾著遊客，不同層次也訴說著隨不同年代的冰雪沉積，萬年來冰川的過去的歷史，夾雜著火山灰岩的地貌，非常壯觀，內部有一條人工開鑿的冰洞隧道，全年開放，內部平坦，不妨選擇當地的冰原雪車旅行團，跟隨嚮導搭乘造型特殊的車輛前往。

　　此外，遊客也可以選擇駕駛雪地摩托車的旅遊團，一人騎一台車，體驗在廣袤無垠的寬闊雪地上盡情馳騁的快意，叫人難忘。

MAP ▶ P.236C1

谷思蓉天然溫泉池

Guðrúnarlaug Hot Spring

維京傳說中美人之池

🚗行駛60號公路可達 🏠Laugar, Sælingsdalur 🔗www.west.is/en/place/gudrunarlaug

　　谷思蓉天然溫泉池位於小村莊勞加(Laugar)裡，是帶有傳奇歷史石頭溫泉池。根據冰島古老傳說的拉克斯達拉(LaxdælaSaga)紀載，維京人在一千多年前就已住在這裡，傳說中著名愛情三角戀的女主角谷思蓉(Guðrún Ósvífursdóttir)就常在這個溫泉浴池泡湯，有一天美貌的谷思蓉與一位老人談到了她的夢境，老人替她解夢，並預言了她的一生，後來也真一一實現。

　　由於古早的溫泉曾遭滑落的土石摧毀，目前的溫泉池建於2009年，後方還有一座小屋可用作更衣室。

MAP ▶ P.236B2

斯奈山半島
Snæfellsnes Peninsula
冰島火山地形地貌的縮影

🚗 行駛54號公路可達，或者由西峽灣的布拉斯萊庫爾(Brjánslækur)搭乘渡輪可達斯奈山半島北方的斯蒂基斯霍爾米渡輪港口。

斯奈山半島的冰島語原意為「雪山半島」，可見它長年被白雪覆蓋著。半島離雷克雅未克不遠，景點多半集中在公路旁，如教會山、斯蒂基斯霍爾米、黑教堂，以及冰島三大國家公園之一的斯奈菲爾國家公園等，經典的火山、冰川地貌，火山岩、海岸峭壁，還有少見的苔原、黑沙灘，使此地被視為冰島縮影，意即來此就可以一次盡覽冰島特殊的地形，CNN曾將此地列為全世界必去的17個景點之一。

💡 **斯奈山守護神所在地**

此區最著名的地標莫過於佇立在崖角上的巴薩爾紀念碑(Bárðar Saga Snæfellsáss Statue)，像極了一個石頭巨人，是為紀念斯奈山的守護神巴薩爾，傳說中巴薩爾是人類、巨人和神魔的混血，生在此地，死後化為本地的守護神。

MAP ▶ P.236A2

海蝕拱門
Gatklettur
大自然鬼斧神工

🚗 行駛574號公路可達 🌐 www.west.is/en/place/gatklettur-arch-rock

著名的海蝕門(Arch Rock)位於阿爾納斯塔皮附近，由於長期海浪的侵蝕，漸漸自然形成了拱門門狀的奇岩，位於山崖與大海間，造型特殊，是熱門的拍照地點。附近的懸崖周圍是眾多海鳥的棲息地，也是冰島賞鳥的最佳地點之一。

MAP ▶ P.236B2

教堂山
Kirkjufell

冰島風景明信片名景

🚗 行駛54號公路可達　🌐 www.west.is/en/west/place/kirkjufell-mountain

教堂山因為山的形狀很像草帽,又名「草帽山」,教堂山海拔不高,高約460公尺,但聳立於平原上的獨特樣貌,讓它吸引了多數遊客停駐拍攝,尤其冬季追逐極光的旅人,更喜歡在此地拍下星空和北極光的作品。由教堂山對面的停車場走進瀑布區約3分鐘,是拍攝教堂山與瀑布全景的最佳地點。

MAP ▶ P.236A2

瓦斯利爾熔岩洞穴
Vatnshellir

深入洞穴地心探險

🚗 行駛574號公路可達
Summit Adventure Guides—Vatnshellir Cave
📞 787-0001　⏱ 行程45分鐘　💲 成人4,500ISK、優待票200ISK~3,500ISK,5~11歲免費　🌐 www.summitguides.is/vatnshellir-cave-op1r6

法國作家朱勒凡爾納(Jules Verne)著名的科幻小說《地心歷險記》(Journey of the Centre of the Earth)中,描述通往地心的入口就是斯奈菲爾山,在斯奈山半島的西邊,正好有一個地底的熔岩洞穴,可以滿足粉絲們的科幻夢。

有八千年歷史的瓦斯利爾熔岩洞穴,是由附近的Purkhólar火山口家族的火山噴發而成,當熔岩流下山坡時,開始在地表上冷卻,在表面上形成了一層地殼,隨著火山爆發的停止,地殼下面的熔岩繼續流失,最終留下了中空的洞穴管道,以及洞穴內奇形怪狀的熔岩柱。

熔岩洞穴距地表約32公尺,內部有許多相連的洞室,可參加Summit Adventure Guides的導覽行程參觀。

壯麗的熔岩與驚心動魄的海岸線

🚗 行駛574號公路可達

　　海爾納(Hellnar)曾是斯奈菲爾冰川下最大的漁港，附近有一座懸崖延伸到海灣的東部及一個奇特的洞穴。目前此區有咖啡館、飯店以及遊客中心。海爾納附近還有一條風景極佳的懸崖徒步小徑，可通往附近

的小村莊阿爾納斯塔皮(Arnarstapi)。

　　阿爾納斯塔皮是個小漁港，距離海爾納僅5公里左右，碼頭環繞著柱狀玄武岩，村中有一個相當大的北極燕鷗群棲息地。沿著海岸線散步，可沿途觀賞海鳥和壯麗的熔岩層。海爾納和阿爾納斯塔皮來回約90分鐘左右，這兩個小村莊之間的海岸區和懸崖，在1979年均被列入冰島的自然保護區。

© Ragnar Th. Sigurðsson

MAP ▶ P.236A2

斯奈菲爾冰川國家公園
Snæfellsjökull National Park

通往地心的入口

🚗 行駛54號公路可達

　　斯奈菲爾火山是法國小說《地心歷險記》中通往地心的入口，電影《白日夢冒險王》也在此取景，火山上覆蓋著斯奈菲爾冰川，是斯奈菲爾國家公園的中心，開車來此地，遠遠就可以望見平原上聳立的火山，這座近百年未噴發的火山，歷史上曾多次噴發，留下周圍的各種火山地貌，也是國家公園開闢在此的主因。

　　想欣賞火山地貌可拜訪黑色玄武岩沙灘，前往黑色玄武岩沙灘的沿途可見各種的奇岩怪石，歲月經年侵蝕的樣貌，與黑色玄武岩沙灘上圓滑的黑礫石截然不同。

MAP ▶ P.236D3

斯諾里溫泉池
Snorralaug
中世紀文豪戲劇化一生

🚗行駛518號公路可達 🏠Snorralaug, Reykholt ☯www.west.is/en/west-iceland-regions/reykholt、www.snorrastofa.is/en/ ❗冰島同樣地名的地方很多，此為西部的雷克霍特，非南部的雷克霍特

小鎮雷克霍特(Reykholt)歷史悠久，在中世紀時是冰島最大的定居點，也是冰島中世紀著名學者及政治家斯諾里·斯圖魯松(Snorri Sturluson)出生之地，不幸的是，也是他最終被殺害的地方。雷克霍特的景點大多與斯諾里有關，有一座

斯諾里生平

斯諾里·斯圖魯松(Snorri Sturluson,1179~1241年)是冰島13世紀最有名的政治家、學者與詩人。他誕生於勢力強大的斯圖魯松(Sturluson)家族，也是9世紀時在博格(Borg)定居的傳奇英雄埃吉爾(Egill Skallagrímsson)的後裔。

1206年時，他在雷克霍特(Reykholt)開始了多產的寫作生涯，包括挪威王列傳(Heimskringla)、埃達(The Poetic Edda)以及許多的薩加英雄傳說，此時他曾兩次擔任冰島議會裡的法律代言人(Law Speaker)，權力聲望達到頂峰，後在與挪威國王Hakon的外交週旋中失利，導致他最後的致命傷，最後在自家的地下室中被刺殺。

斯諾里中心(Snorrastofa)，裡面介紹斯諾里的生平與著作，以及關於中世紀時的文物研究等等。

中心附近還有一座石頭打造的圓形溫泉池，據說就是他平日使用的水池，自12世紀以來一直被當地人使用，底部的石頭可看出當初的手工工藝，是冰島最古老的石造溫泉之一。

MAP ▶ P.236A2

怪物海岸
Londrangar
驚滔駭浪中的嶙峋怪石

🚗行駛574號公路可達 ☯www.west.is/en/place/londrangar-basalt-cliffs

怪物海岸無法親近，遊客只能在高出海平面十數公尺高的平台上，為眼前氣勢驚人的嶙峋怪石與拍岸驚濤震懾，吸引喜歡攝影的遊客停駐此地殺光記憶體，這裡還有大批海鳥棲息，也是賞鳥勝地之一。

©Visit West Iceland

布雷札灣小島數目賽繁星

西峽灣與西部地區中間隔著廣闊的布雷札灣，除了最大島弗拉泰島(Flatey)，還有其他主要的七座大島散落在其中。

冰島人有句玩笑說：世界上數不盡的，除了天上的星星，還有布雷札灣裡的小島(超過六百處)。這八處主要的大島除了各有特色，也各有獨特且耐人尋味的名字，比如弗拉泰島(Flatey)原意為「扁平的島」(Flat Island)，是灣內最大且有人居住的島。Bjarneyjar島原意「熊島」(Bear Island)，是最早的捕魚基地，在1100年前左右曾被目擊有熊漂流至此地。Svefneyjar島原意為「沉睡的島」(Sleep Island)，因為10世紀時地主發現他的奴隸偷睡覺，因此，地主把奴隸流放此島並處死。

MAP ▶ P.236B1

弗拉泰島

Flatey

遺世小島的原始生活

由斯蒂基斯霍爾姆搭乘渡輪可達　www.west.is/en/place/flatey-island

Baldur渡輪

433-2254　www.seatours.is

從斯奈菲爾國家公園前往西峽灣，可以選擇搭乘渡輪縮短旅遊時間，而弗拉泰島就是在渡輪行經的海灣中間點，這座島靜謐荒蕪，半小時就可以走完全島，舉目所見唯幾隻小羊和鳥兒，但這座島嶼卻擁有一家被選為冰島十大酒店之一的住宿點，想住在世界盡頭的遊客，可選擇在此住一晚，體驗被世界遺忘的感覺。旅館中有唯一的餐廳提供道地冰島料理，且因為島上沒有淡水，所以客房沒有單獨的衛浴設備，用水需盡量節省。

不想在此地過夜也可以選擇一日遊，從斯蒂基斯霍爾米搭船出發約一個半小時可達弗拉泰島。

MAP ▶ P.236C3

博爾加內斯

Borgarnes

冰島西部交通樞紐

🚗 行駛1號環形公路可達,或者可由雷克雅未克搭乘Strætó營運的巴士57號可達 🌐 www.west.is/en/west-iceland-regions/borgarnes

博爾加內斯不只是西部地區的交通樞紐(往雷克雅未克或者阿庫瑞里的巴士在此停留),這裡也是冰島首批定居點之一。

城鎮位於博爾加峽灣(Borgarfjörður)內,附近區域是維京人歷史上極為活躍的地區,所發生曲折離奇的事跡也被記載在冰島的薩加英雄傳說中,若對維京歷史感興趣,鎮上的冰島移居史中心是最佳探索之地。

西部地區的第一個定居點就位在小鎮外圍的Borg農場(Borg á Mýrum),此處是西元9世紀傳奇英雄埃吉爾(Egill Skallagrímsson)的成長之地,博爾加內斯鎮上許多紀念雕像都與埃及爾的傳說故事有關。

MAP ▶ P.236C2

玄武岩柱懸崖

Gerduberg

大自然的幾何排列

🚗 行駛54號公路,轉入路旁景點標示行駛約3分鐘即達

位於斯奈山半島南邊的54號公路旁,有一座長達半公里的玄武岩柱懸崖,規律的六角形柱層層疊疊的排列著,每根玄武岩柱高約12公尺至14公尺、寬約1公尺,視覺上頗為壯觀。

此地是觀賞玄武岩柱的最佳場所,可以看到令人難以置信的自然地質結構,讚嘆大自然創造的這些驚人幾何圖形。

© Kristin Jónsdóttir

里蘇禾溫泉池

Lýsuhólslaug

富含礦物質的綠色水池

🚗 行駛54號公路，在有路標標示的小徑往北駛入可達 🏠
Lýsuhólslaug, 356 Snæfellsbær ⏰6~8月11:00~21:00，開
放時間會異動，請上網查詢 ☎433-9917 💲全票1,500ISK、
優待票500ISK、9歲以下免費，價格會異動，請上網查詢 🌐
lysulaugar.is/

©Visit West Iceland

溫泉池位於斯奈山半島南邊的鄉村中，附近除
了一間小旅社外，四周盡是田地。

溫泉池僅於夏季開放，是一座富含礦物質的溫
泉池，溫暖的綠色的水池中含有許多的綠藻，水
溫約在37°C ~39°C之間，被認為對身體有舒緩
和治療作用。

冰島移居史中心

MOOK Choice

Settlement Center

穿越時空回到薩加英雄時代

🚗 行駛1號公路可達，或者可由雷克雅未克搭乘Strætó 營運的
巴士57號可達 🏠Brakarbraut 13-15, 310 Borgarnes ☎
437-1610 ⏰博物館10:00~17:00、餐廳11:30~21:00 💲
全票3,000ISK，優惠票1.000ISK ~2,100ISK，12歲以下免費
🌐www.landnam.is/eng

如果對維京人的遷徙、冰島英雄傳說故事感興
趣，這裡絕對是列入必訪清單的停留點之一，可
以在短時間內惡補整段驚心動魄的英雄故事、血
腥暴力的家族鬥爭。

展覽分為兩區，第一區介紹冰島被發現的歷
史，離開挪威的維京人的海上冒險與冰島的第一
個民主議會。第二區則圍繞在傳奇英雄埃吉爾
(Egill Skallagrímsson)的家族故事，是一段交織
愛情、權力鬥爭、巫術的故事。

展覽提供中文的語音導覽，十分貼心，跟著語
音導覽走完整個展覽區約30分鐘左右。中心另附
設咖啡廳以及裝潢、評價都不錯的餐廳。

MAP ▶ P.236D2

克勞馬溫泉

MOOK Choice

Krauma

歐洲最大地熱區中泡湯

🚗 行駛1號公路，再駛入50號公路可達 🏠 Deildartunguhver, 320 Reykholt ☎ 555-6066 🕐 11:00~21:00 💲 全票 5,400ISK、優待票400ISK ~ 2,700ISK 🕸 www.krauma.is

現代時尚的克勞馬溫泉位於知名的 Deildartunguhver地熱溫泉區，Deildartunguhver 是歐洲最大的地熱區之一，每秒水流量可達180公升，水溫高達100°C，滾燙的水從岩石間噴出，空氣中瀰漫著陣陣巨大白色的蒸氣以及硫磺味。

位在一座小小丘陵上的克勞馬溫泉，將高溫的地熱溫泉與源頭起源於冰川的Rauðsgil河河水混合，調成適合泡湯的各種溫度，提供了5座熱水溫泉池以及1座冷水池，還有兩間蒸汽浴及桑拿室。在最前端蝸牛形狀的溫泉池中，還能一邊泡湯、一邊遠眺地熱區煙霧繚繞的風景。

💡 地熱溫泉區的美味

若想一邊享用美食，一邊欣賞歐洲最大地熱溫泉區的景色，那麼非克勞馬溫泉餐廳莫屬。餐廳裡整片的落地玻璃窗，可以讓人靜靜欣賞白色煙霧隨風升起又慢慢飄散的地熱溫泉區特有風光。

美景配佳餚，克勞馬餐廳提供一流的料理，採用當地新鮮的蔬果食材，料理具創意的冰島美食，從烤鱈魚、烤羊排、漢堡或輕食沙拉等都有。

The Savvy Traveler
聰明旅行家

© Visit_Iceland

基本資訊

正式國名

冰島共和國（Republic of Iceland）

首都

雷克雅未克(Reykjavík)

地理位置

　　冰島位於大西洋北部靠近北極圈處，是歐洲的第二大島嶼。地處歐亞板塊與北美板塊交接處，因而地層活動頻繁，多火山、地震，整個國家幾乎都建在火山時尚，大部分土地不能開墾，是世界上溫泉最多的國家，所以被稱為冰與火的國度。

面積

　　約103,000平方公里，冰河面積約有8,000公里，島內有許多火山、溫泉、間歇泉、瀑布、湖泊、峽灣和湍急河流。

宗教

　　冰島宗教自由，因為中世紀基督教由挪威傳入冰島，至今約有77％的人口信仰基督教路德教派(Christian)。

種族

　　超過90％的人口是冰島人，外來移民波蘭人佔3%、斯堪地納維亞人佔1%。

語言

　　冰島語，大部分冰島人英語流利。自維京人在近一千年前將古北歐語（Old Norse又稱古諾斯語）帶至島上並形成冰島語，現代冰島語是與古北歐語歧異最少的分支。冰島語的字母共有32個，並保留了古英文的字母，其中Þ(þ)以及Ð(ð)，發音為英文的th的發音。J(j)則為類似y或yo的發音。

253

簽證辦理

從2011年1月11日開始，台灣遊客前往冰島，以及其他歐洲43個國家和地區，無須辦理申根簽證，只要持有效護照，即可出入申根公約國，6個月內最多可停留90天。有效護照的定義為，預計離開申根區時，護照最少還有3個月的效期。

要注意的是，儘管開放免簽證待遇，卻不代表遊客可無條件入境，移民官有時會在入境檢查時要求提供相關證明文件，例如：來回航班訂位紀錄與足夠的旅費。建議隨身攜帶以備查驗。另外，原本辦理申根簽證所需的旅遊醫療保險，雖同樣非入境時的必備證明，但最好同樣投保，多一重保障。

旅遊諮詢與實用網站

冰島當地請至各旅遊服務中心詢問，或至下列觀光局網站查詢：

冰島觀光局

🌐www.inspiredbyiceland.com、www.visiticeland.com

雷克雅未克觀光局

🌐visitreykjavik.is

雷克尼斯地區觀光局

🌐www.visitreykjanes.is

冰島南部觀光局

🌐www.south.is

冰島東部觀光局

🌐www.east.is

冰島北部觀光局

🌐www.northiceland.is

西峽灣觀光局

🌐www.westfjords.is

冰島西部觀光局

🌐www.westiceland.is

飛航資訊

台灣沒有直飛冰島的航班，因此必須轉機至少一次以上，通常先由台灣飛往歐洲，再從歐洲的城市轉機至冰島，平均飛行時間約在20小時(轉機1次)到24小時(轉機2次)之間。

台灣飛航歐洲的航點可選擇荷蘭阿姆斯特丹(AMS)、法國巴黎(CDG)、德國法蘭克福(FRA)、英國倫敦(LGW)、芬蘭赫爾辛基(HEL)、丹麥哥本哈根(CPH)、挪威奧斯陸(OSL)、比利時布魯塞爾(BRU)等等，常須至少轉機1次，安排轉機時須注意接駁時間，如果時間充裕，也可先安排在歐洲國家旅遊幾天，隨後再飛往冰島。

要特別注意的是，在疫情期間，各家航空公司班次

和班表變動幅度較大，相關資訊請洽各大航空公司或上網查詢。

◎**主要航空公司**

航空公司	網址
中華航空	www.china-airlines.com
長榮航空	www.evaair.com/zh-tw/index.html
國泰航空	www.cathaypacific.com/cx/zh_TW.html
新加坡航空	www.singaporeair.com.tw
芬蘭航空	www.finnair.com
北歐航空	www.flysas.com
德國漢莎航空	www.lufthansa.com.tw
法國航空	www.airfrance.com.hk
荷蘭航空	www.klm.com.tw/
英國航空	www.britishairways.com
冰島航空	www.airiceland.is
WOW Air	wowair.com

當地交通和開車自駕

見P.34

旅遊資訊

電壓

冰島電壓為220V，插頭為雙孔圓形。

時差

冰島比台灣慢8小時，無夏令時間。

貨幣與匯率

冰島使用的貨幣為冰島克朗(ISK)，但部分店家也接受歐元，冰島克朗(ISK)兌換台幣約為1:0.22，以上為2023年5月參考匯率，實際匯率請見各大銀行。

若要使用現金，需在出國前先兌換好足夠的流通貨，如美元、歐元、英鎊，抵達冰島後可在機場大廳，或當地銀行匯兌處將貨幣兌換成冰島克朗。

冰島是無現金國度的最好示範，絕大部分的商店、旅館、加油、餐廳，甚至是公廁都能使用信用卡付款。出發前切記向銀行洽詢一組4個數字的PIN碼(通常為預借現金密碼)，才能在無人加油站的機器上順利操作。

打電話

◎**在當地打電話**

丹麥沒有區域碼，只要直接撥號碼即可。

◎**從台灣打到冰島**

002+354+電話號碼

◎從冰島打回台灣

00+886+城市區域碼(去0)+電話號碼

飲水

冰島擁有全球最乾淨的自來水品質，水龍頭流出來的自來水接可生飲，但須注意只限冷水，浴室內的熱水不適合直接飲用。

小費

在冰島用餐無須支付小費，服務費與稅金都包含在價格當中。但若覺得服務特別好時，仍可以給予7~10%的小費。

網路

冰島的無線網路普及率相當高，幾乎所有公共場所如機場、車站、博物館、景點、巴士或火車上都提供免費無線網路。飯店和餐廳提供網路也是基本配備，有些大城市，政府會在市區各地廣設免費無線網路點，可多加利用。

治安

冰島推崇平等平權的社會氣氛及緊密連結的人際關係，使得冰島成為全球治安最好的國家之一，犯罪率極低。若遇上緊急危難事件需要協助，可撥打駐丹麥台灣代表處的電話。

駐丹麥台北代表處(兼理冰島)

Taipei Representative Office in Denmark

☎(45)3393-5152

廁所

冰島的公廁不足是近年來旅遊蓬勃帶來的問題之一，冰島政府已在各大景點地區增設流動廁所、建設公廁，但似乎仍不足以應付旅遊旺季湧入的人潮。

建議環島旅行時，可在任何有廁所的場所停留，例如加油休息站、餐廳、咖啡廳及外面有「i」字樣的遊客中心。若急需使用廁所，可以嘗試向一般餐廳、咖啡廳甚至飯店借用，並支付使用費(200ISK左右)，大部分店家都十分樂意協助。

旅遊常見冰島文/中文單字對照表

冰島文	中文	冰島文	中文
Halló	你好	Einn	1
Takk/Takk fyrir	謝謝	Tveir	2
Fyrirgefðu	對不起	Þrír	3
Já	是	Fjórir	4
Nei	不	Fimm	5
Bless	再見	Sex	6
Inngangur	入口	Sjö	7
Útflutningur	出口	Átta	8
Opið	營業	Níu	9
Lokað	休息	Tíu	10
Bannað	禁止	Hundrað	100
Lækni	醫生	leiðina	單程
Lögregluna	警察	til baka	往返
Varúð	警告	Baðherbergi、Klósett	廁所

購物退稅

在冰島消費，若在掛有藍灰色框標有「TAX FREE」字樣的商店購物，記得滿額皆可申請退稅。冰島購物滿6,000ISK即可要求退稅，退稅額約11%~24%。方式為在購物時向店家索取退稅表格，同時出示護照並填妥相關資料，離境前，記得前往機場的退稅窗口，出示填寫完整的退稅表格、護照、收據以及購買的商品。核可後，可選擇在機場現金退稅(可退歐元或冰島克朗)，或者匯入信用卡中。

⊕ www.globalblue.com

冰島 Iceland

MOOK NEWAction no.73

作者
朱月華‧墨刻編輯部

攝影
墨刻攝影組

主編
朱月華

美術設計
李英娟‧駱如蘭 (特約)

地圖繪製
Nina (特約)‧墨刻編輯部

出版公司
墨刻出版股份有限公司
地址：115 台北市南港區昆陽街 16 號 7 樓
電話：886-2-2500-7008
傳真：886-2-2500-7796
E-mail：mook_service@cph.com.tw
讀者服務：readerservice@cph.com.tw
墨刻官網：www.mook.com.tw

發行公司
英屬蓋曼群島商家庭傳媒股份有限公司城邦分公司
地址：115 台北市南港區昆陽街 16 號 5 樓
電話：886-2-2500-7718　886-2-2500-7719
傳真：886-2-2500-1990　886-2-2500-1991
城邦讀書花園：www.cite.com.tw
劃撥：19863813
戶名：書虫股份有限公司

香港發行所
城邦（香港）出版集團有限公司
地址：香港灣仔駱克道193號東超商業中心1樓
電話：852-2508-6231
傳真：852-2578-9337

馬新發行所
城邦（馬新）出版集團 Cite (M) Sdn Bhd
地址：41, Jalan Radin Anum, Bandar Baru Sri Petaling, 57000 Kuala
Lumpur, Malaysia.
電話：(603)90563833
傳真：(603)90576622
E-mail：services@cite.my

製版‧印刷
凱林彩印股份有限公司

經銷商
聯合發行股份有限公司（電話：886-2-29178022）
誠品股份有限公司
金世盟實業股份有限公司

城邦書號
KV3073

定價
480元

ISBN
978-986-289-879-6‧978-986-289-882-6（EPUB）
2023年6月初版
2024年6月 2 刷

首席執行長　Chief Executive Officer
何飛鵬　Feipong Ho

生活旅遊事業總經理暨墨刻出版社長　PCH Group President & Mook
Managing Director
李淑霞　Kelly Lee

總編輯　Editor in Chief
汪雨菁　Eugenia Uang

資深主編　Senior Managing Editor
呂宛霖　Donna Lu

編輯　Editor
趙思語‧唐德容‧陳楷琪‧王藝霏
Yuyu Chew, Tejung Tang, Cathy Chen, Wang Yi Fei

資深美術設計主任　Senior Chief Designer
羅婕云　Jie-Yun Luo

資深美術設計　Senior Designer
李英娟　Rebecca Lee

影音企劃執行　Digital Planning Executive
邱茗晨　Mingchen Chiu

資深業務經理　Senior Advertising Manager
詹顏嘉　Jessie Jan

業務經理　Advertising Manager
劉玫玟　Karen Liu

業務專員　Advertising Specialist
程麒　Teresa Cheng

行銷企畫經理　Marketing Manager
呂妙君　Cloud Lu

行銷企畫專員　Marketing Specialist
許立心　Sandra Hsu

業務行政專員　Marketing & Advertising Specialist
呂瑜珊　Cindy Lu

印務部經理　Printing Dept. Manager
王竟為　Jing Wei Wan

U0008907

國家圖書館出版品預行編目資料

冰島/朱月華,墨刻編輯部作. -- 初版. -- 臺北市：墨刻出版股份有限
公司出版：英屬蓋曼群島商家庭傳媒股份有限公司城邦分公司發行,
2023.06
256面；16.8×23公分. -- (New action；73)
ISBN 978-986-289-879-6(平裝)
1.CST: 旅遊 2.CST: 冰島
747.79　　　　112007410